Leo & Co.

Hinter den Kulissen

Alles Digitale zu diesem Buch kann auf der Lernplattform **allango** von Ernst Klett Sprachen abgerufen werden. So geht's:

QR-Code scannen oder **www.allango.net** aufrufen	Buchtitel oder ISBN in der Suche eingeben und auf das Buchcover klicken	Zum Inhalt navigieren, direkt abrufen oder speichern

Dieses Symbol bedeutet, dass zu einem Buch-Abschnitt ein digitaler Inhalt verfügbar ist: **Hörbuch und Lösungen zu den Übungen.**

Ernst Klett Sprachen

Stuttgart

Bildnachweis
15 Sabine Wenkums; **59** getty immages; **60.1** Marek Lieberberg Konzertagentur; **60.2** Tourismus Nürnberg; **61.1** Flying Moon Filmverleih GbR (die DVD ist bei www.flyingmoon.com erhältlich); **61.2** Stefan Malzkorn; **62** Sebastian Goeß; **63** Claus Felix

1. Auflage 1 7 6 5 4 3 | 2028 27 26 25 24

Nachfolger von 978-3-12- 606397-5
Alle Drucke dieser Auflage sind unverändert und können im Unterricht nebeneinander verwendet werden.
Die letzte Zahl bezeichnet das Jahr des Druckes.
Erstausgabe erschienen 2008 bei der Langenscheidt KG, München

www.klett-sprachen.de

Autor und Autorin: Theo Scherling und Elke Burger

Redaktion: Sabine Wenkums
Layout: Kommunikation+Design Andrea Pfeifer
Illustrationen und Umschlagbild: Johann Büsen
Tonregie: Theo Scherling und Sabine Wenkums
Tonaufnahme, -schnitt und -mischung: Andreas Scherling
Tonstudio: Erik Weissberg, White Mountain Studio, München
Produktion: Bild und Ton, München
Sprecherinnen und Sprecher: Ulrike Arnold, Ulrich Baur, Jan Fassbender, Detlef Kügow, Alexander Schenk, Jenny Stölken, Peter Veit, Ememkut Zaotschnyj
Druck und Bindung: Elanders GmbH, Waiblingen

Printed in Germany
ISBN 978-3-12-674084-5

Leo & Co.

Hinter den Kulissen

INHALT

DIE HAUPTPERSONEN DIESER GESCHICHTE:

Felipe

Felipe ist 17 Jahre alt und geht noch zur Schule, aber ungern.

Es gibt viel spannendere Dinge in Felipes Leben, z. B. in letzter Minute günstige Eintrittskarten für ein ausverkauftes Rockfestival organisieren. Felipe ist der richtige Mann für schwierige Aufgaben.

Paco

Paco geht zur Uni und er ist verliebt. Seine Freundin heißt Anna.

Paco träumt schon lange von einem Besuch mit Anna auf einem Festival: drei Tage Rockmusik!

Und jetzt hat sein Cousin Felipe drei superbillige Karten im Internet gekauft. Aber Anna will nicht mit.

Benno

Benno wohnt bei Leo im Haus. Er bezahlt fast keine Miete, weil er Leo manchmal in der Kneipe hilft.

Mit seinen Freunden Paco und Felipe fährt er zum Festival *Rock am See* – und erlebt eine Reise mit Überraschungen.

Leo

Leo ist Maler, aber er ist auch ein leidenschaftlicher Koch.

Seine Kneipe *Leo & Co.* ist ein gemütliches Lokal, in dem man gut und preiswert essen kann.

In dieser Geschichte träumt er von alten Zeiten und seinem ersten Besuch auf einem Rock-Festival.

Andi, Pete, Josh

Josh spielt Bass-Gitarre, Pete spielt Schlagzeug und Andi spielt Gitarre und singt. Zusammen sind sie die Band *Full House*.

Für das Festival *Rock am See* brauchen sie Hilfe. Zum Glück treffen sie Benno, Felipe und Paco.

Otto

Otto arbeitet bei der Security beim Festival *Rock am See*.

Er ist sehr groß, stark und sehr streng. Da kann man schon mal Angst bekommen ...

1

„Sieh mal, wer da kommt!"
„Der hat es aber eilig!"
„Hallo, Felipe! Was ist los, hombre[1]?"
Felipe steigt vom Mofa, nimmt den Helm ab und stürmt zum Tisch.
„Oh, kann ich auch einen Eiskaffee haben?"
„Klar, ich bringe dir einen. Jetzt schnauf erst mal durch. Kann ich dir auch noch was bringen, Paco?"
„Danke, mi amor[2], ich muss bald los."
Anna steht auf und geht in das Lokal.

Anna ist Studentin und jobbt nebenbei in der Kneipe *Leo & Co.*
Am Nachmittag ist dort meist nicht viel los.
Anna und Paco sind verliebt, doch leider haben die beiden immer viel zu wenig Zeit, denn sie studieren und müssen nebenher Geld verdienen.
Felipe ist Pacos Cousin. Er ist 17 Jahre alt und geht noch zur Schule.

„So, dein Eiskaffee. Warum hast du es denn so eilig?"
Felipe trinkt einen Schluck, dann holt er einen Briefumschlag aus seiner Tasche und sieht Anna und Paco feierlich an:
„Tata! Seht mal, was der kleine Felipe da hat! Drei Karten für *Rock am See*!"

1 *hombre*: spanisch *Mensch*
2 *mi amor*: spanisch *meine Liebe*

„Was? Das Konzert ist doch seit Wochen ausverkauft!“, erwidert Paco erstaunt.

„Eben! Das ist doch der Knaller[3]! Habe ich bei ebay ersteigert. Und die waren nicht mal teuer!“

3 *das ist der Knaller!*: ugs. hier für *das ist die Sensation, das Besondere*

Anna guckt skeptisch.

„Darf man bei ebay nicht erst ab 18 mitsteigern?"

„Na ja, eigentlich hat sie ein Kumpel[4] von mir ersteigert. Na, was sagt ihr?"

Paco nimmt die Eintrittskarte.

„Klasse, da wollte ich schon immer mal hin. Drei Tage Rockmusik. Super!"

„Du bist ja nicht gerade begeistert. Ich dachte, wir drei ...", sagt Felipe etwas gedämpft.

„Drei Tage Rockmusik? Das ist mir zu laut. Und was ist, wenn es regnet?"

„Na ja, dann braucht man eben entsprechende Kleidung. Echten Rock Fans macht das nichts aus."

„Nee, danke. Da fahrt mal schön allein hin. Ein Konzert, o.k., aber drei Tage lang so ein Lärm, das ist nichts für mich."

„Aber ich habe doch drei Karten!"

„Dann frag doch einfach Benno, der ist ein echter Rock Fan, dem
Ü1 machen Regen und Matsch bestimmt nichts aus."

Ü2 „Und du willst wirklich nicht mitkommen, cariño[5]?"

Ü3 Felipe packt sein Handy aus und wählt eine Nummer.

4 *der Kumpel*: ugs. für *der Freund*
5 *cariño*: spanisch *mein Liebes*

2

„Also, Jungs, passt mal auf. Ich habe alles gecheckt[6]. Das Konzert ist vom 4. bis 6. Juni."

„Was sind das denn für Wochentage? Ich muss mir ja sonst frei nehmen", unterbricht Benno.

„Freitag bis Sonntag. Ich glaube, es geht am Freitagnachmittag los. Am besten wär's natürlich, wir könnten schon am Donnerstagabend da sein. Der Campingplatz ist ab Mittag geöffnet. Und wer zuerst kommt, kriegt die besten Plätze."

„Und der Campingplatz ist gleich beim Festival?", fragt Paco.

„Klar. Seht mal, ich habe aus dem Internet den Lageplan runtergeladen. Hier ist der See. Und um den See herum kann man campen.

6 *checken*: aus dem Englischen, ugs. für *prüfen, kontrollieren, nachsehen*

Und hier, gleich in der Nähe, ist der Parkplatz. Vom Campingplatz zum Festival-Gelände sind es zu Fuß, ich schätze mal, höchstens zehn Minuten. Wer zuletzt kommt, hat den weitesten Weg."

Ü4

„Ach so, hat das mit dem Auto geklappt?", fragt Paco.
„Klar! Ab Donnerstag können wir Kais Auto haben. Er wäre natürlich auch gern mitgefahren. Aber es gibt keine einzige Karte mehr", antwortet Benno.
„Tja, dann könnt ihr ja mächtig stolz auf mich sein!", grinst Felipe.

„Plant ihr hier eine Verschwörung?"
Leo kommt zum Tisch und lächelt.
„Nein, wir planen unseren Trip zum Rockfestival."
„Wohin fahrt ihr denn? Zu *Rock am Ring*?"
„Oh, da kennt sich jemand aus!", lacht Benno.
„Nein, wir fahren zu *Rock am See*. Das Festival ist nicht ganz so groß, aber 20.000 Leute kommen da auch hin."
„Pfft!" Leo pfeift überrascht.
„So viele? Damals auf meinem ersten Open-Air-Festival waren wir nur ein paar Tausend."
„Wo war denn dein erstes Festival? In Woodstock?"
„Quatschkopf! Woodstock war in Amerika. Und da kamen ein paar Hunderttausend Leute."
„In Woodstock war ich leider nicht, mein erstes Open Air war auf der Loreley."
„Auf der Loreley? Du meinst den Felsen am Rhein? War da mal ein Festival?"
„Klar! 1980 oder 1981. Das war noch richtig gemütlich. Wie eine Gartenparty. Die Leute haben gegrillt und man konnte die Musiker kennenlernen. Das waren noch keine Superstars."
„Wer war denn damals dabei?"

Leo ist der Chef der Kneipe. Eigentlich ist Leo Maler, aber er ist auch ein leidenschaftlicher Koch. Vor ein paar Jahren hat er sein Hobby zum Beruf gemacht und das Lokal *Leo & Co.* eröffnet. Benno wohnt bei Leo im Haus und hilft manchmal in der Kneipe.

„Hm, im Moment kann ich mich gar nicht mehr so recht daran erinnern. – Eric Burdon oder Rory Gallagher?"
„Wer? Nie gehört."
„Tja, das war noch echter Rock'n Roll. Ich müsste noch irgendwo Fotos haben."
„Oh ja, sieh doch mal nach."
„Kann ich euch noch was bringen, sonst suche ich wirklich nach den Bildern. Das interessiert mich jetzt selbst.
There is a house in New Orleans, they call the rising sun ..." Ü5

„Leo als Hippie[7], bestimmt lustig. Aber jetzt müssen wir über die Kohle[8] sprechen. Ich bekomme von jedem 50 Euro für die Eintrittskarte und ...“
„Echt? Nur 50 Euro? Ich dachte die Karten kosten 150 Euro?“
„Regulär schon, aber der gute Felipe hat ja ein Schnäppchen[9] im Internet gemacht! Also 50 für die Tickets und dann das Benzingeld.“
„Und Kai will 100 Euro fürs Auto.“
„Ganz schön viel!“
„Ach was, mit der Bahn wäre es viel teurer. Und wir müssten dreimal umsteigen. Und die ganzen Sachen schleppen[10]. Zelt, Schlafsäcke, ...“

7 *der Hippie*: aus dem Amerikanischen, Anhänger einer antibürgerlichen Bewegung in den 1960er Jahren
8 *Kohle*: ugs. für *das Geld*
9 *das Schnäppchen: ein Sonderangebot*
10 *schleppen: tragen*

3

„Rrrrring! Rrrrrrrring!"
Verschlafen sieht Benno auf den Radiowecker. Sieben Uhr. › Ü6
„Oh Mann, so früh ..."
Er bleibt noch ein bisschen liegen und hört die Nachrichten.

Benno quält sich aus dem Bett und geht ins Bad.
Er duscht kalt, aber richtig wach ist er immer noch nicht.
„Ich brauche jetzt erst mal einen Kaffee."
Benno zieht sich seine Jeans und ein buntes T-Shirt an und verlässt seine Wohnung.
Er wohnt im 2. Stock, unter dem Dach. Die Wohnung ist klein: ein großes Zimmer, eine kleine Küche und ein winziges Bad mit Dusche.
Aber Benno bezahlt fast keine Miete, weil er Leo manchmal in der Kneipe hilft.
Leo wohnt im ersten Stock. Dort ist auch sein Atelier. Manchmal riecht es im ganzen Haus nach Ölfarbe.
Im Erdgeschoss ist das Lokal.

Benno läuft die Treppe runter und sieht, dass die Tür zu Leos Atelier offen steht.
„Hallo, Leo? Ich mach' mir einen Kaffee, soll ich dir eine Tasse mitbringen?"
Keine Antwort.

Benno klopft an die Tür und geht ins Atelier.
„Leo? Leo!"
„Hier bin ich!"
Benno folgt der Stimme. Leo ist im Abstellraum.

„Hallo, Leo! Schon so früh auf den Beinen? Was machst du denn hier?"
„Der frühe Vogel fängt den Wurm!"[11]
„Wie bitte?"
„Ich habe die ganze Nacht nicht geschlafen und dauernd überlegt, wo die alten Fotos sein könnten. Jetzt habe ich sie endlich gefunden!"
Leo steigt vom Stuhl.
In der Hand hat er einen kleinen Karton.
„Komm mit, ich koche uns einen Kaffee und zeige dir die Bilder von meinem ersten Festival."

Leo und Benno sitzen in der Küche.
„Na, was meinst du? Sehe ich nicht cool aus?"
„Supercool sogar! Warst du ein Späthippie? Diese Mode gab es doch schon seit Ende der 60er Jahre?"
„Ich war sogar ein Frühhippie. Nur habe ich meinen Kleiderstil dann nicht mehr geändert."
„Zu der Zeit war doch eher Punk angesagt, oder?"
„Ach was! Hippie, Punk, Popper[12], damals gab es alles. Nur mit den Rockern wollte ich nichts zu tun haben."

Ü7

11 *Der frühe Vogel fängt den Wurm*: Sprichwort *Wer früh aufsteht, schafft viel*
12 *Popper*: Jugendliche mit modischer Kleidung, vor allem in den 1980er Jahren

„Drrrrring! Drrrring!“

„Wer ruft denn so früh an? Es ist doch erst acht.“

„Oh, das ist bestimmt einer von den Jungs. Wir fahren heute zum Festival.“

Leo geht zum Telefon und nimmt den Hörer ab:

„Guten Morgen, hier ist Leo. ... Ja, der ist fertig. ... Klar, sag' ich ihm. Er kommt gleich ... Viel Spaß! Tschüs.“

Leo legt auf.

„Du hattest Recht, Benno, Paco wartet schon. Er meint, es könnte auf der Autobahn Staus geben.“

„Ja, das habe ich auch gehört. Dann fahre ich am besten gleich los! Danke für den Kaffee, Leo. Wir sind dann am Sonntag wieder zurück. Tschüs!“

„Jaja, auch tschüs!“

Benno rennt die Treppe in seine Wohnung rauf.

Schnell nimmt er ein paar Klamotten aus dem Schrank, holt seinen Toilettenbeutel aus dem Bad, rollt seinen Schlafsack zusammen und packt alles in eine Reisetasche.

Und die Regenjacke. Man weiß ja nie.

4

„Können wir mal eine Pause machen? Ich habe Hunger!"
„Gerne, ich brauche auch langsam eine Pause."
„Wie weit ist es eigentlich noch?"
„Frag Felipe, der hat das Navi[13], ich bin nur der Fahrer", lacht Benno.
„Na, Cousin, was sagt deine Wundermaschine?"
„Immer schön cool bleiben. Moment. ... Mist! Irgendwie habe ich hier keinen Empfang."
„Keinen Empfang? Brauchst du für das Navi Empfang?"
„Logo[14], Alter! Das Navi ist sozusagen in meinem Handy, wenn du verstehst, was ich meine."

13 *das Navi*: Abkürzung, Naviagationsgerät fürs Auto
14 *logo*: ugs. für *logisch*, *klar*

„Ich verstehe schon. Dir hat wieder mal jemand Schrott angedreht.[15]"
„Das muss nur ein bisschen warmlaufen, Mann."
„Ruhe! Da vorne ist eine Raststätte. Ich fahre raus, o.k.?"

„Eine Currywurst und Pommes mit Mayo[16], bitte."
„Möchten Sie auch was zu trinken, junger Mann?"
„Ach ja, eine Cola, bitte. Was macht das?"
„Gehen Sie zur Kasse, dort können Sie bezahlen. Der Nächste bitte!"
„Für mich das Gleiche, bitte."
„Mit Cola?"
„Ja, bitte."
„Und Sie? Was möchten Sie?"
„Ich hätte gerne einen Kaffee, stark bitte!"
„Also einen Espresso?"
„Ja, am besten einen doppelten. Und dann nehme ich noch ein Schinken-Käse-Sandwich."

„So, jetzt funktioniert es wieder! Also, wir müssen noch weiter auf der Autobahn fahren, bis zur übernächsten Ausfahrt. Der Ort heißt Hambach. Dann geht es auf der Landstraße weiter. Hm, so circa 40 Kilometer."
„Wann sind wir dann da?"
„Na ja, jetzt machen wir erst mal Pause, dann fahren wir weiter. Ich denke, in zwei Stunden, wenn nichts dazwischen kommt."

15 *jmd. etwas andrehen*: ugs. für *jemandem etwas verkaufen, was nichts wert ist*
16 *Mayo*: ugs. für *Mayonnaise*

„He, seht mal! Da ist schon ein Schild!", ruft Paco.
„Was? Hier schon? Zum Festival sind es bestimmt noch 10 Kilometer."
„Aber die meisten Besucher kommen auf dieser Straße. Jetzt kannst du dein Navi wieder einpacken, Felipe."
„Ja, ja, aber ohne mein Navi wären wir nie bis hierher gekommen."
„Warum müsst ihr beiden euch eigentlich immer streiten?"
„Was sich liebt, das neckt sich!", lacht Felipe und klopft Paco kräftig auf die Schulter.
„Aua, lass das. Hol lieber schon mal die Eintrittskarten aus der Tasche."
„Wieso?", fragt Benno. „Das Festival beginnt doch erst morgen."
„Ja, aber auf den Parkplatz kommt man nur mit den Eintrittskarten. Das ganze Gelände ist abgesperrt. Zuerst müssen wir das Auto parken, dann gehen wir zum Campingplatz und suchen uns eine gute Stelle, möglichst nah beim Festival-Gelände. Hast du den Plan, Felipe?"
„Claro! Hier sind die Tickets und hier ist der Plan. Ach Jungs, was wärt ihr nur ohne mich."

„Wir sind da! Welchen Weg soll ich fahren: *Besucher* oder *Backstage*[17]?"
„Sehr witzig! Besucher natürlich. Guck mal, der Typ winkt uns."
„Die Jungs sehen aber gefährlich aus!"
„Leg dich bloß nicht mit denen an. Das sind Rocker."

17 *Backstage*: englisch *hinter der Bühne*, hier der Eingang für die Bands

Benno fährt bis zur Schranke.

Ein großer, dicker Typ in schwarzer Lederjacke und schwarzer Lederhose kommt zum Auto. Auf seinem T-Shirt steht *Security*[18].

„Tag, Leute. Eure Tickets, bitte."

„Bitte schön!"

Der Wachmann nimmt die Tickets.

„Moment mal."

Er geht mit den Eintrittskarten zu einem Container neben der Schranke.

Ü8 „Was ist los?", fragt Paco.

18 *security*: englisch *Sicherheit*, *Schutz*

„Keine Ahnung. Bestimmt nur ein Check.“
Nach ein paar Minuten kommen zwei Security-Leute zum Wagen.
„Tja, Jungs, Pech gehabt. Wer hat euch denn diese Tickets angedreht? Die sind gefälscht!“
„Was? Aber ...“
Benno dreht sich zu Felipe um.
Felipe sitzt mit offenem Mund auf dem Rücksitz.
„Das kann nicht sein. Mein Kumpel, also, äh ...“
„Hast du wohl im Internet gekauft, was? Da gibt es oft Ganoven[19], die gefälschte Tickets verkaufen. So sieht ein echtes Ticket aus!“
Der Wachmann zeigt den Freunden eine Eintrittskarte. Ü9

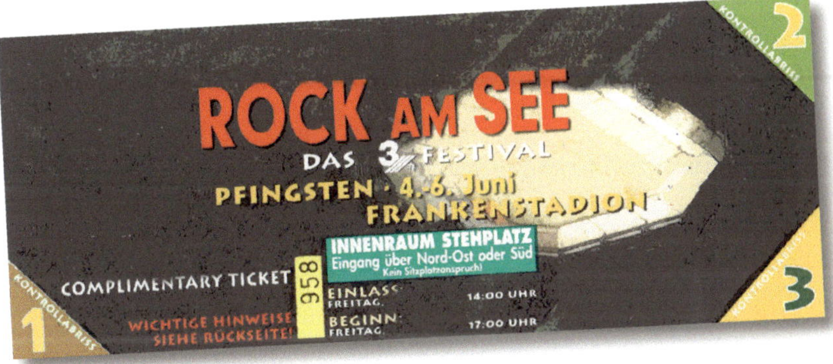

„So, und jetzt kehrt bitte um und macht die Einfahrt frei.“
„Aber ...“
„Nix aber! Ich sag's nicht zweimal.“ Ü10
„Qué rollo!“[20] Ü11

19 *der Ganove: der Bandit, Kriminelle, Verbrecher*
20 *Qué rollo!* spanisch *Mist!*

5

Benno fährt zurück. Nach ein paar hundert Metern parkt er das Auto am Straßenrand.
„So, und was machen wir jetzt?"
Nach einer kleinen Pause sagt Felipe:
„Ich check das, ehrlich. Ihr bleibt jetzt mal schön im Auto sitzen und ich laufe zurück zum Gelände. Wir können unser Auto ja hier parken und ich gucke mal, ob man nicht irgendwie doch auf den Campingplatz kommt. Das Gelände ist riesig und es kann unmöglich überall ein Wachmann stehen."
„Du spinnst!"
„Da sind bestimmt noch andere, die man reingelegt[21] hat. Und damals in Woodstock sind doch auch Tausende ohne Ticket zum Konzert gegangen. Die können doch nicht alle 20.000 Leute kontrollieren."
Ü12 „Ach, mach doch, was du willst!" Paco ist immer noch sauer.

Felipe läuft über eine Wiese zu einem kleinen Wald.
Natürlich geht er nicht zur Einfahrt zurück. Er hat großen Respekt vor den beiden Wachleuten.
Das ganze Gelände ist eingezäunt. Der Zaun ist bestimmt über zwei Meter hoch.
Felipe probiert, ob er darüberklettern kann. Es klappt.
Er sieht nach links und nach rechts und springt auf den Boden.
Auf der anderen Seite vom Zaun versteckt er sich sofort hinter einem Gebüsch.

21 *jmd. reinlegen*: ugs. für *jmd. betrügen*

Er wartet ein paar Minuten. Dann hört er Stimmen.
Ganz in der Nähe bauen junge Leute ein Zelt auf.
„Zuerst die Stangen und dann das Zelt darüberziehen."
„Quatsch! Zuerst legen wir das Zelt auf den Boden und dann schieben wir die Stangen rein ..."

„Hi, kann ich euch helfen?"
„Hast du schon mal ein Zelt aufgebaut?"
„Klar! Ich bin absoluter Zeltprofi." Felipe nimmt zwei Stangen und schiebt sie in das Zelt. So und ihr zieht jetzt an den Ecken ... vorsichtig ... fertig!"
„Alle Achtung, super."
„Jetzt müsst ihr nur noch die Schnüre am Boden befestigen."
„Wo ist denn dein Zelt?"
„Ich bin mit meinen Kumpels da. Wir sind da hinten ..."
Felipe macht eine vage Geste in Richtung Parkplatz.
„Sagt mal, wo gibt es denn hier was zu futtern[22]?"

22 *futtern*: ugs. für *essen*

„Geh einfach Richtung See. Vor dem Festival-Gelände sind viele Buden[23], da gibt es alles. "
„Und nimm deine Eintrittskarte mit! Die Security kontrolliert dieses Jahr ganz streng. Ich habe gehört, es soll gefälschte Eintrittskarten geben."
„Klar, danke. Tschüs! Man sieht sich."

Langsam schlendert Felipe über den Campingplatz.
Überall bauen die Festivalbesucher ihre Zelte auf. Manche sind schon fertig und sitzen auf ihren Liegestühlen. Lampions brennen und es riecht nach Grillfeuer.
Die Buden sind mit vielen bunten Lampen beleuchtet und es herrscht bereits Großbetrieb.
Pizza, Döner, Hamburger, Currywurst, vegetarisches Essen, es gibt wirklich alles. Buden mit Souvenirs vom Festival: T-Shirts mit den Logos der Bands oder witzigen Aufschriften, CDs, Schals und so weiter.

23 *Buden*: hier: Imbiss- und Getränkestände

In der Nähe stehen Container mit Duschen und Toiletten. Felipe geht auf die Toilette. Ü13

Er wäscht sich die Hände und das Gesicht. Er ist müde.
Er zieht seine Jacke aus und sucht sein Handy. Er will Paco Bescheid sagen, dass er noch ein paar Minuten braucht. Er will noch die Eingänge zum Festival-Gelände besichtigen.
Ein großer Typ kommt in den Container.
„'n Abend!"
„Äh, guten Abend", antwortet Felipe überrascht.
„Kenn' ich dich nicht?"
„Mich? Nein, bestimmt nicht."
„Doch, dich kenn' ich! Du bist doch der mit dem falschen Ticket!"
„Nein, du, äh, Sie verwechseln mich bestimmt."
Felipe flitzt an dem Wachmann vorbei und rennt Richtung Campingplatz.
„Warte! Bleib stehen!"
Der Wachmann rennt Felipe nicht hinterher. Er nimmt sein Walkie-Talkie[24] und informiert seine Kollegen.

Zehn Minuten später ist Felipe wieder am Auto.
„Wird aber langsam Zeit. Wir dachten schon, du kommst nicht mehr", schimpft Benno.
„Was ist denn mit dir los? Du siehst aus, als ob der Teufel hinter dir her wäre."
„So was Ähnliches. Der Aufpasser von vorhin hat mich erwischt."
„Und?"
„Nix und! Ich musste schleunigst[25] weg. Und jetzt liegt meine Jacke in der Toilette. Alles drin natürlich: mein Handy, meine Kohle, qué rollo!" Ü14

24 *das Walkie-Talkie*: englisch *das Funksprechgerät*
25 *schleunigst*: *sehr schnell*

„Kannst du das Schild dort lesen?"

„Nein, viel zu dunkel - warte mal: Hambach, oder so."

„Ich glaube, wir sind hier falsch. Oder kannst du dich erinnern, dass wir da vorbeigekommen sind?"

„Dann war mein Navi doch nicht so schlecht, oder?"

„Du bist am besten ganz ruhig und sagst, bis wir zu Hause sind, kein Wort mehr!"

„Jetzt sind wir schon fast eine Stunde unterwegs. So langsam müsste doch mal die Autobahn kommen."

„Wie spät ist es denn?"

„Kurz nach zehn."

„Ich rufe Anna jetzt an. Vielleicht kann sie ins Internet gehen, da
Ü15 gibt's doch Routenplaner."

„Der Weg ist richtig. Also fahr einfach weiter. Es sind nur noch ein paar Kilometer bis zur Autobahn."
„Dann kommt doch auch bald die Raststätte, oder?"
„Bingo[26]! Circa 30 Kilometer."
„Ich brauche unbedingt einen Kaffee, sonst schaffe ich die Rückfahrt nicht."
„Oder wir schlafen ein paar Stunden."
„Im Auto?"
„Ja, wo denn sonst?"

Sie erreichen die Autobahn-Raststätte.
Felipe ist auf dem Rücksitz eingeschlafen.
Benno und Paco gehen in die Raststätte und holen sich Kaffee und Sandwiches.
Die Nacht ist warm.
Jetzt stehen sie auf dem Parkplatz und sehen den Lichtern der vorbeifahrenden Autos nach.
„Leo lacht sich kaputt[27], wenn wir morgen früh wieder zu Hause sind."
„Und wenn schon. Ich ärgere mich nur über Felipe. Alles, was der Chaot macht, geht schief. Weißt du noch, letztes Jahr ..."

„Entschuldigung! Habt ihr vielleicht eine Landkarte?"
Ein junger Mann mit langen Haaren kommt zu den beiden.
„Sorry, leider nein. Wo müsst ihr denn hin?"
„Wir müssen zum Festival *Rock am See*, wir spielen da morgen."
„Cool! Aber da seid ihr völlig falsch. Die Ausfahrt zum Festival war vor ungefähr dreißig Kilometern."
„So ein Mist!"

26 *Bingo!*: hier: *Richtig! Genau!*
27 *sich kaputt lachen*: ugs. für *sehr lachen*

„... der Ort heißt Hambach. Und dann müsst ihr weiter auf der Landstraße. Aber das Festival ist gut ausgeschildert."
„Seid ihr hier aus der Gegend?"
„Nö, aber wir waren heute schon mal beim Festival."
„Ach so?"
„Na ja, die Typen von der Security waren der Meinung, dass unsere Eintrittskarten gefälscht sind. Und wenn ihr die Typen seht, dann wisst ihr, dass man sich mit denen besser nicht anlegt."
„Hm, ich habe das gehört mit den Fälschungen. Kommt leider immer öfter vor, dass solche Ganoven damit Kohle machen und die Festivals einen schlechten Ruf bekommen.
Und was macht ihr jetzt?"
„Jetzt machen wir Pause und dann geht's zurück nach Hause."
„Dumm gelaufen![28] Warte mal."

Der Musiker geht zum Bus und spricht mit den beiden anderen Bandmitgliedern.
Ü16 Nach kurzer Zeit kommt er zurück zu Benno und Paco.

„Ich heiße übrigens Andi. Wollt ihr mit uns mitfahren?"
„Wie bitte?"
„Uns sind zwei Roadies[29] abgesprungen. Ihr könntet uns beim Aufbau helfen."
„Ich habe so was aber noch nie gemacht."
„Das ist nichts Besonderes. Kabel legen, Instrumente schleppen und so. Und ein richtiges Bett bekommt ihr auch. Wir haben eine Buchung für fünf Leute."
„Hm, da gibt's nur ein kleines Problem. Wir sind sechs", unterbricht Paco.
„Oder wir lassen Felipe einfach im Auto schlafen!", grinst Benno.

28 *dumm gelaufen!* Ugs. für *so ein Pech!*
29 *der Roadie*: englisch, macht technische Arbeiten für Bands bei Konzerten

7

Eine Stunde später ist der Bus an der Einfahrt Backstage. Überall sind Scheinwerfer und viele Leute laufen geschäftig durch die Gegend, obwohl es fast Mitternacht ist.

Eine junge Frau kommt zum Bus. Auf ihrer Jacke steht *Organisation.*

„Hi, willkommen! Am besten parkt ihr euren Bus da drüben und dann kommt ihr mit ins Büro zum Registrieren. Wollt ihr noch was essen?"

Alle Mitfahrer rufen wie im Chor: „Klar!"

Die Frau lächelt und spricht in ihr Walkie-Talkie.

„Ich erkläre euch gleich, wo die Kantine ist und euer Schlafzelt. Jetzt parkt erst mal den Bus und dann kommt ihr ins Büro."

„Das ist ja ein Service!", ruft Felipe vom Rücksitz.

„Warte mal ab. Wir haben nur für fünf Leute gebucht", grinst Andi.

„Ihr seid also *Full House*, richtig?"

„Yes, Mäm[30]!", antwortet Andi. „Wir sind die Musiker und das sind unsere Roadies."

„Aha. Auf eurer Anmeldung stehen drei Musiker und zwei Roadies. Ihr seid aber zu sechst."

Andi legt seinen Arm um Felipe.

„Das ist unser Manager. Ohne ihn gehen wir nie auf Tour[31]!"

„So, so." Die junge Frau lächelt und gibt Andi sechs Anmelde-Formulare.

30 *Mäm*: englisch, umgangssprachliche Kurzform für *Madam*
31 *die Tour*: französisch *die Konzertreise*

Kurze Zeit später erhalten alle sechs einen Backstage-Pass. Der gilt für die Dauer des Festivals und überall auf dem Gelände. Damit können sie in der Kantine essen und im Schlafzelt für Bands übernachten.
Andi hängt Felipe den ersten Pass um den Hals.
Felipe strahlt: „Qué guay!“[32]

„Sollen wir schon mal ausladen?“, fragt Benno.
„Nein, die Instrumente lassen wir im Bus. Die sind hier gut bewacht, seht mal.“
Andi zeigt zu den Security-Leuten.
„Zuerst gehen wir was essen, dann holen wir unsere Klamotten und dann geh' ich pennen[33]. Ich bin hundemüde[34].“
„Du bist der Chef“, lacht Benno.
„Ich komme gleich nach. Muss nur noch schnell telefonieren.“
Paco setzt sich an einen kleinen Tisch vor der Kantine und wählt Annas Nummer.
Anna meldet sich: „Na, du Nachteule[35]?“
„Habe ich dich aufgeweckt?“, fragt Paco.
„Nein, ich sitze noch am Schreibtisch. Aber nicht mehr lange. Und ihr? Macht ihr noch Pause? Ich höre gar keinen Motor ...“
„Wir sind wieder auf dem Festival!“
„Was?“, fragt Anna erstaunt.
Und Paco erzählt:
„Wirklich, eine irre Geschichte. Auf dem Parkplatz von der Raststätte haben wir eine Band getroffen, kurz nachdem wir telefoniert

32 *Qué guay!* spanisch *klasse, super*
33 *pennen*: ugs. für *schlafen*
34 *hundemüde*: *sehr müde*
35 *die Nachteule*: hier ugs. für eine Person, die spät schlafen geht

haben. Die hatten sich verfahren und haben uns nach dem Weg gefragt. Wirklich unglaublich ..."

„Komm, mach es nicht so spannend. Und dann?"

„Na ja, die brauchten noch Roadies."

„Die brauchten was?"

„Roadies. Das sind die Jungs, die beim Aufbau helfen", erklärt Paco.

„Und jetzt?"

„Jetzt haben wir alle drei einen Backstage-Pass. Wir können die Konzerte hören, wir dürfen sogar in der Kantine essen, zu der nur die Bands Zutritt haben. Und wir schlafen in einem großen Zelt, mit richtigen Betten."

„Toll!"

„Ja, finde ich auch. Ich wollte dir nur Bescheid sagen, dass wir jetzt natürlich noch bis Sonntag bleiben."

„Dann kann ich ja in Ruhe meine Semesterarbeit fertig machen, ungestört ...", lacht Anna.

„Mi amor!", seufzt Paco. „Du, ich muss zu den anderen. Schlaf gut! Ich melde mich morgen wieder."

Ü17 „Schlaf du auch gut. Genießt das Festival!"

Ü18 Paco geht zurück in die Kantine.

Ü19

8

„Felipe! He, Felipe! Aufstehen!"
„Wie, was? Wo bin ich?"
„Mann, steh endlich auf! Es geht los!"
Paco schüttelt seinen Cousin.
„Los, komm, es ist fast halb elf."
„Was, so spät! Wieso weckst du mich nicht früher?"
„Ich versuch's schon seit neun. Wir dachten, du bist ohnmächtig."
„Blödmann!"
Felipe springt aus dem Bett, nimmt sich ein Handtuch und geht zum Ausgang.
Nach kurzer Zeit kommt er zurück und holt seinen Backstage-Pass.

Benno und Paco tragen Kabel und Instrumentenkoffer zur Bühne.
Um elf Uhr macht die Band ihren Soundcheck. Pete baut das Schlagzeug auf. Er rückt seinen Hocker hin und her und probiert, ob er mit seinen Stöcken alle Teile seines Instruments erreicht. Dann markiert er die Position seines Hockers am Boden mit Klebeband. Mit einem Filzstift schreibt er *FH* auf die Markierung.

Zuerst spielt er mit den Stöcken einen leisen Rhythmus auf dem High Hat[36]. Dann kommt die Basstrommel dazu und dann wird der Rhythmus immer wilder.
Josh schaltet den Verstärker ein, dreht an ein paar Knöpfen und schließt sich dem Rhythmus von Pete an.
Andi klatscht in die Hände und lacht.
Benno bringt ihm den Koffer mit dem Mikrophon. Sie bauen ein Stativ auf, stecken das Mikro an und verbinden das Kabel auch mit dem Verstärker.
„Test! Test!", ruft Andi ins Mikrophon.
Und dann fängt er an zu singen: Laut, rauh, englisch.

„Coole[37] Band!"
Die drei Mädchen tanzen zu der Musik.
„Und der Sänger ist so süß! Genau mein Typ!!"
„Weißt du, wer die sind?"
„*Full House!*"
„Aha, danke."
„Meine Jungs ..."
Jetzt drehen sich die drei Mädchen zu Felipe um.
„Bist du auch von der Band?"
„Na ja, kann man so sagen. Eigentlich bin ich mehr im Management tätig."
Felipe zeigt den Mädchen seinen Backstage-Pass.
„Also, wenn ihr die Jungs mal kennenlernen wollt, ich meine, Andi, Josh und Pete, ich kann das arrangieren."
„Echt?"
„Wir machen jetzt noch ein bisschen Soundcheck und unser Auftritt ist dann um vier. Aber dazwischen könnt ihr ja mal vorbeikommen."

36 *High Hat*: englisch Teil eines Schlagzeugs
37 *cool*: englisch *toll, super*

„Ich gebe dir meine Handynummer.“
„Hast du mal einen Stift?“
„Ich dachte, Manager haben ein Blackberry?“
„Habe ich, aber das ist noch im Bandzelt. Hast du auch einen Zettel?“
„Nö. Komm, ich schreib’s dir auf den Arm ...“
Die Mädchen kichern.

„So, die Damen. Bitte ein paar Schritte zurück! Das ist der Bühnenbereich.“
Zwei Security-Leute sperren den Platz vor der Bühne mit Bändern ab.
„O.k., danke.“
Der Wachmann sieht zu Felipe.
„Sag mal, kenne ich dich nicht ...“
Felipe erschrickt: Der Rocker! Er guckt sich um. Hinter ihm stehen schon viele Besucher und warten auf den Konzertbeginn.
Felipe springt über das Absperrband und rennt zur Bühne.
„He du! Warte!“, ruft ihm der Wachmann hinterher.
Aber da ist Felipe schon auf die Bühne geklettert.
Die Band hat ihren Soundcheck beendet und die Musiker packen ihre Sachen zusammen.
Felipe stolpert über ein Kabel und fällt fast in das Schlagzeug.
Der Wachmann geht zur Bühne und ruft noch mal: „He du! Komm mal her!“
Andi grinst die Mädchen an und sagt:
„Der gehört zu uns, ... unser Manager!“ Dann hebt er vier Finger und sagt: „Wir spielen um vier!“ Ü20

„Na, geht's wieder?"
„Ja, ja, danke. So ein Idiot. Der verfolgt mich seit gestern. Ich glaube, dem sage ich mal so richtig Bescheid[38]!"
„Das lass mal besser!", lacht Andi. „Komm lieber mit in die Kantine. Da warten Benno und Paco auf uns."
Die drei Musiker und Felipe gehen in die Kantine.
„Na, wie war's?", fragt Benno.
„Alles bestens. Hört mal, wir haben jetzt ein paar Stunden frei. Vor uns spielen auf der Bühne zwei andere Bands. Aber kurz vor vier brauchen wir euch. Wir haben nicht viel Zeit für den Aufbau, da muss alles schnell gehen. Verstärker und Schlagzeug bleiben auf der Bühne, die sind vom Veranstalter. Wir bringen die Gitarren und die Mikros mit. O.k.?"
„Klar! Ich gehe mal ein bisschen Festival-Luft schnuppern. Wer kommt mit?"
„Ich!", ruft Paco. „Deshalb sind wir ja hier, oder?"
„Ich komme auch mit, aber vorher hole ich mir noch eine Cola. Wartet ihr auf mich?"
„Ja, aber beeil dich!"

38 *jmd. Bescheid sagen*: hier: Drohung, *jmd. richtig die Meinung sagen*

9

Felipe stellt sich bei den Getränken an.
Viele Musiker und ihre Roadies haben jetzt Pause.
Einige Musiker sind sehr bekannt. Felipe kennt sie von Video-Clips oder aus Zeitschriften. Von einigen hat er CDs.
Er ist sehr stolz, dass er fast dazugehört.
Er überlegt, ob er nach einem Autogramm fragen soll. Damit könnte er in der Schule ein bisschen angeben[39].
Gleich ist er dran.
Er sucht in seiner Hose nach Kleingeld für die Cola.
Plötzlich spürt er eine schwere Hand auf seiner Schulter.
„Ohne Kohle gibt's hier nichts!", sagt eine tiefe Stimme.
Die Stimme kommt Felipe bekannt vor, aber er traut sich nicht sich umzudrehen. Er sieht sich nach einer Fluchtmöglichkeit um.
Aber die Hand hält ihn fest.
„Du suchst wohl das hier, Felipe Garcia?"
Die Stimme kennt seinen Namen! Langsam bekommt Felipe Panik.
Dann hält ihm eine Hand seine Brieftasche vors Gesicht. Der eiserne Griff an seiner Schulter löst sich und jemand hängt ihm seine Jacke um die Schultern.
Vorsichtig dreht sich Felipe um. Ü21

„Ha, ha! Jetzt bist du aber erschrocken, was?"
„Äh, meine Sachen, danke …"

39 *angeben: prahlen, wichtig tun*

„Ich bin Otto. Wenn du nicht dauernd vor mir weglaufen würdest, hättest du deine Jacke schon längst wieder."
„Ja, aber ..."
„Schon o.k., Junge. Mit deinem Backstage-Pass gehörst du ja nun zur Familie. Wie du das gemacht hast, weiß ich zwar nicht. Aber Ausweis ist Ausweis."
„Möchtest du etwas trinken?", fragt Felipe schüchtern.
„Lass mal, Junge. Das übernehme ich.
Ein Bier und eine Kindercola!"

„Drring! Drring!"
„Ja, Paco."
„Wo seid ihr?"
„Hey, hast du dein Handy wieder?"
„Ja, das erzähle ich dir gleich. Wo seid ihr?"
„Wir sind vor der Bühne eins. Die *Garage Band* spielt gleich. Kommst du?"
„Klar! Aber das kann ein bisschen dauern, ich muss mich durch die ganzen Leute wühlen."
„Wieso denn das? Geh doch einfach hinter den Kulissen zur Bühne."
„Hinter den Kulissen? Wie meinst du das?"
„Oh Mann, mit dem Backstage-Pass musst du nicht über das Festivalgelände laufen. Da ist schon alles voll. Geh einfach am Bühnenbereich entlang. Beeil dich, es geht los!"
Felipe hört nur noch laute Rockmusik aus seinem Handy.

„Wahnsinn!"
„Was?"
„Die Musik ist Wahnsinn!"
„Ich versteh' dich nicht!"

Benno deutet zur Bühne und nickt mit dem Kopf.
Paco grinst und nickt ebenfalls.
„Live sind die noch viel besser als auf CD!"
„Der Wahnsinn!"
„Was?"

„Seht mal! ... He, seht mal!"
Felipe hat die Digitalkamera von seinem Handy angeklickt. Er filmt Paco und Benno.
Die beiden hören ihn nicht. Die Musik ist schrecklich laut.
Er stößt Paco an.
Paco grinst in die Kamera, dann stößt er Benno an.
Beide machen Faxen[40] in die Kamera. Ü22

40 *Faxen machen*: ugs. hier für Grimassen und komische Bewegungen machen

„Und jetzt du!“
„Was?“
„Jetzt du!!“
Paco nimmt Felipes Handy und macht ein Foto von ihm und Benno.
Dann ist Benno dran. Er fotografiert die beiden Cousins.
„Super, oder?“
Paco nimmt das Handy und ruft Felipe ins Ohr:
„Darf ich mal telefonieren?“
„Claro!“
Paco wählt die Nummer von Anna.
„Hola, mi amor, ich bin's, Paco!“
Ü23 Dann hält er das Handy in Richtung Bühne.

Er versteht fast nichts.
Dann holt er ganz tief Luft, um seinen nächsten Satz ins Telefon zu schreien.
Genau in diesem Moment ist der Song zu Ende.
Für einen Augenblick ist es ganz still.
Nur ein Besucher schreit laut in sein Handy:
„Ich liiiebe dich!“

ENDE

KAPITEL 1

1 Was wissen Sie über die Personen? Sammeln Sie.

2 Felipe spricht Benno eine Nachricht auf die Mailbox. Formulieren Sie die Nachricht.

Felipe und Paco ... – Karten für Rockfestival – Lust?

3a Felipe hat ein Problem. Was für eins? Hören Sie und notieren Sie.

____

3b Hören Sie noch einmal und ergänzen Sie.

„Hallo, hier ist Benno. Ich kann im Moment ____________

________________. Hinterlasst doch eine Nachricht auf der

Mailbox. Ich ________ ____________."

„Hi, Benno! Hier ist Felipe. Du, ______ ________ ________

__________ für *Rock am See*!

Hast du Lust ____________________?

Paco kommt auch mit. Ähm, wir brauchen auch noch ________

__________ und natürlich ________ ____________.

Kannst du deinen ______________ mal ______________, ob er uns sein __________ ____________? Das wär' echt klasse.

Komm doch ____________ ____________ zu Leo in die ____________. Wir sind ______ ___________ da, o.k.?

Also, ____________ ____________, Alter. Bis morgen. Ciao!"

KAPITEL 2

4 Notieren Sie alle wichtigen Informationen – was? wann? wie? wo? – und markieren Sie auf dem Plan.

5 Vergleichen Sie den Text mit dem Originaltext und korrigieren Sie die Fehler.

Leo war 1980 oder 1981 zum ersten Mal auf einem Festival: in Woodstock. Das war ein Open Air Festival auf der Loreley. Damals kamen aber noch nicht so viele Leute, nur ein paar Hunderttausend. Leo hat dort mit Musikern eine richtig gemütliche Gartenparty gemacht und für die Superstars Würstchen gegrillt.

KAPITEL 3

6a Was sind die Themen in den Nachrichten? Hören Sie und markieren Sie.

Politik – Kultur – Sport – Wirtschaft – Aktuelle Lokalnachrichten – Wetter – Verkehr

6b Richtig oder falsch? Hören Sie noch einmal und kreuzen Sie an.

	R	F
Nachrichten-Übersicht:		
1. Die Klimakonferenz ist erfolgreich zu Ende gegangen.	☐	☐
2. Die Banken bekommen Milliarden von der Bundesregierung.	☐	☐
3. Schwarz-Gelb hat die Wahl in Nordrhein-Westfalen gewonnen.	☐	☐
Sport:		
4. Am Wochenende findet das Fußball-Länderspiel Deutschland – Ukraine statt.	☐	☐
Wetter:		
5. Milde Temperaturen, trocken und schön.	☐	☐
Verkehr:		
6. Der Berufsverkehr in Hamburg ist störungsfrei. Es gibt keine Staus.	☐	☐
7. Auf der Autobahn Hannover-Kassel müssen die Autofahrer mit Behinderungen und Staus rechnen.	☐	☐

7a Hippies, Punks und Popper: Welche Jugendkulturen kennen Sie? Sammeln Sie.

Rocker, ...

7b Gehören/Gehörten Sie selbst auch einer Gruppe an? Wenn ja, welcher? Was ist typisch für diese Gruppe? Beschreiben Sie.

Aussehen? Kleidung? Musik? Sport? Ernährung? Engagement für oder gegen etwas? ...

KAPITEL 4

8a Richtig oder falsch? Kreuzen Sie an.

	R	F
1. Felipe denkt, dass das „neue“ Navi kaputt ist.	☐	☐
2. Benno, Paco und Felipe machen Pause in einer Raststätte.	☐	☐
3. Es dauert noch ungefähr drei Stunden, bis die drei am Ziel sind.	☐	☐
4. Überall um das Festivalgelände gibt es Sicherheitsleute.	☐	☐
5. Ein Wachmann prüft ihre Eintrittskarten.	☐	☐

8b Was bedeutet das? Ordnen Sie zu.

1. Was sich liebt, das neckt sich.	A Provozier keinen Streit!
2. Lass das!	B eine Kontrolle
3. Claro!	C Menschen, die sich mögen, ärgern sich gern ein bisschen.
4. Leg dich bloß nicht mit denen an!	D Mach das nicht, hör auf!
5. ein Check	E Klar, natürlich!

9 Vergleichen Sie die Eintrittskarten. Was ist anders?

10a Was ist richtig? Hören Sie und kreuzen Sie an.

	R	F
1. Felipe findet, der Wachmann hat Recht.	☐	☐
2. Paco und Benno ärgern sich über Felipe.	☐	☐
3. Felipe möchte Benno die 50 Euro für die Eintrittskarte nicht zurückgeben, weil er selbst ein Opfer ist.	☐	☐

10b Wer sagt was? Ergänzen Sie F (Felipe), P (Paco) und B (Benno). Hören Sie dann noch einmal.

___ „Die spinnen doch! Die haben doch einen Knall! Ich glaub', ich steig' aus und sag' dem Typ die Meinung ..."

___ „*Halt du einfach die Klappe.* Was machen wir jetzt, Benno?"

___ „Umkehren natürlich. Mit denen leg' ich mich nicht an. Wir fahren ein Stück zurück und dann überlegen wir, was wir machen."

___ „Gute Idee. Kannst du hier wenden oder soll ich aussteigen und dich dirigieren?"

___ „Geht schon."

___ „Ich kann auch aussteigen."

_B_ „Das wär' am allerbesten. Brauchst aber dann nicht wieder einzusteigen, *du Niete*!"

___ „Tut mir echt leid, Leute. Aber das muss wirklich ein Missverständnis sein. Unsere Karten sind bestimmt echt. *Warum lasst ihr euch das so einfach gefallen?*"

___ „Hab' ich nicht gesagt, du sollst die Klappe halten? Ich hätt's mir ja denken können. Wenn du schon mal was organisierst – das kann nur *in die Hose gehen*. Madre mia!"

___ „Und meine fünfzig Euro will ich zurück, verstanden?"

___ „Ja, ja, Mann. Ich wollte euch doch nicht *linken*. Ich bin doch selbst ein Opfer. Ich hab das doch ..."

___ „Klappe!!!"

11 **Lesen Sie 10b. Klären Sie die Bedeutung der kursiv markierten Wörter und Wendungen. Arbeiten Sie auch mit dem Wörterbuch.**

KAPITEL 5

12 **Warum möchte Felipe das Gelände noch einmal „checken"?**

____

13 **Beschreiben Sie die Atmosphäre auf dem Festival-Gelände.**

14a **Felipe braucht seine Jacke, sein Geld und sein Handy. Was soll er tun? Geben Sie Tipps.**

Er könnte … / Ich würde … / Am besten … / Das ist nicht so einfach, aber …

14b **Wie geht die Geschichte weiter? Sammeln Sie Ideen.**

KAPITEL 6

15a **Welche Informationen braucht Paco von Anna? Hören Sie und notieren Sie Stichwörter.**

15b Hören Sie noch einmal und ergänzen Sie.

„Na, mein Lieber, seid ihr schon angekommen?“
„Hola, mi amor. Wir sind sogar schon wieder ______________________________
______________________.“
„Machst du Scherze?“
„Schön wär's. Felipe hat sich ______________________ andrehen lassen.“
„Nein!“
„Doch, leider. Sie haben uns ______________________________.
Und jetzt fahren wir wieder zurück.“
„Wie, heute Nacht noch?“
„Na ja, was sollen wir denn machen? Auf den Campingplatz vom Festival dürfen wir nicht und hier ist kein anderer weit und breit. Und ein ______________________________________.“
„Wo seid ihr denn?“
„Deshalb rufe ich dich an. Bist du im Moment ______________________?“
„Klar!“
„Kannst du mal einen ______________________________?
Der Ort, wo wir grade durchgefahren sind, heißt Hambach.“
„Moment – Hambach, hier. Und was willst du wissen?“
„Wo die nächste ______________________________ ist.“
„Warte mal – Hambach, das ist ganz in der Nähe von der A3. Vielleicht ______________________ bis zur Auffahrt.“
„Und wie weit ist es bis zu einer ______________________?“
„Warte. Vielleicht ______________________. Da macht ihr aber eine Pause, oder? Lieber kommt ihr später, aber gesund nach Hause!“
„Klar, cariño. Ich pass' schon auf. Und arbeite nicht mehr so lange!“
„Ein bisschen mach' ich noch, bin noch nicht müde. Grüß die beiden anderen, ja? ______________________!“

16 **Was bespricht der Musiker mit seinen Kollegen? Haben Sie eine Idee? Ergänzen Sie die Sätze.**

Er erzählt ihnen, dass ...
Vielleicht fragt er, wie ...
Er will vielleicht wissen, ob ...
Ich könnte mir vorstellen, dass ...
Möglicherweise ...

KAPITEL 7

17 **Paco hat gute Nachrichten für Anna. Zählen Sie sie kurz auf.**

1.
2.
3.
...

18a **Hören und notieren Sie.**

Bandname: ______________________

Auftritt wann? ______________________

Vorband oder main act? ______________________

18b Wie heißen die Bandmitglieder? Welche Funktion haben sie in der Band?

Hören Sie noch einmal.

19a Was ist richtig? Kreuzen Sie an.

	R	F
1. Die Band besteht aus drei Musikern.	☐	☐
2. Die Band ist sehr berühmt und verdient viel Geld.	☐	☐
3. Die Band hat gerade einen neuen Bus gekauft.	☐	☐
4. Der Auftritt der Band ist um 16 Uhr.	☐	☐
5. Der Soundcheck ist um 14 Uhr.	☐	☐

19b Hören Sie noch einmal, lesen Sie und vergleichen Sie.

„So, jetzt stelle ich euch mal die Band vor: Das ist Josh, unser Bassist."
„Hallo! Eigentlich heiße ich Josef Schuller. Aber kennt ihr einen Rock-Bassisten, der so heißt? Josh ist besser ..."
„Und das ist Pete. Er sitzt an unserer Schießbude."
„Schießbude?"
„Hombre, er spielt Schlagzeug!"
„Und ich bin Andi, Gesang und Gitarre. Und unseren Bandnamen habt ihr ja auch schon gehört, *Full House*."
„Wir spielen morgen und am Samstag, am Nachmittag. Wir sind hier mehr so eine Vorband. Für den *main act*, also für den großen Auftritt am Abend sind wir noch nicht bekannt genug."
„Aber ihr könnt von eurer Musik leben?"
„Mehr schlecht als recht. Wir sind viel unterwegs, spielen auf vielen Open Air Festivals. Da kann man schon Geld verdienen. Aber wir haben auch Kosten: Studiomiete für Aufnahmen, dann muss unsere Ausrüstung immer auf dem letzten Stand sein, Computer und so. Hm, und bald brauchen wir einen neuen Bus."
„Und ein Navi! Aber den Weg zum Band-Zelt finde ich noch alleine. Gute Nacht, Leute."
„Gute Nacht!"
„Ich glaube, wir gehen jetzt alle ins Bett, oder? Ach so, wann geht es denn morgen los?"
„Warte mal, hier ist das Programm ... um 14 Uhr. Wir sind um 16 Uhr dran. Aber um 11 treffen wir uns auf der Bühne 2 zum Soundcheck."
„Soundcheck?"
„Ja, wir testen den Sound, die Lautstärke der Instrumente, die Mikrophone."
„Und jetzt testen wir die Betten. Gute Nacht!"

KAPITEL 8

20 Wie soll Felipe das Problem mit dem Wachmann lösen? Geben Sie Tipps.

KAPITEL 9

21 **Was passiert jetzt? Wie geht die Geschichte weiter? Schreiben Sie einen kurzen Dialog und spielen Sie.**

22 **Suchen Sie Wörter und Wendungen, die zum Bild S. 45 passen, und notieren Sie oder schreiben Sie ins Bild.**

23a **Hören Sie.**

23b **Bringen Sie das Gespräch in die richtige Reihenfolge, nummerieren Sie. Hören Sie dann noch einmal und vergleichen Sie.**

_1_ A Hallo? – Hallo, wer ist da? – Paco, bist du das?

_2_ P Anna, verstehst du mich?

___ P Ich ruf' dich heute Abend noch mal an. Wollte dir nur ein bisschen Musik vorspielen. Hier ist es super – und wie geht's dir?

___ A Paco? Ich hör' nur Musik! Wie geht's dir?

___ A Ich versteh' dich ganz schlecht! Die Musik ist viel zu laut!

___ P Anna? Hallo, Anna? Ich versteh' dich kaum, die Musik ist brutal laut! Ich wollte dir einfach guten Tag sagen! Das Konzert hat gerade angefangen! Hörst du?

_7_ A Paco das hat keinen Sinn. Ich versteh' dich nicht. Ruf mich einfach später noch mal an, ja? …

OPEN AIR FESTIVALS

1 Lesen Sie und geben Sie dem Text eine Überschrift

____

1967 hat alles begonnen, mit dem Pop Festival in Monterey (USA). Das bekannteste Open Air-Festival ist bis heute vielleicht Woodstock, das 1969 ebenfalls in den USA stattfand und als Höhepunkt der Hippiebewegung gilt. Von weltweiter Bedeutung sind sicher auch die Live Aid Konzerte von 1985, die gleichzeitig in London und Philadelphia stattfanden. Live Aid wurde als Benefizkonzert für die Hungerhilfe in Afrika veranstaltet, die Erlöse von Live Aid betrugen ca. 102,3 Millionen Euro. Auch die Verkaufserlöse der gleichnamigen CD wurden zur Bekämpfung der Hungersnot in Afrika gespendet. Live Aid war das bis dahin größte Rockkonzert aller Zeiten. Es wurde weltweit im Fernsehen und im Radio übertragen und erreichte 1,5 Milliarden Menschen.

2 Welche Festivals (Musik, Theater, etc.) kennen Sie? Sammeln Sie.

A BEKANNT! BEWÄHRT! GROSS!

Festivalfans können es kaum erwarten, bis die Open-Air-Saison beginnt. Jeden Sommer ziehen sie los, um ihre Bands zu hören und mit Gleichgesinnten unter freiem Himmel zu feiern. Festivals gibt es nicht nur in großen Städten, sondern auch auf dem Land.

Das älteste und größte Rockfestival ist *Rock am Ring*. Es findet seit 1985 auf

Wer leer ausgeht und keines der begehrten Tickets ergattern kann, pilgert zum „kleinen Bruder“: zum Festival *Rock im Park*, das 2010 den 15. Geburtstag feiert. Seit 1997 in Nürnberg installiert, nahm es seine Anfänge 1993 in Wien (Rock in Vienna) und zog 1994 nach München

dem Nürburgring statt und startet als Zwei-Tage-Festival mit 17 Bands und 75.000 Besuchern. Das Festival wird immer größer, im Jahr 2005 sind 92 Bands zu hören, 2010, zum 25jährigen Jubiläum, wird das Festival verlängert und findet zum ersten Mal vier Tage lang statt. Die 85.000 Tickets für die große Party im Juni sind bereits im Februar restlos ausverkauft. Nicht wenige Fans halten der größten Party Deutschlands seit 25 Jahren die Treue, viele schwärmen von der einzigartigen Atmosphäre. Ein hochkarätiges Programm ist seit jeher garantiert, fast jede nationale und internationale Band von Rang hat dort gespielt.

um. Seit 1995 trägt es den Namen *Rock im Park*. „Kleiner Bruder“ wird es genannt, weil das Rockereignis zeitgleich mit *Rock am Ring* stattfindet und dieselben Bands spielen wie auf dem Nürburgring. Die Besucherzahlen haben sich von ca. 45.000 im Jahr 2005 inzwischen bei 60.000 bis 70.000 eingependelt.

3 Richtig oder falsch? Kreuzen Sie an.

	R	F
Das größte deutsche Rockfestival ist Rock am Ring.	☐	☐
Rock am Ring feiert 2010 seinen 25. Geburtstag.	☐	☐
Die Fans schätzen bei Rock am Ring die gleichbleibend hohe Qualität des Musikprogramms.	☐	☐
Zu Rock am Ring gibt es seit 15 Jahren eine Parallelveranstaltung in München.	☐	☐
Rock im Park hat ca. 85.000 Besucher und zieht zu seinem 15jährigen Jubiläum nach Nürnberg um.	☐	☐

B KULT!

Schneller, höher, weiter. Dieses Motto gilt für viele Festivals, aber vor allem für eines: das Wacken Open Air *W:O:A*. Wacken ist das größte Metal-Festival der Welt und Wacken ist Kult. Den Namen hat das Festival von dem Ort, in dem es stattfindet, einer 2000-Einwohner-Gemeinde in Schleswig-Holstein. Das ganze Dorf packt mit an, wenn die Metal-Fans drei Tage im August den Ort stürmen. Ein Bauer stellt seine Felder zur Verfügung, der Dorfladen hält bereit, was die Gäste brauchen, die Bewohner helfen mit auf dem Festivalgelände, die Frauen im Dorf backen Kuchen und alle begrüßen die Metal-Fans mit dem Metal-Gruß. Und: die Blaskapelle der Feuerwehr eröffnet das Großereignis.
Über Wacken wurden Filme gedreht, denn Wacken ist anders. Wacken macht Staunen und begeistert inzwischen 75.000 Besucher. Dabei begann es klein: mit 6 Bands und 800 Besuchern. Zwei Jahre später spielten schon 26 Bands für 3500 Besucher. 1997 freuten sich die Veranstalter über 10.000 Besucher und 47 Bands. Fast 50.000 Fans waren es 2006 und seit 2007 freuen sich über 70.000 Besucher über die Musik von 70 bis 80 Bands. Thomas Jensen, der das Festival gegründet hat, sagt in einem Interview, der familiäre Charakter, der das Festival ausmache, sei noch immer vorhanden.

4 Was ist das besondere an dem *Wacken Open Air*? Notieren Sie Stichpunkte.

C MIT UMWELTSIEGEL!

Dass ein Festival auch ohne die ganz großen und berühmten Bands auskommen und Musikspaß pur garantieren kann, zeigt RhEINKULTUR in Bonn. Bei freiem Eintritt feiern jährlich an einem Samstag im Juli bis zu 200.000 Fans unter freiem Himmel. Musik gibt es auf fünf Bühnen und für fast jeden Musikgeschmack. Es gibt Rock und Pop, Alternative und Punk, Hip Hop, unterschiedliche Elektronische Musik und junge lokale Bands. 4000 Besucher kamen bei der Gründung 1983, 100.000 waren es 1990, doppelt so viele fünf Jahre später, inzwischen freuen sich zwischen 150.000 und 200.000 Musikfans auf das musikalische Großereignis in der Bonner Rheinaue. Bereits 1993 haben die Veranstalter ein eigenes Umweltkonzept für das Festival entwickelt. 2005 erhielt es das Label „Sound for Nature Festival", eine Auszeichnung für die Bemühungen um Umweltschutz und Nachhaltigkeit. Seit 2008 ist mit RhEINKULTUR das Motto *Green Rocks* verbunden.

Dem Umweltschutz verpflichtet ist auch das *Taubertal-Festival*, das seit 1996 in idyllischer Lage in der Nähe von Rothenburg ob der Tauber (Bayern) stattfindet. Es trägt ebenfalls das „Sound for Nature"-Siegel, wird immer wieder mit dem „Green'N'Clean"-Award ausgezeichnet und gilt als eines der schönsten Festivalgelände der Welt. Drei Tage lang wird dort im Sommer gerockt. Das *Taubertal-Festival* ist kleiner als die oben beschriebenen, lockt dennoch internationale Bands von Rang und Namen an und begeistert jährlich 22.000 Fans.

5 Suchen Sie die Informationen im Text und notieren Sie.

Veranstaltungsort von RhEINKULTUR: ______________________

Eintrittspreise für RhEINKULTUR: ______________________

Besucherzahlen RhEINKULTUR: ______________________

Besucherzahlen Taubertal-Festival: ______________________

Besonderheiten der beiden Festivals: ______________________

D KLASSISCH!

Ein großer Geburtstag, eine Idee, Mut zum Experiment, ein Park, zwei Symphonieorchester. Daraus entstand das größte Klassik Open Air Europas: das *Klassik Open Air beim Picknick im Park* in Nürnberg, das an zwei Sonntagen im Sommer stattfindet. Das erste Mal findet es anlässlich der 950-Jahr-Feier Nürnbergs im Jahre 2000 statt. Die Vorbilder: ähnliche Veranstaltungen in London und in New York. Die Zuschauer erleben bei freiem Eintritt die Konzerte auf den Rasenflächen vor der Bühne bei einem Picknick am Abend.
Das Programm bestreiten die beiden Symphonieorchester der Stadt, die Nürnberger Symphoniker und die Nürnberger Philharmoniker. Die Programme orientieren sich am Anlass und tragen Titel wie *Italienische Nacht*, *Sommernachtsträume*, *Sonne, Mond und Sterne* oder *Love Affairs* und bieten eine Zeitreise durch die Geschichte der klassischen Musik. Zur Premiere gibt es drei Konzerte, seit 2001 sind es zwei Konzertabende. Mit einer stabilen Besucherzahl zwischen 40.000 und 60.000 je Konzertabend ist das *Klassik Open Air beim Picknick im Park* fester Bestandteil des Nürnberger Kultursommers.

6 Ergänzen Sie.

Das Klassik Open Air in Nürnberg gibt es seit ____________. Es findet an ____________ Abenden statt. Regelmäßig spielen die beiden ____________ der Stadt Nürnberg. Jährlich besuchen ca. ____________ Besucher das Klassik Open Air.

7 Waren Sie schon einmal auf einem Open-Air-Festival? Wann? Wo? Wie war das? Erzählen Sie.

Übersicht über die in dieser Reihe erschienenen Bände:

Stufe 1 ab A1
Das schnelle Glück
Der 80. Geburtstag
Die Neue
Die Prinzessin
Ein Hundeleben
Gebrochene Herzen
Miss Hamburg
Schwere Kost

Stufe 2 ab A2
Der Einbruch
Der Jaguar
Große Gefühle
In Gefahr
Liebe im Mai
Oktoberfest – und zurück
Schöne Ferien
Unter Verdacht

Stufe 3 ab B1
Hinter den Kulissen
Leichte Beute
Speed Dating
Stille Nacht

ANNA-LENA GERBER

HEIßLUFTFRITTEUSE

· KOCHBUCH ·

Email: info@edition-lunerion.de
www.edition-lunerion.de

Psiana eCom UG
Berumer Str. 44
26844 Jemgum

Vorwort

Selbst kochen, abwechslungsreich essen und dabei am liebsten noch gesund: Was das Beste für uns wäre, wissen wir mittlerweile alle, wenn da nicht Full-Time-Job, Unistress oder der ganz normale Familientrubel wäre. Doch zum Glück gibt es einen Joker: Das Multitalent Heißluftfritteuse – und dieses Kochbuch zeigt Ihnen, was Sie damit alles auf den Teller zaubern können!

Wenn der Platz für einen Ofen fehlt, Sie fettarm frittieren oder beim Backen Strom sparen möchten, ist die Heißluftfritteuse Ihr bester Verbündeter: Denn damit gelingen Kochen, Backen, Frittieren oder das Zubereiten ganzer Menüs spielend leicht und im Rekordtempo. Dazu werden Speisen unvergleichlich knusprig und nach Gebrauch verschwindet das Gerät einfach im Schrank. Überzeugt? Dann schnappen Sie sich dieses Rezeptbuch und entdecken Sie die unkomplizierte Vielfalt, die Sie Tag für Tag mit minimalem Aufwand auf den Tisch bringen können. Ob Frühstück, Backwaren, Hauptgerichte, Suppen, Snacks oder Desserts, hier finden Sie eine Riesenauswahl an Schlemmereien für Veggies, Fleischfreunde, Fischliebhaber und Naschkatzen gleichermaßen.

Guten Appetit!

INHALT

Hauptgerichte mit Fleisch 28

Hauptgerichte mit Fisch 48

Wissenswertes

Es gibt jede Menge verschiedene Küchengeräte, die Ihnen das Kochen er-leichtern sollen. Viele davon werden häufig genutzt, andere wiederum stehen meist nur als Staubfänger in den Küchenschränken und werden, wenn es hochkommt, höchstens alle paar Jahre herausgekramt.

Wahrscheinlich fragen Sie sich berechtigterweise, ob eine Heißluftfritteuse überhaupt wirklich notwendig ist. Die klare Antwort darauf ist: Notwendig ist sie nicht, aber in gewissen Situationen kann sie hilfreich sein.

Nehmen wir als Beispiel an, Sie sind eine Single-Person, die gerade ihre erste Wohnung bezogen hat. Die Wohnung hat alles, was Sie zum Über-leben brauchen, jedoch besteht die Küche nur aus einem Kühlschrank, zwei Herdplatten und einer Spüle. Ein Backofen ist nicht vorhanden und kann aufgrund von Platzmangel auch gar nicht eingebaut werden. In diesem Fall kann eine Heißluftfritteuse die Aufgaben des Ofens übernehmen, denn sie ist platzsparender und kann ganz einfach im Schrank verstaut werden.

Die Heißluftfritteuse, auch Airfryer genannt, funktioniert nach einem ähnlichen Prinzip wie ein Backofen, denn die Lebensmittel werden hier nicht in heißem Fett gegart, wie es bei einer normalen Fritteuse der Fall ist, sondern mithilfe von heißer Luft. Heißluftfritteusen gibt es in verschiedenen Größen und Preisklassen. Neben der Platzersparnis haben sie gegenüber dem Backofen übrigens auch noch einen weiteren Vorteil: Sie sind deutlich stromsparender. Außerdem werden beispielsweise Pommes in der Heißluftfritteuse deutlich knuspriger als im Backofen, da der Garraum nicht so groß ist und sich die Wärme deswegen mehr an dem Essen sammelt, statt sich im ganzen Ofen auszubreiten. Deswegen ist die Backzeit in der Heißluftfritteuse auch deutlich kürzer als im Backofen.

WAS SIE BEACHTEN SOLLTEN WENN SIE EINE HEIẞLUFTFRITTEUSE NUTZEN

Der große Vorteil einer Heißluftfritteuse im Gegensatz zu einer normalen Fritteuse ist, dass Sie nicht mit heißem Fett hantieren müssen und das Risiko von Verbrennungen somit sehr minimal ist. Trotzdem gibt es auch bei dem Airfryer einige Dinge, die Sie beachten sollten.

Wenn Sie Essen in der Heißluftfritteuse zubereiten, sollten Sie darauf achten, dass der Korb nicht zu voll ist, da das Essen sonst nicht gleichmäßig gegart werden kann. Die meisten Körbe haben eine Markierung, bis wohin sie gefüllt werden dürfen. Diese sollte auf keinen Fall überschritten werden.

Während der Zubereitungszeit sollten Sie den Garkorb immer wieder schütteln oder den Inhalt per Hand wenden, damit das Essen von allen Seiten gleichmäßig gar wird. Das geschieht am besten alle 5 Minuten oder spätestens einmal nach der Hälfte der Garzeit.

Nach jeder Nutzung sollte das Gerät gründlich gereinigt werden, da-mit sich keine Reste im Garkorb sammeln, deren Geruch und Geschmack sich auf andere Gerichte übertragen können.

Bevor Sie mit der Reinigung beginnen, sollten Sie die Fritteuse unbedingt auskühlen lassen, damit Sie sich nicht verbrennen. Danach legen Sie den Garkorb in ein lauwarmes Wasserbad mit Spülmittel ein und wischen mit einem weichen Tuch alle Essensreste aus. Verwenden Sie auf keinen Fall Metallschwämme oder ähnliche Dinge, die Kratzer hinterlassen könnten. Alternativ können Sie den Garkorb auch einfach in die Spülmaschine stellen, sofern der Hersteller nicht davon abrät.

Die Heizstäbe der Fritteuse sowie das Gehäuse können Sie mit einem feuchten Tuch auswischen. Achten Sie dabei jedoch darauf, nicht zu viel Wasser zu verwenden und nicht zu nah an die Technik zu kommen.

Frühstück

KAISERSCHMARRN

4 Port.

25 Min.

Leicht

Zutaten

500 ml Milch
250 g Mehl
6 Eier
50 g Rohrzucker
65 g Butter
60 g Rosinen
1 Pck. Vanillezucker
1 TL Backpulver
1 EL Puderzucker
1 Pr Salz

Nährwerte p. P.

654 kcal
81 g Kohlenhydrate
27 g Fett
22 g Eiweiß

1 Trennen Sie die Eier und verrühren Sie das Eigelb mit dem Zucker, dem Vanillezucker und dem Salz. Schlagen Sie es auf.

2 Vermischen Sie das Mehl mit dem Backpulver und geben Sie diese Mischung gemeinsam mit der Milch nach und nach zu der Eigelbmischung.

3 Schmelzen Sie die Butter in einem Topf und geben Sie sie ebenfalls dazu.

4 Schlagen Sie das Eiweiß steif und heben Sie es mit den Rosinen unter die Teigmasse.

5 Fetten Sie eine Form, die für die Heißluftfritteuse geeignet ist, mit Butter ein und füllen Sie den Teig hinein.

6 Backen Sie den Kaiserschmarrn ca. 10 Minuten lang bei 170 °C, bevor Sie ihn mit einer Gabel in kleine Stücke teilen.

7 Verteilen Sie den Puderzucker auf dem Kaiserschmarrn.

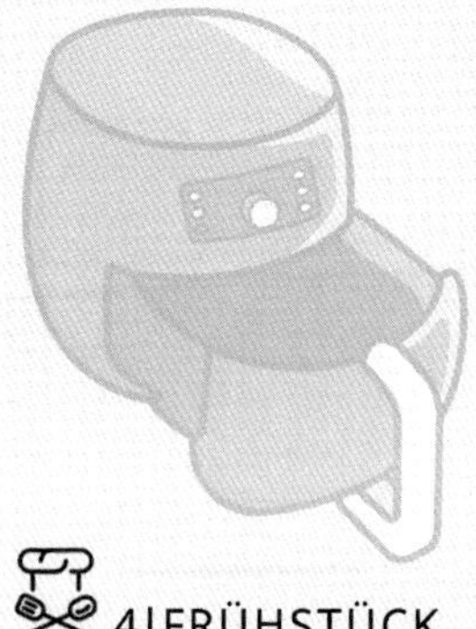

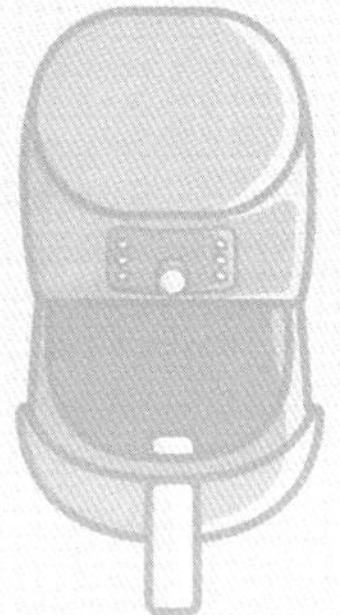

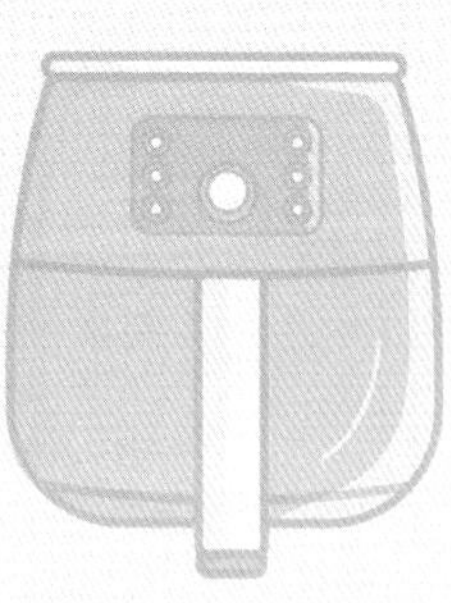

MÜSLI

2 Port. 45 Min. Leicht

Zutaten

300 g Haferflocken
150 g getrocknete Cranberrys
100 g Kürbiskerne
95 g Haselnüsse
55 g Kokosraspel
6 TL Sonnenblumenöl
6 TL Honig

Nährwerte p. P.

808 kcal
78 g Kohlenhydrate
42 g Fett
24 g Eiweiß

1 Zerhacken Sie die Haselnüsse.

2 Verrühren Sie die Haferflocken mit dem Honig, dem Öl, den Kokosraspeln und den Haselnüssen.

3 Rösten Sie das Müsli bei 170 °C etwa 30 Minuten in der Heißluftfritteuse.

4 Lassen Sie das Müsli abkühlen und rühren Sie die Cranberrys unter.

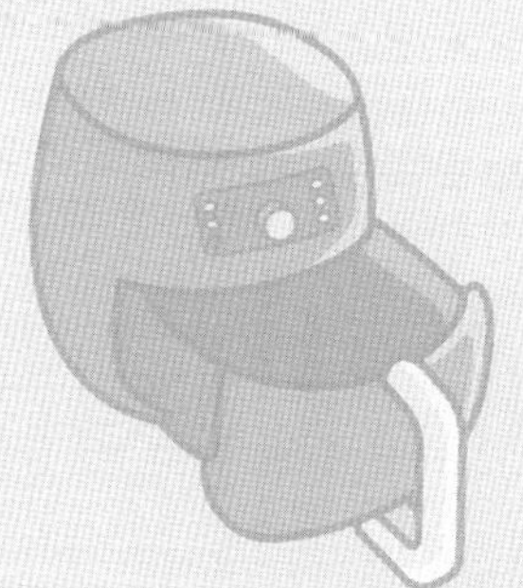
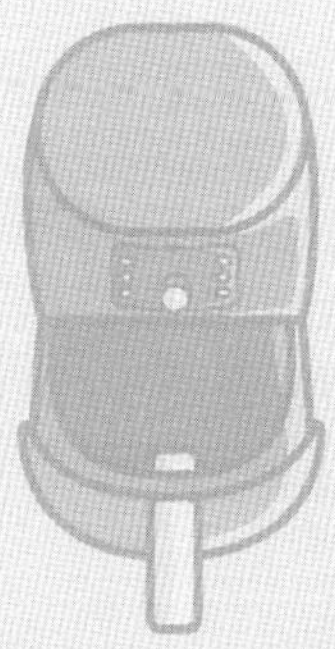
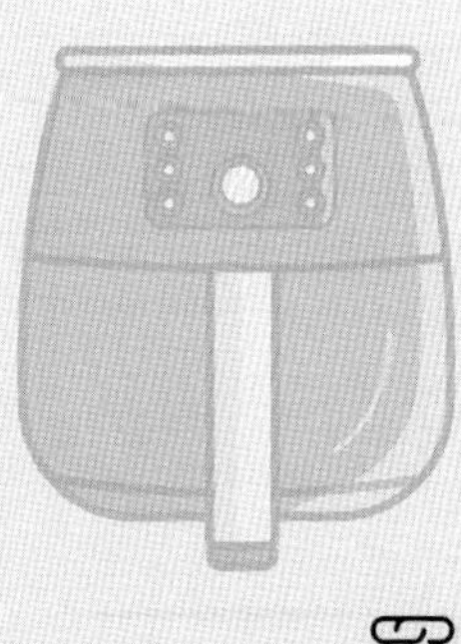

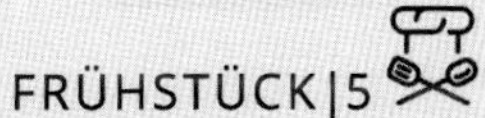

KÄSE-EIER-MUFFINS

2 Port. 15 Min. Leicht

Zutaten

4 Eier
4 Scheiben Bacon
1 Tomate
20 g geriebener Käse

Nährwerte p. P.

261 kcal
2 g Kohlenhydrate
21 g Fett
15 g Eiweiß

1 Waschen Sie die Tomate und schneiden Sie sie in möglichst kleine Würfel.

2 Verrühren Sie die Eier mit den Tomatenstückchen und dem Käse.

3 Füllen Sie die Masse in Muffinförmchen und backen Sie die Muffins bei 180 °C für etwa 10 Minuten.

4 Schneiden Sie den Bacon klein und legen Sie ihn nach der Hälfte der Backzeit auf die Muffins.

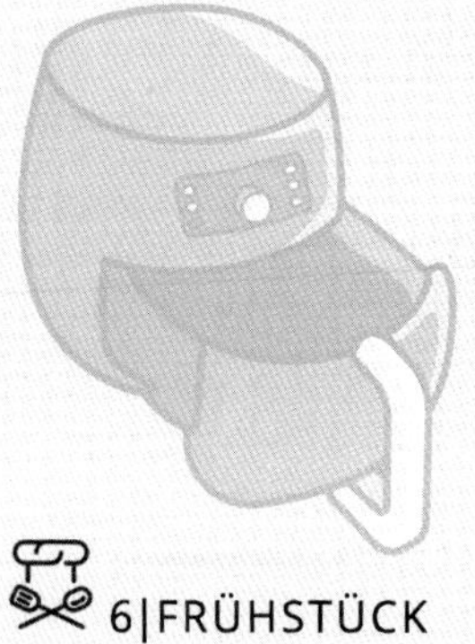
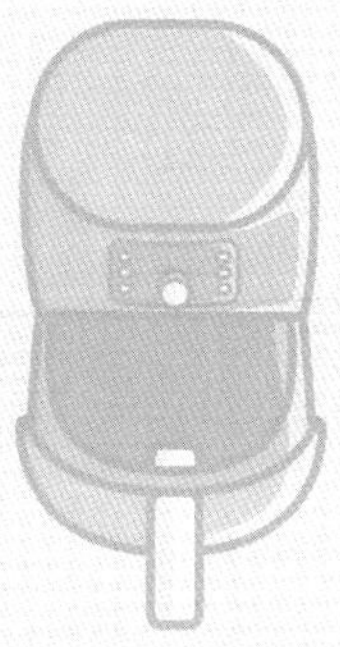
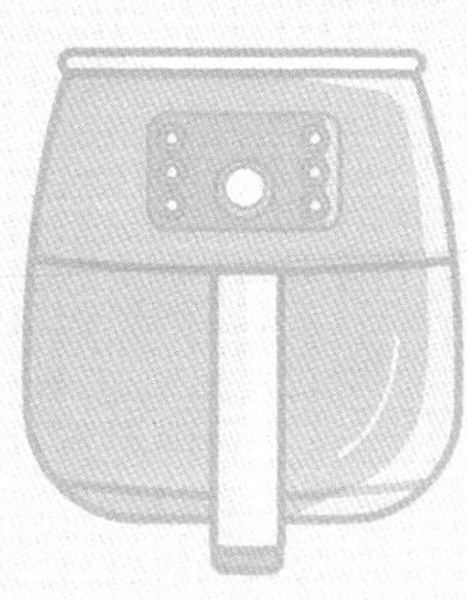

HACKTOAST

4 Port.

10 Min.

Leicht

Zutaten

4 Scheiben Toast
4 Scheiben Käse
200 g Hackfleisch
1 Zwiebel
Pfeffer
Salz

Nährwerte p. P.

223 kcal
11 g Kohlenhydrate
13 g Fett
14 g Eiweiß

1 Schälen Sie die Zwiebel und schneiden Sie sie klein.

2 Geben Sie die Zwiebel gemeinsam mit dem Hackfleisch in eine Pfanne mit etwas Öl und braten Sie sie an, bis das Fleisch durch ist. Schmecken Sie das Fleisch mit Pfeffer und Salz ab.

3 Geben Sie alle Zutaten auf den Toast.

4 Überbacken Sie die Toasts bei 200 °C etwa 4 Minuten lang.

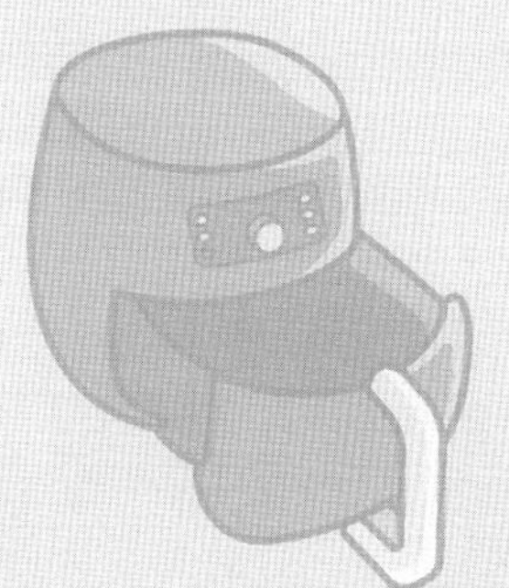

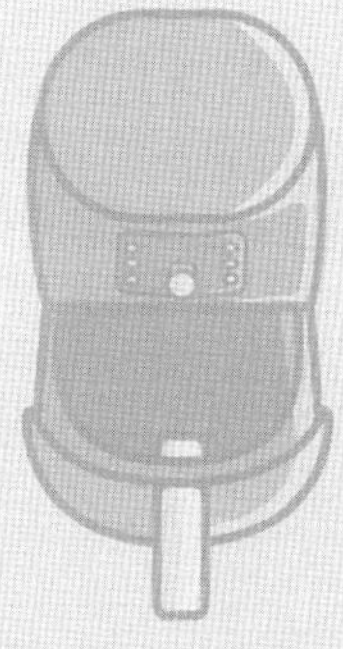

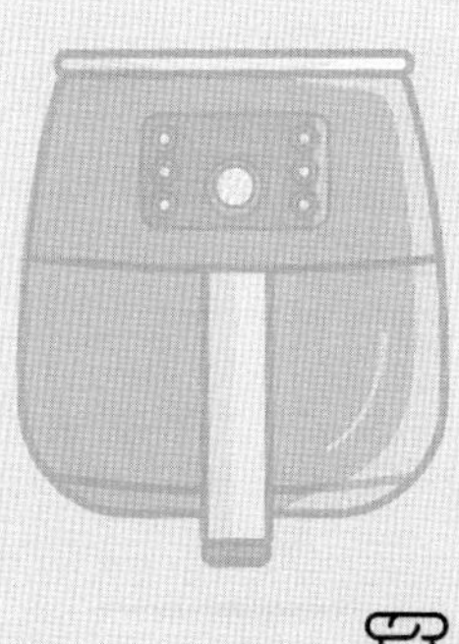

GEKOCHTE EIER

4 Port.

10 Min.

Leicht

Zutaten

4 Eier

Nährwerte p. P.

66 kcal
1 g Kohlenhydrate
5 g Fett
4 g Eiweiß

1 Geben Sie die Eier, so wie sie sind, bei 170 °C in die Heißluftfritteuse.

2 Garen Sie die Eier je nach gewünschtem Härtegrad: für weiche Eier 7 Minuten, für mittelharte Eier 8 Minuten und für hart gekochte 10 Minuten lang.

3 Schrecken Sie die fertigen Eier ab.

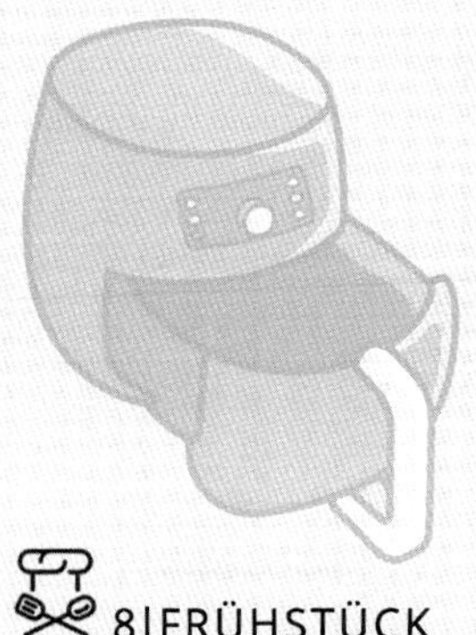

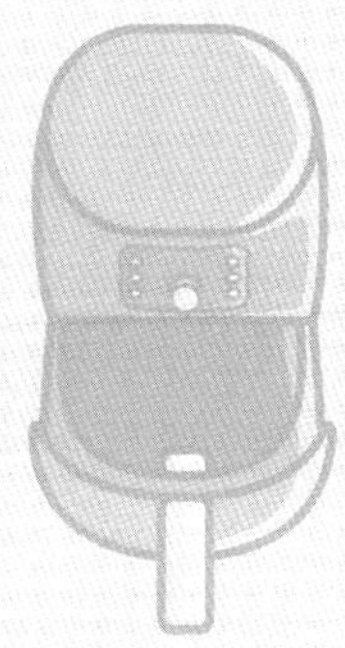

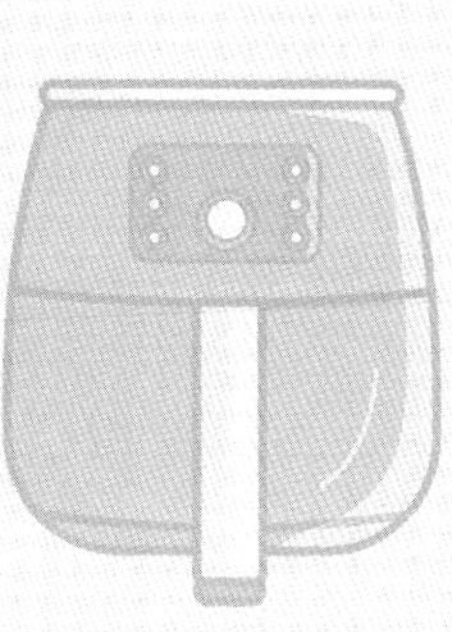

NUSS-GRANOLA

4 Port. 20 Min. Leicht

Zutaten

150 g 4-Korn-Flocken
60 g Ahornsirup
50 ml Sonnenblumenöl
50 g Nussmischung
25 g geschrotete Leinsamen
25 g Haferkleie

Nährwerte p. P.

702 kcal
85 g Kohlenhydrate
29 g Fett
21 g Eiweiß

1 Vermischen Sie die Flocken mit der Haferkleie, den Leinsamen und den Nüssen.

2 Kochen Sie das Öl gemeinsam mit dem Ahornsirup kurz auf.

3 Verrühren Sie die Zutaten aus Schritt 1 & 2 gut miteinander.

4 Geben Sie alles zusammen in die Heißluftfritteuse und backen Sie es bei 175 °C etwa 15 Minuten. Mischen Sie es alle 5 Minuten einmal durch.

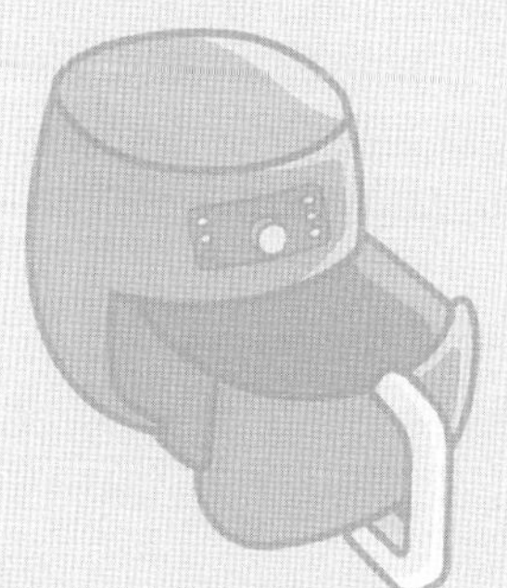
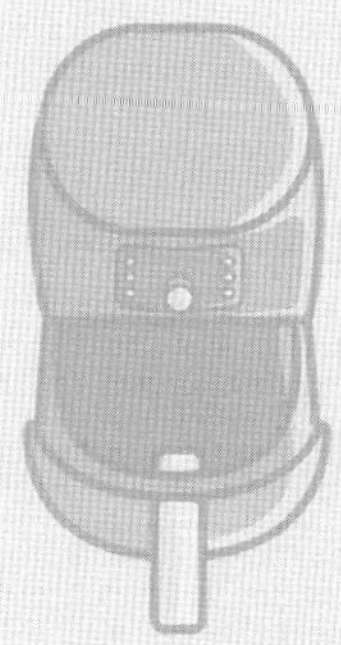
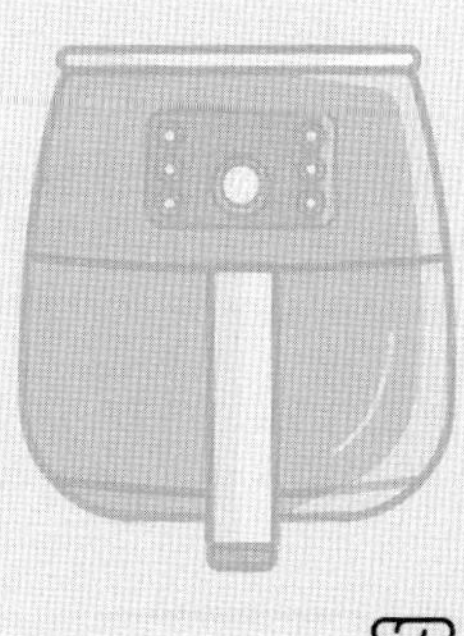

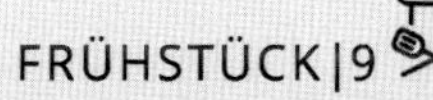

FRENCH-TOAST-STICKS

4 Port. 10 Min. Leicht

Zutaten

250 ml Milch
10 Scheiben Toastbrot
75 g Butter
50 g Zucker
4 Eier
1 TL Zimt
1 TL Vanilleextrakt

Nährwerte p. P.

430 kcal
40 g Kohlenhydrate
24 g Fett
11 g Eiweiß

1 Schneiden Sie das Toastbrot in gleichmäßige Streifen.

2 Schmelzen Sie die Butter und verrühren Sie sie mit der Milch, den Eiern und dem Vanilleextrakt.

3 Verrühren Sie den Zucker mit dem Zimt.

4 Tunken Sie die Brotstreifen in die Mischung ein und wenden Sie sie danach in der Zimt-Zucker-Mischung. Backen Sie sie dann bei 170 °C etwa 8 Minuten.

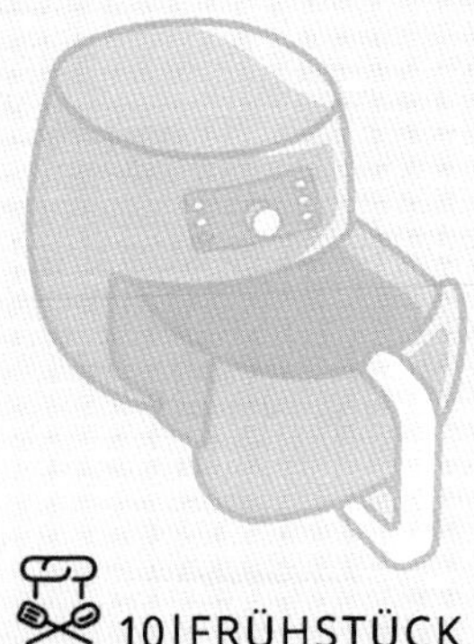
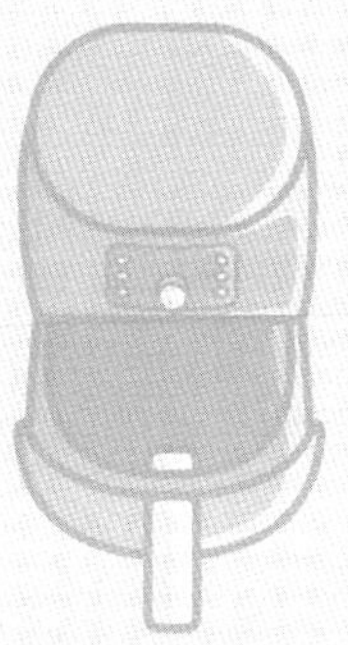
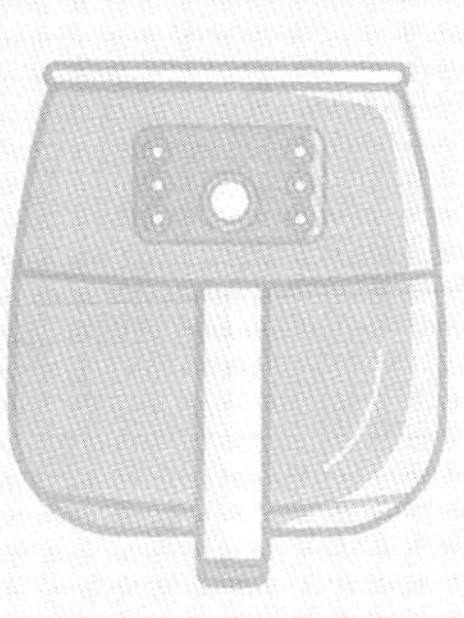

CANDY-BACON

4 Port.

25 Min.

Leicht

Zutaten

8 Scheiben Bacon
150 g brauner Zucker
6 EL Honig
1 TL Pfeffer

Nährwerte p. P.

347 kcal
78 g Kohlenhydrate
3 g Fett
2 g Eiweiß

1 Mischen Sie den Pfeffer mit dem Zucker.

2 Bestreichen Sie den Bacon mit Honig.

3 Streuen Sie den Zucker auf den Bacon.

4 Kandieren Sie den Bacon bei 160 °C für etwa 20 Minuten.

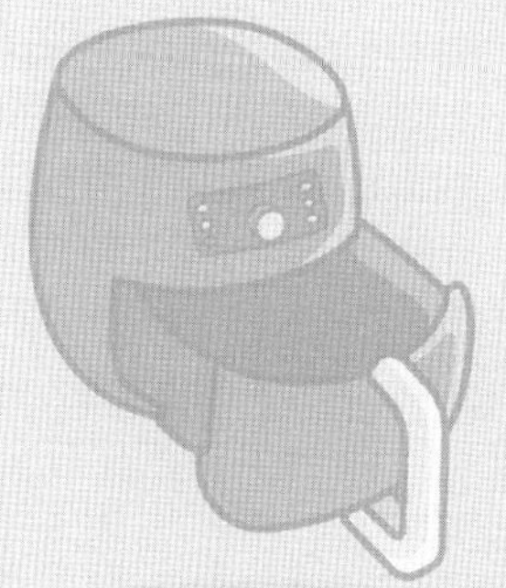

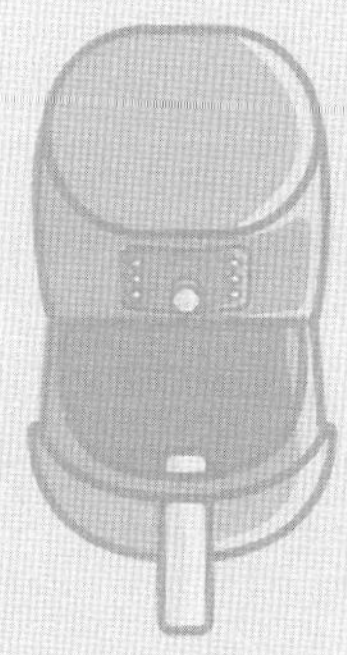

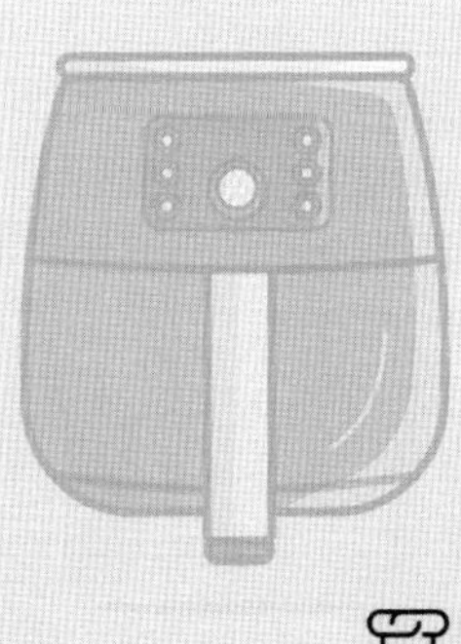

SPINAT-OMELETT

2 Port.

10 Min.

Leicht

Zutaten

100 ml Milch
3 Eier
50 g Spinat

Nährwerte p. P.

149 kcal
4 g Kohlenhydrate
10 g Fett
9 g Eiweiß

1 Verrühren Sie die Milch mit den Eiern und geben Sie beides in eine Auflaufform, die für die Heißluftfritteuse geeignet ist.

2 Heben Sie den Spinat unter und schmecken Sie das Omelett mit Pfeffer und Salz ab.

3 Backen Sie das Omelett für etwa 8 Minuten bei 180 °C.

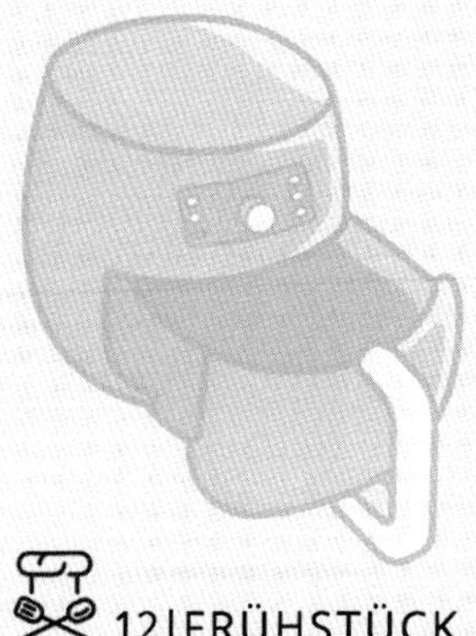

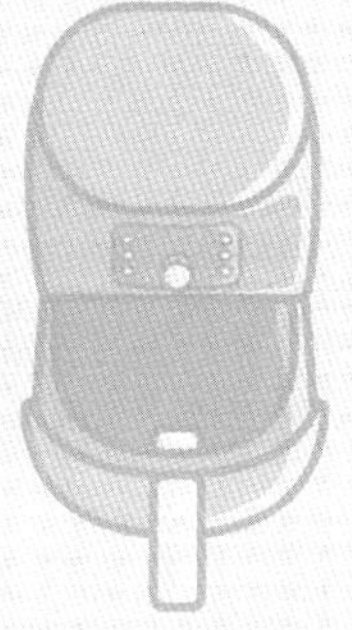

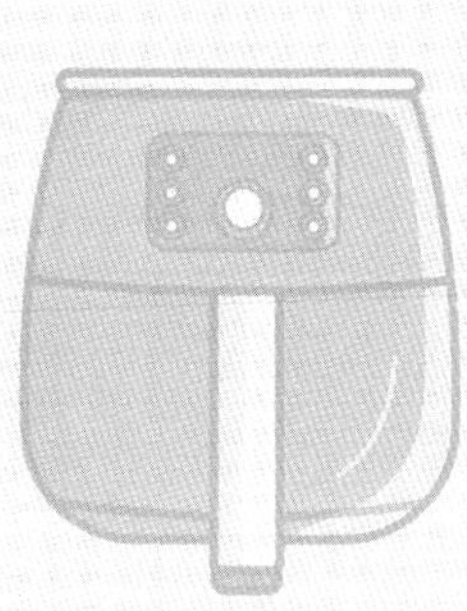

BACON-BURGER

2 Port.

15 Min.

Leicht

Zutaten

8 Scheiben Bacon
2 Burger-Brötchen
Ketchup
Röstzwiebeln

Nährwerte p. P.

202 kcal
10 g Kohlenhydrate
14 g Fett
9 g Eiweiß

1 Geben Sie den Bacon bei 220 °C für ca. 8 Minuten in die Heißluftfritteuse.

2 Schneiden Sie die Brötchen auf und bestreichen Sie beide Hälften mit Ketchup oder einer Soße Ihrer Wahl.

3 Legen Sie den Bacon auf die Burger und geben Sie einige Röstzwiebeln darüber. Klappen Sie die Burger dann zu.

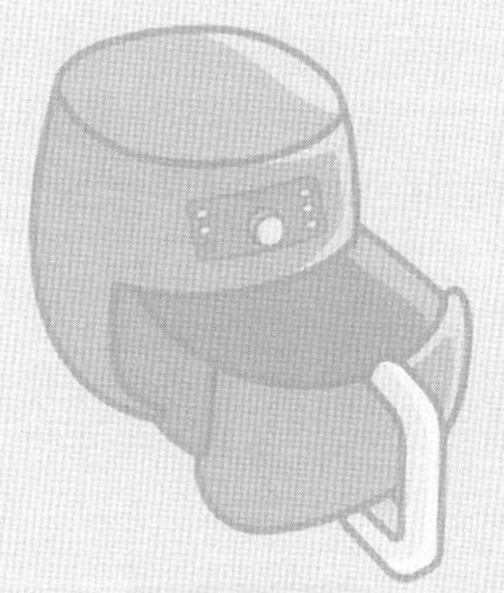

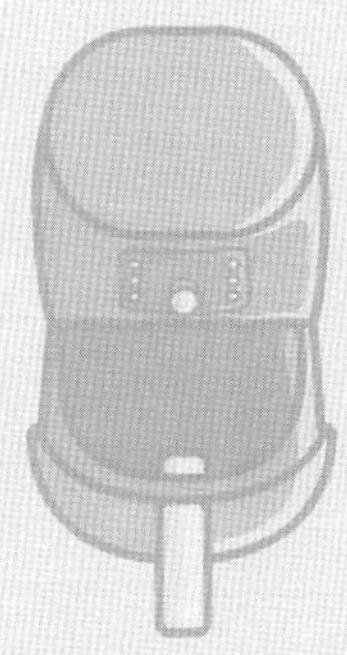

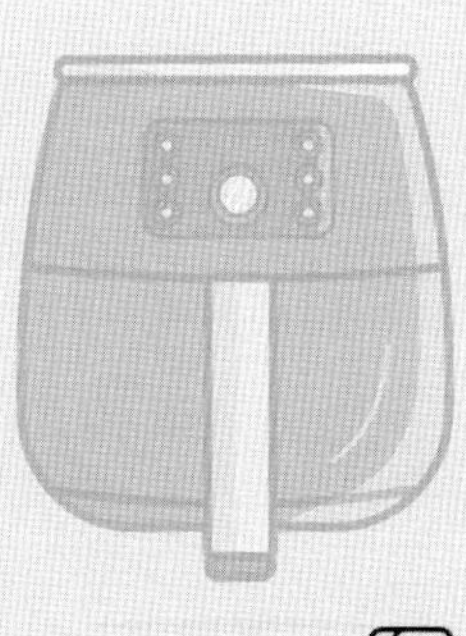

SCHOKO-PFANNKUCHEN

2 Port.

20 Min.

Leicht

Zutaten

125 ml Milch
40 g Mehl
30 g Maisstärke
10 g Butter
3 Eier
1 EL Zucker
4 EL Schokostreusel
1 EL Zitronensaft

Nährwerte p. P.

408 kcal
45 g Kohlenhydrate
20 g Fett
11 g Eiweiß

1 Trennen Sie die Eier und schlagen Sie das Eiweiß steif.

2 Verrühren Sie die restlichen Zutaten zu einem Teig.

3 Heben Sie das Eiweiß unter.

4 Backen Sie die Pfannkuchen nacheinander bei 180 °C für etwa 8 Minuten aus.

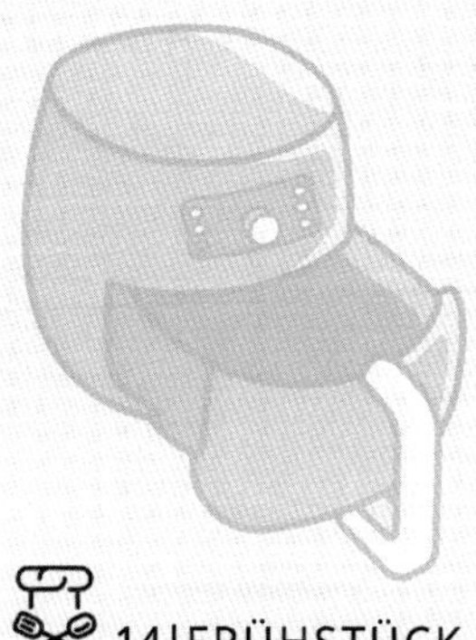

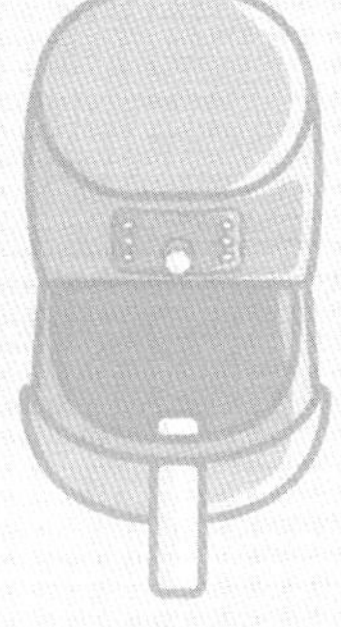

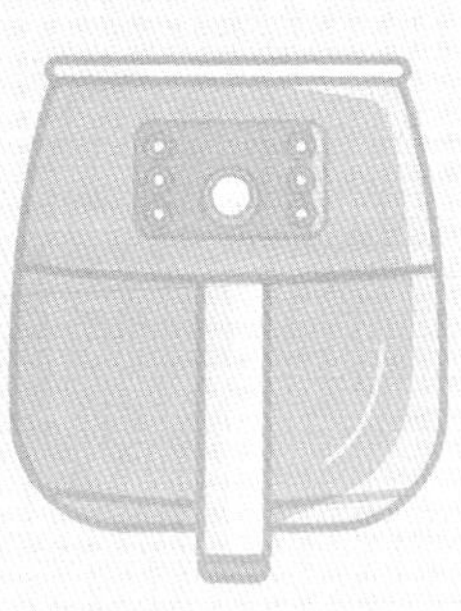

Salate

ROHKOSTSALAT

2 Port. 15 Min. Leicht

Zutaten

5 Karotten
1 Rettich
10 Radieschen
1 Paprika
1 Salatgurke
2 EL Öl
300 g Putenbruststreifen

Nährwerte p. P.

502 kcal
30 g Kohlenhydrate
19 g Fett
44 g Eiweiß

1 Geben Sie die Putenbrust mit dem Öl in die Heißluftfritteuse und garen Sie sie 12 Minuten lang bei 220 °C.

2 Schneiden Sie in der Zwischenzeit alle anderen Zutaten in mundgerechte Stücke.

3 Vermengen Sie alle Zutaten miteinander.

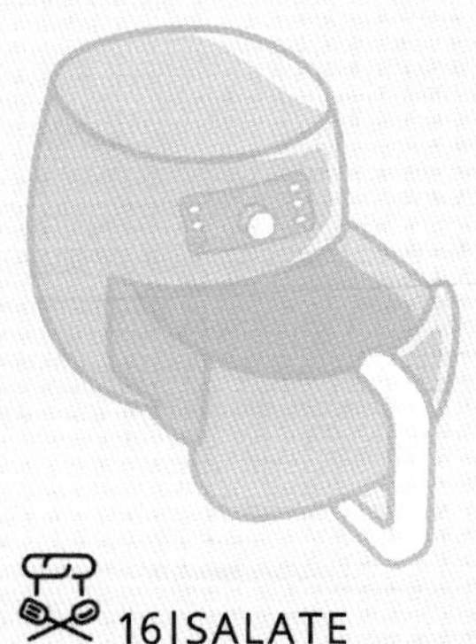
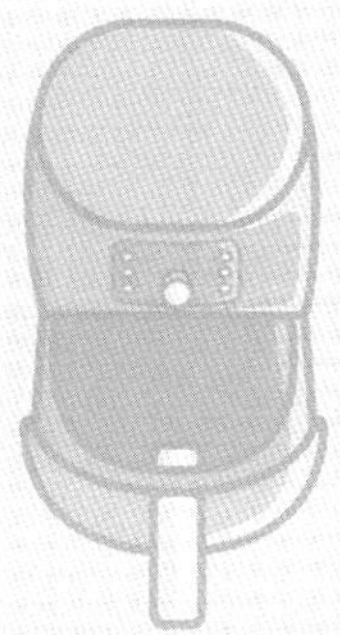
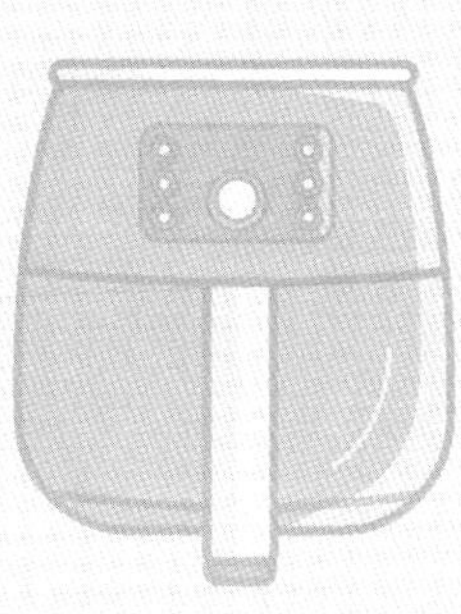

BROTSALAT

 4 Port.
 25 Min.
 Leicht

Zutaten

250 g altes Brot
350 g Cherrytomaten
50 g Pinienkerne
1 rote Zwiebel
2 EL Olivenöl

Nährwerte p. P.

508 kcal
41 g Kohlenhydrate
31 g Fett
17 g Eiweiß

1 Schneiden Sie das Brot in Würfel, wenden Sie es in dem Öl und geben Sie es bei 180 °C etwa 15 Minuten lang in die Heißluftfritteuse.

2 Schneiden Sie in der Zwischenzeit die anderen Zutaten klein.

3 Vermischen Sie alle Zutaten miteinander in einer großen Schüssel.

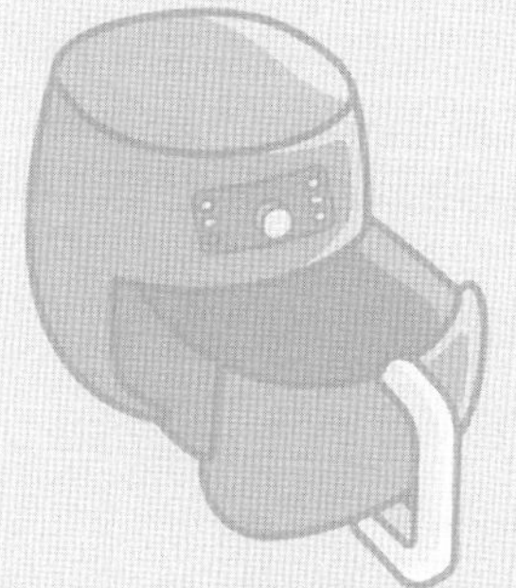
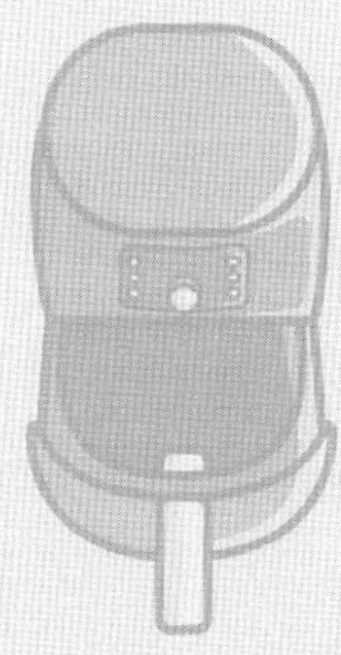
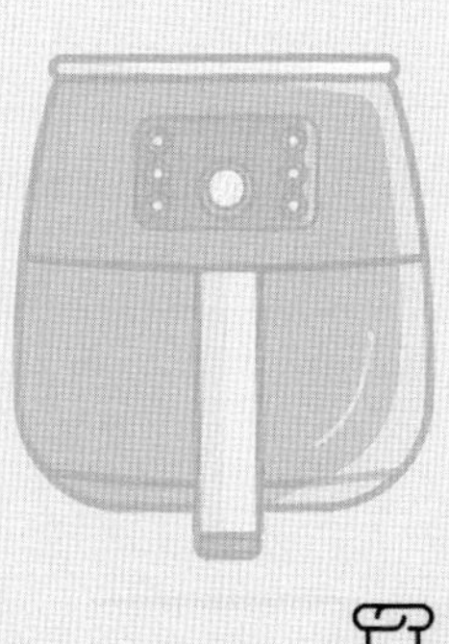

KNUSPER-SALAT

2 Port. 25 Min. Leicht

Zutaten

300 g Eisbergsalat
100 g Kidneybohnen
200 g Kichererbsen
100 g weiße Bohnen
20 ml Leinöl
Kräutersalz

Nährwerte p. P.

403 kcal
32 g Kohlenhydrate
17 g Fett
22 g Eiweiß

1 Waschen Sie die Kichererbsen und die Bohnen und lassen Sie sie abtropfen.

2 Geben Sie die Kichererbsen und die Bohnen bei 200 °C für etwa 20 Minuten in die Heißluftfritteuse.

3 Waschen Sie in der Zwischenzeit den Eisbergsalat und schneiden Sie ihn in mundgerechte Stücke.

4 Vermischen Sie alle Zutaten miteinander.

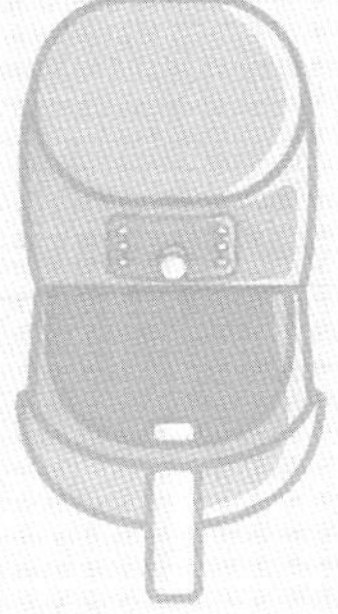
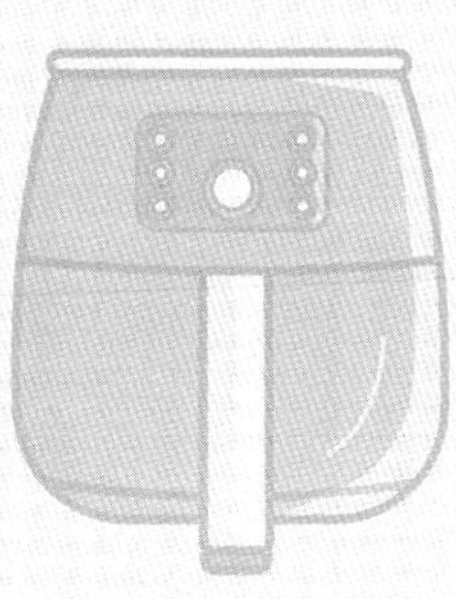

GYROS-SALAT

4 Port.

10 Min.

Leicht

Zutaten

500 g Gyros
200 g Feta
300 g Feldsalat
3 Tomaten
1 Salatgurke
2 EL Öl

Nährwerte p. P.

349 kcal
5 g Kohlenhydrate
18 g Fett
39 g Eiweiß

1 Geben Sie das Fleisch mit dem Öl für ca. 9 Minuten bei 180 °C in die Heißluftfritteuse.

2 Waschen Sie in der Zwischenzeit die Tomaten, den Feldsalat und die Gurke.

3 Schneiden Sie die Tomate, die Gurke und den Feta in Würfel.

4 Vermischen Sie alle Zutaten in einer Salatschüssel.

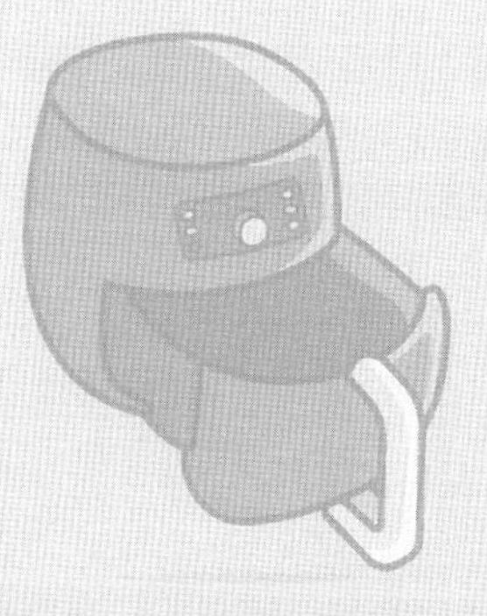

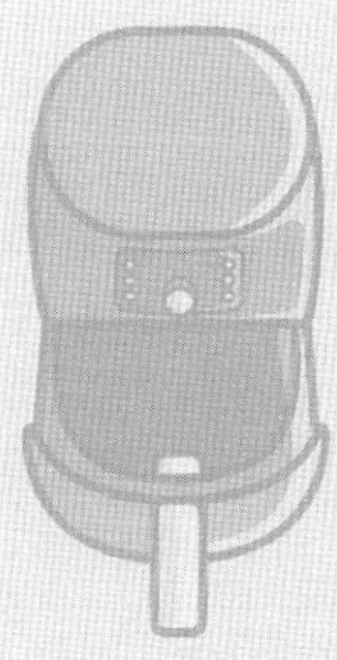

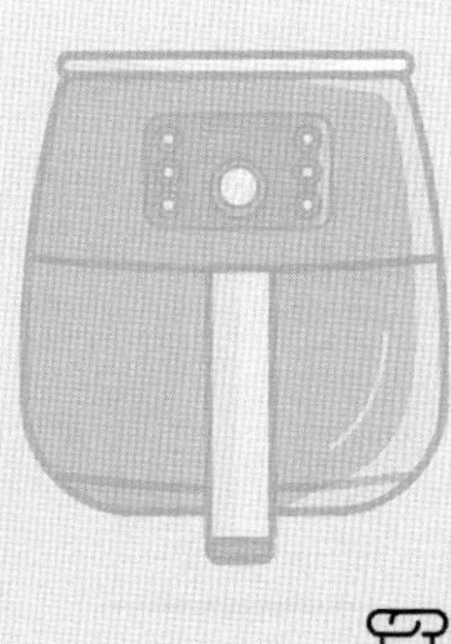

Brote und Brötchen

BANANENBROT

1 Brot

50 Min.

Leicht

Zutaten

120 g Vollkornmehl
40 g Walnüsse
100 g Zucker
20 g Butter
1 TL Backpulver
2 reife Bananen
2 Eier

Nährwerte p. P.

278 kcal
39 g Kohlenhydrate
11 g Fett
6 g Eiweiß

1 Zerdrücken Sie die Bananen und verrühren Sie sie mit den Eiern.

2 Vermengen Sie die Butter mit dem Zucker und rühren Sie die Bananenmischung unter.

3 Geben Sie die restlichen Zutaten dazu und vermischen Sie alles gut.

4 Backen Sie das Brot bei 150 °C etwa 40 Minuten lang.

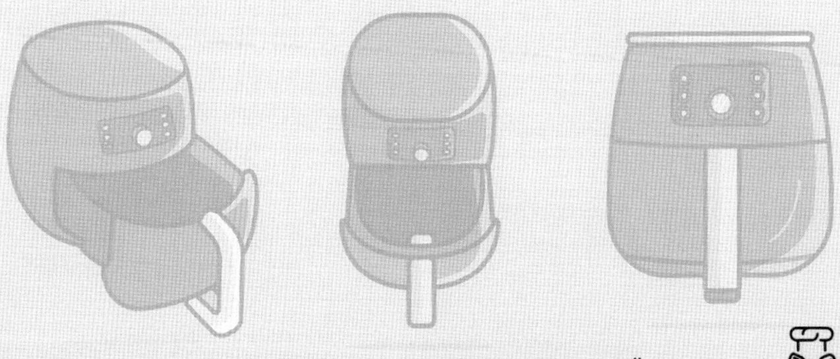

VOLLKORNBROT

1 Brot. 100 Min. Leicht

Zutaten

500 g Vollkornmehl
150 g Sonnenblumenkerne, Leinsamen etc.
450 ml Wasser
1 Pck. Trockenhefe
1 EL Essig
1 TL Salz

Nährwerte p. P.

452 kcal
64 g Kohlenhydrate
13 g Fett
18 g Eiweiß

1 Lösen Sie die Hefe in dem Wasser auf und geben Sie auch das Salz und den Essig dazu.

2 Verkneten Sie alle Zutaten miteinander zu einem Teig.

3 Lassen Sie den Teig etwa 30 Minuten lang gehen.

4 Backen Sie das Brot bei 180 °C für etwa 50 Minuten.

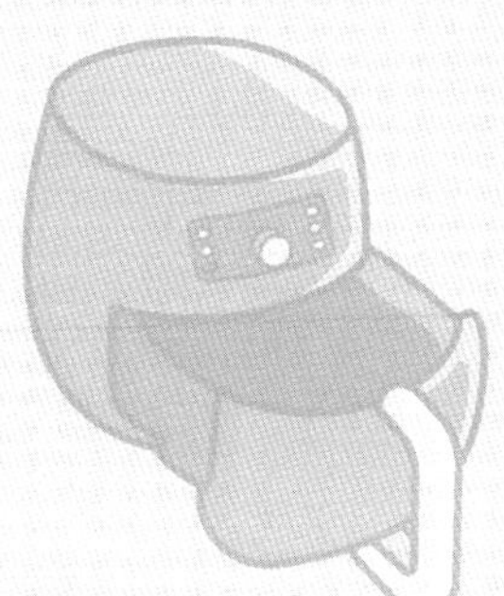
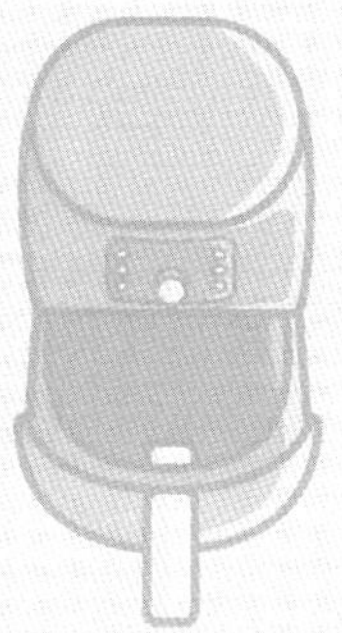
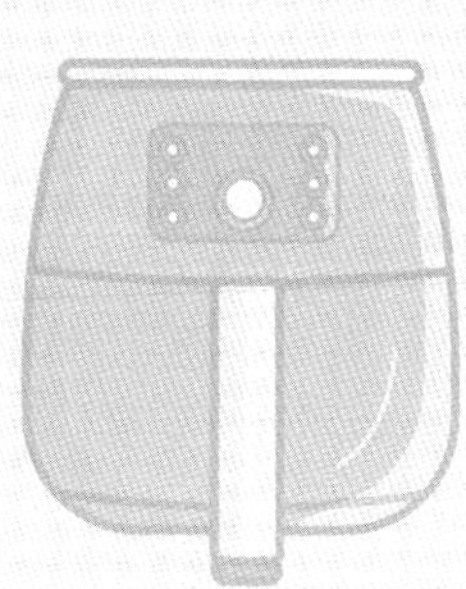

FLADENBROT

1 Brot

140 Min.

Leicht

Zutaten

250 g Weizenmehl
4 g Trockenhefe
125 ml Wasser
1 EL Olivenöl
1 EL griechischer Joghurt
1 TL Salz

Nährwerte p. P.

304 kcal
42 g Kohlenhydrate
12 g Fett
15 g Eiweiß

1 Vermischen Sie alle Zutaten zu einem glatten Teig.

2 Lassen Sie den Teig etwa 2 Stunden ziehen.

3 Backen Sie das Fladenbrot bei 180 °C für etwa 20 Minuten.

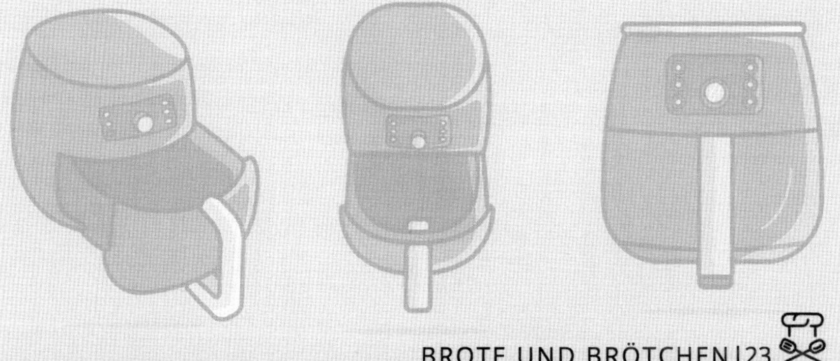

ROGGENBROT

1 Brot 90 Min. Leicht

Zutaten

250 g Weizenmehl
250 g Roggenmehl
1 Pck. Trockenhefe
300 ml warmes Wasser
3 EL Olivenöl
2 TL Salz

Nährwerte p. P.

351 kcal
57 g Kohlenhydrate
8 g Fett
9 g Eiweiß

1 Verkneten Sie alle Zutaten zu einem glatten Teig.

2 Lassen Sie den Teig abgedeckt für mindestens 60 Minuten gehen.

3 Kneten Sie den Teig erneut durch und bringen Sie ihn danach in Brotform.

4 Geben Sie das Brot in die Heißluftfritteuse und backen Sie es bei 180 °C für etwa 12 Minuten.

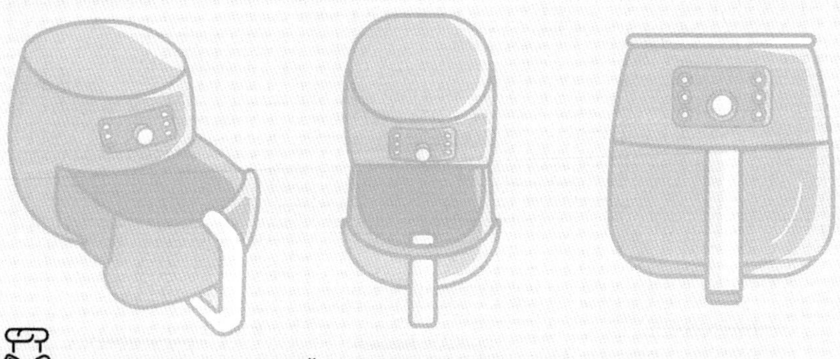

FRANZBRÖTCHEN

4 Port.

60 Min.

Leicht

Zutaten

500 g Mehl
150 g Butter
200 ml Milch
100 g Zucker
1 Ei
1 Würfel Hefe
1 TL Zimt

Nährwerte p. P.

391 kcal
78 g Kohlenhydrate
4 g Fett
11 g Eiweiß

1 Erwärmen Sie die Milch gemeinsam mit 50 g Butter und lösen Sie die Hefe darin auf.

2 Geben Sie dann 50 g Zucker und das Salz dazu.

3 Verrühren Sie das Mehl mit der Mischung aus Schritt 1 sowie dem Ei. Verkneten Sie alles zu einem glatten Teig.

4 Lassen Sie den Teig etwa 30 Minuten lang gehen.

5 Verrühren Sie in der Zwischenzeit die restliche Butter mit dem Zucker und dem Zimt. Erwärmen Sie diese Mischung leicht.

6 Rollen Sie den Teig aus und verteilen Sie die Mischung aus Schritt 5 darauf.

7 Rollen Sie den Teig zusammen und schneiden Sie ihn in gleich große Teile.

8 Backen Sie die Franzbrötchen bei 180 °C für etwa 15 Minuten.

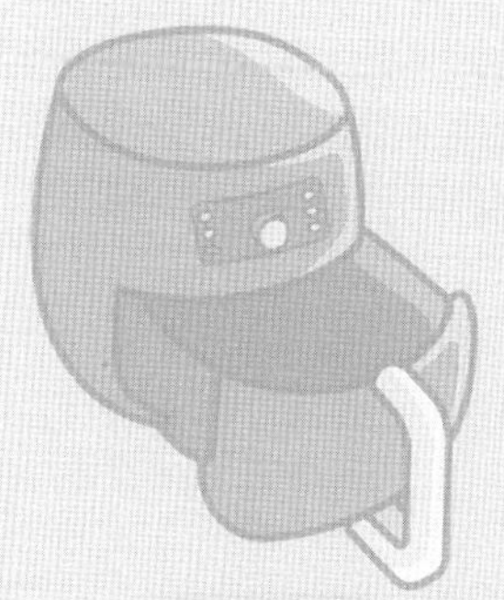

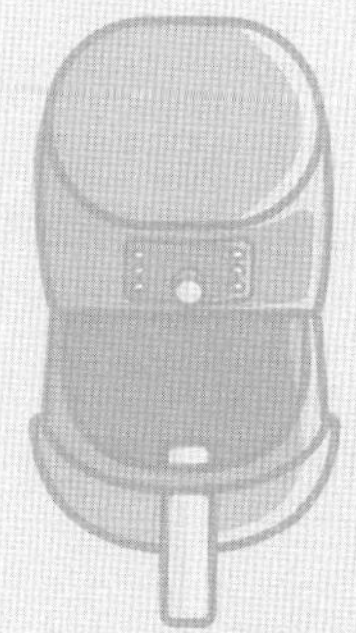

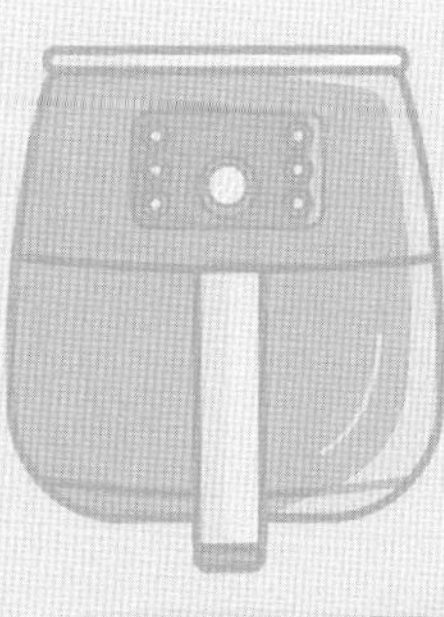

ZUPFBROT

1 Brot.

145 Min.

Leicht

Zutaten

400 g Mehl
200 ml Wasser
1 Pck. Trockenhefe
30 ml Olivenöl
1 Pr Zucker
1 Pr Salz

Nährwerte p. P.

336 kcal
60 g Kohlenhydrate
8 g Fett
6 g Eiweiß

1 Verkneten Sie alle Zutaten zu einem glatten Teig.

2 Lassen Sie den Teig 60 - 90 Minuten ruhen.

3 Formen Sie den Teig zu einzelnen Kugeln und legen Sie diese neben- und übereinander in die Heißluftfritteuse, sodass sie sich berühren.

4 Backen Sie das Zupfbrot nun etwa 20 – 25 Minuten lang bei 180 °C.

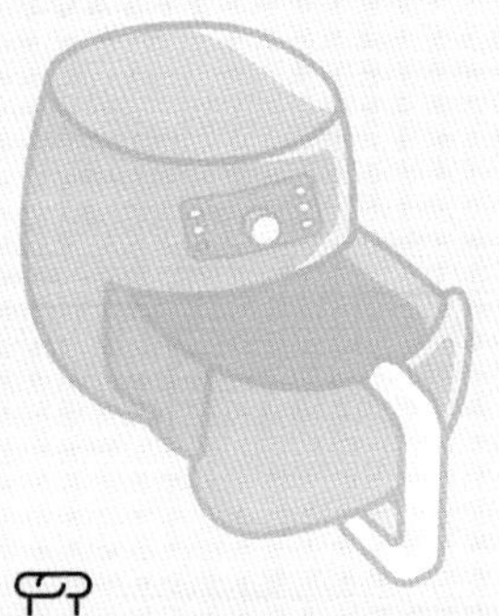

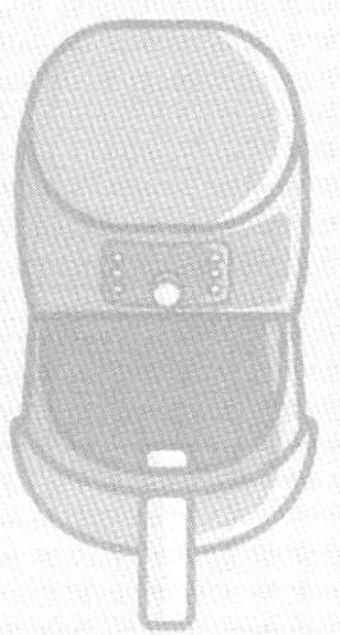

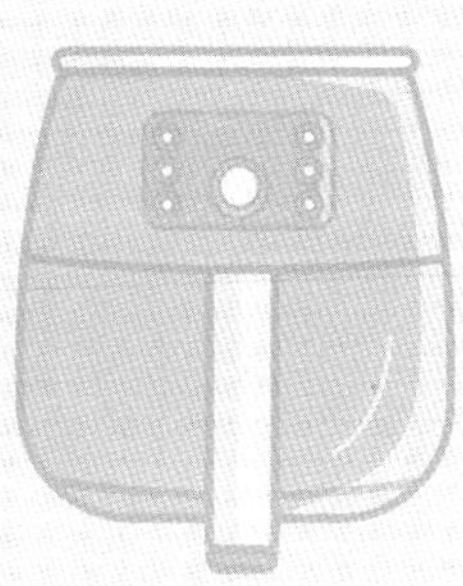

QUARK-BRÖTCHEN

4 Port.

110 Min.

Leicht

Zutaten

400 g Mehl
150 ml Wasser
150 g Frühlingsquark
1 Pr Zucker
1 TL Trockenhefe
1 TL Salz

Nährwerte p. P.

391 kcal
78 g Kohlenhydrate
4 g Fett
11 g Eiweiß

1 Verrühren Sie das Mehl mit dem Frühlingsquark und dem Salz.

2 Lösen Sie die Hefe in dem Wasser auf und geben Sie den Zucker dazu.

3 Vermengen Sie die Mischungen aus den ersten beiden Schritten und kneten Sie alles gut durch, bis Sie einen glatten Teig haben.

4 Decken Sie den Teig ab und lassen Sie ihn mindestens 90 Minuten gehen.

5 Formen Sie aus dem Teig etwa 8 Brötchen und schneiden Sie diese oben ein.

6 Backen Sie die Brötchen bei 180 °C für etwa 13 Minuten.

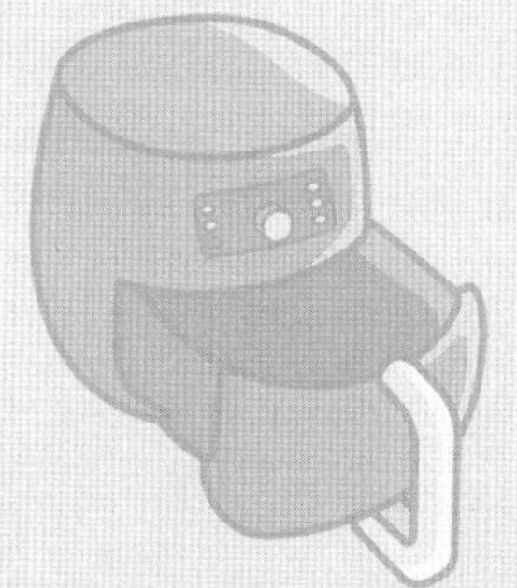

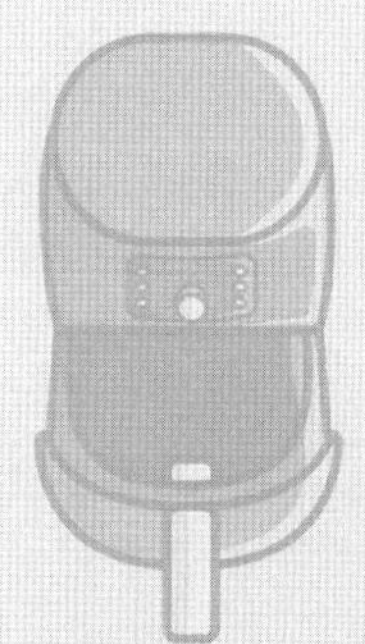

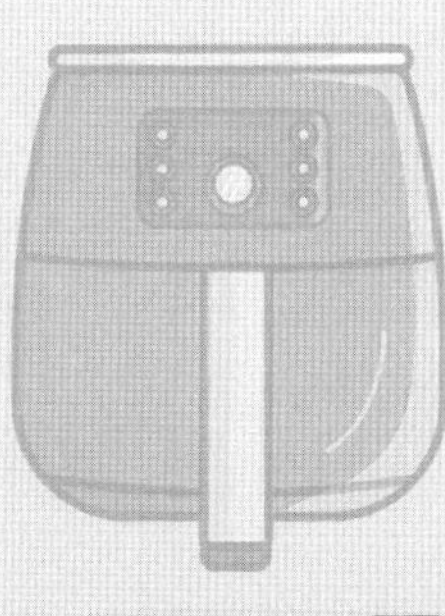

Hauptgerichte mit Fleisch

SCHWEINEBAUCH

4 Port. 65 Min. Leicht

Zutaten

1 kg Schweinebauch
2 EL Knoblauchpulver
1 EL Kümmel
50 g Salz

Nährwerte p. P.

421 kcal
3 g Kohlenhydrate
23 g Fett
50 g Eiweiß

1 Reiben Sie das Fleisch mit den Gewürzen ein.

2 Garen Sie das Fleisch bei 200 °C mindestens 60 Minuten lang. Es sollte komplett durchgegart sein. Die Garzeit kann je nach Dicke des Schweinebauchs variieren.

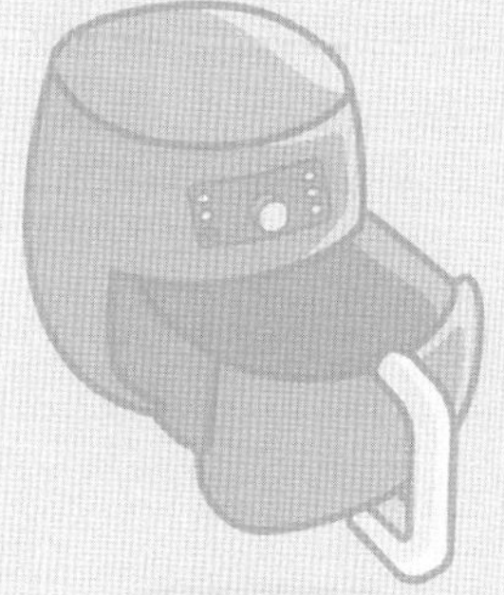 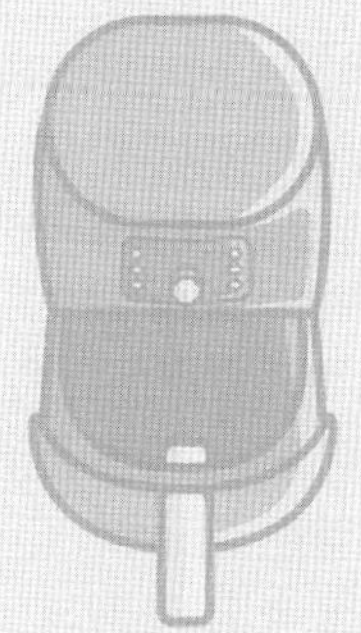 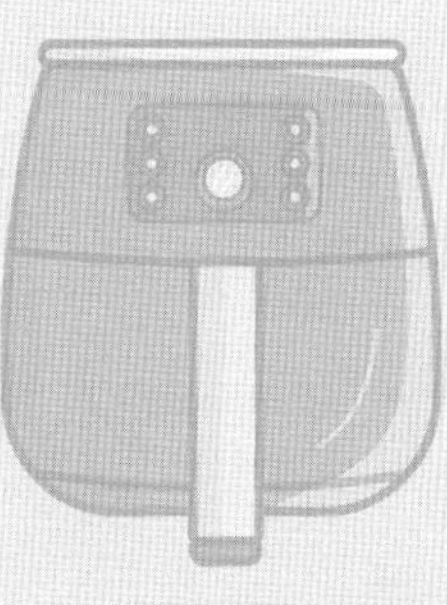

OLIVEN-HACKBÄLLCHEN

4 Port. 40 Min. Leicht

Zutaten

500 g Hackfleisch
75 g Oliven (entkernt)
2 Knoblauchzehen
1 Zwiebel
50 g Semmelbrösel
2 EL Petersilie (gehackt)

Nährwerte p. P.

375 kcal
12 g Kohlenhydrate
27 g Fett
26 g Eiweiß

1 Schälen und zerhacken Sie die Zwiebel und den Knoblauch.

2 Vermischen Sie alle Zutaten, bis auf die Oliven, zu einer Masse.

3 Formen Sie die Hackfleischmasse zu Kugeln. Drücken Sie die Kugeln platt, legen Sie je eine Olive hinein und rollen Sie das Fleisch zu, sodass es die Olive komplett umschließt.

4 Backen Sie die Hackbällchen bei 190 °C etwa 25 Minuten lang.

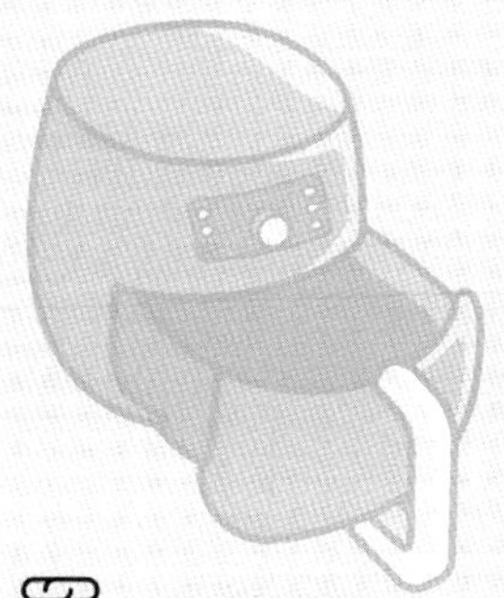 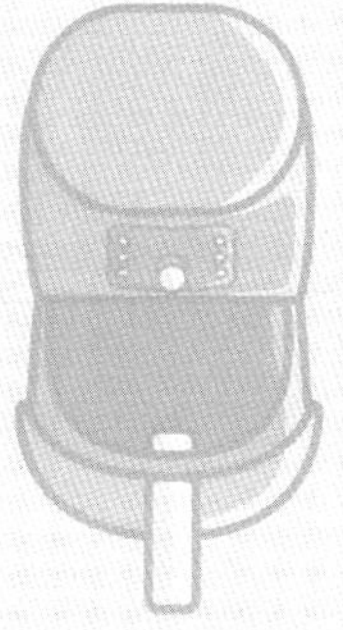 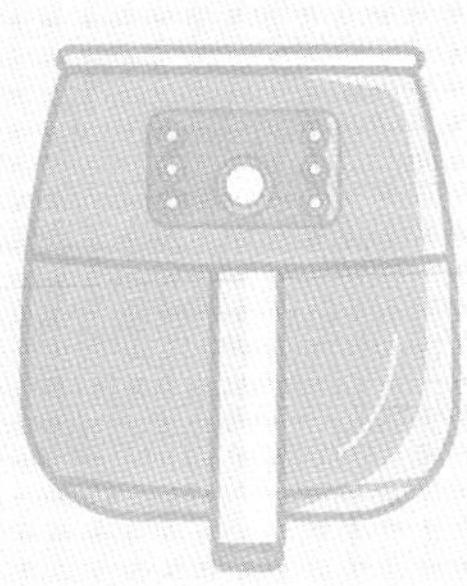

ONE-POT-HÄHNCHEN

4 Port.

40 Min.

Leicht

Zutaten

500 g Hähnchenbrustfilet
200 ml Kokosmilch
400 g gehackte Tomaten
2 Knoblauchzehen
1 Zwiebel
1 rote Paprika
1 grüne Paprika
2 EL Olivenöl
2 TL Currypulver
1 TL Salz
1 TL Paprikapulver
1 TL Kurkuma
1 TL Kreuzkümmel

Nährwerte p. P.

867 kcal
32 g Kohlenhydrate
50 g Fett
66 g Eiweiß

1 Schneiden Sie das Hähnchenbrustfilet in mundgerechte Stücke.

2 Schälen Sie den Knoblauch und die Zwiebel und hacken Sie beides klein. Die Paprika waschen Sie, bevor Sie sie entkernen und in Würfel schneiden.

3 Streichen Sie den Korb der Heißluftfritteuse mit Olivenöl aus.

4 Braten Sie die Zwiebel und den Knoblauch etwa 3 Minuten bei 200 °C an. Geben Sie dann die Paprika dazu und garen Sie alles zusammen für weitere 3 Minuten.

5 Zum Schluss kommt das Fleisch dazu. Braten Sie es für etwa 5 Minuten an, bis es eine bräunliche Färbung angenommen hat.

6 Geben Sie alle Gewürze dazu und mischen Sie gut durch.

7 Zum Schluss gießen Sie die Kokosmilch und die gehackten Tomaten in die Heißluftfritteuse. Rühren Sie gut durch und lassen Sie alles zusammen für 10 – 15 Minuten köcheln.

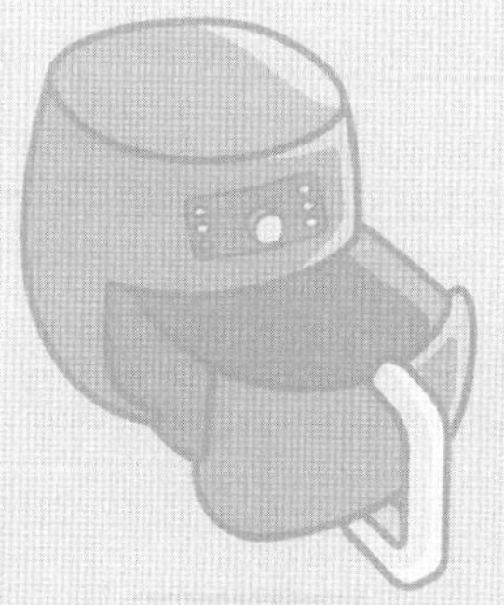

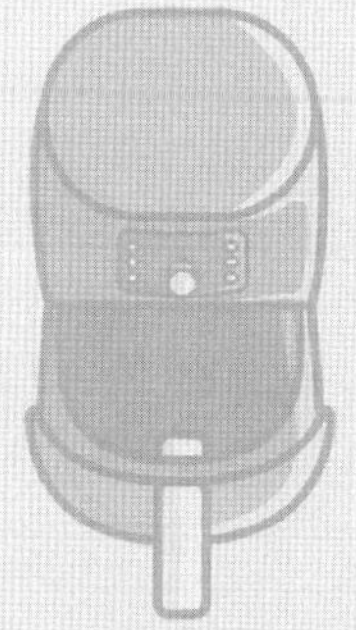

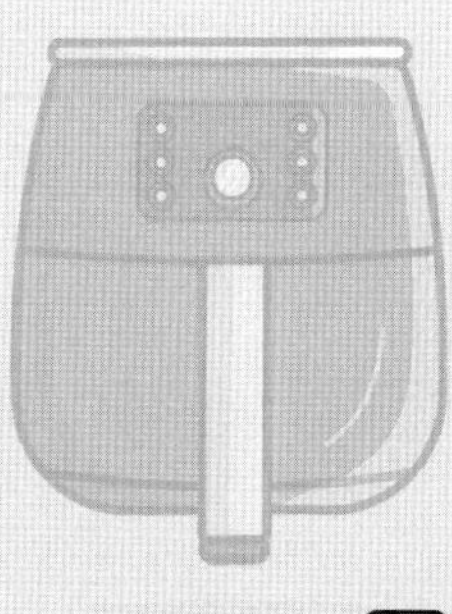

TANDOORI-SPIEßE

8 Port.

50 Min.

Leicht

Zutaten

8 Hähnchenfilets
2 TL Tandooripaste
2 EL griechischer Joghurt
Pfeffer
Salz

Nährwerte p. P.

107 kcal
1 g Kohlenhydrate
2 g Fett
21 g Eiweiß

1 Verrühren Sie die Paste mit dem Joghurt und wenden Sie die Hähnchenfilets darin. Lassen Sie das Fleisch etwa 30 Minuten ziehen.

2 Spießen Sie das Fleisch auf und garen Sie es bei 200 °C für etwa 15 Minuten.

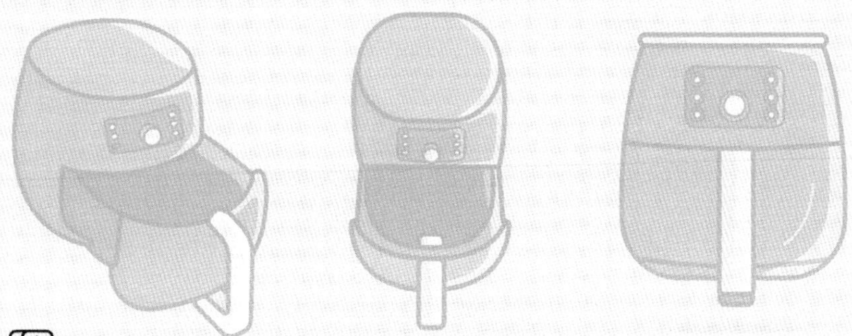

HÄHNCHEN-SCHENKEL MIT JOGHURTSOSSE

 2 Port.

 30 Min.

 Leicht

Zutaten

2 Hähnchenschenkel
300 g Joghurt
2 Knoblauchzehen
2 EL Rapsöl
1 Spritzer Zitronensaft
2 EL gehackte Petersilie
Salz
Pfeffer

Nährwerte p. P.

600 kcal
17 g Kohlenhydrate
34 g Fett
54 g Eiweiß

1 Reiben Sie die Hähnchenschenkel mit dem Öl ein und würzen Sie sie.

2 Backen Sie das Hähnchen bei 180 °C für etwa 25 Minuten.

3 In der Zwischenzeit schälen und zerhacken Sie den Knoblauch.

4 Verrühren Sie den Joghurt mit den verbliebenen Zutaten und schmecken Sie die Soße mit Pfeffer und Salz ab.

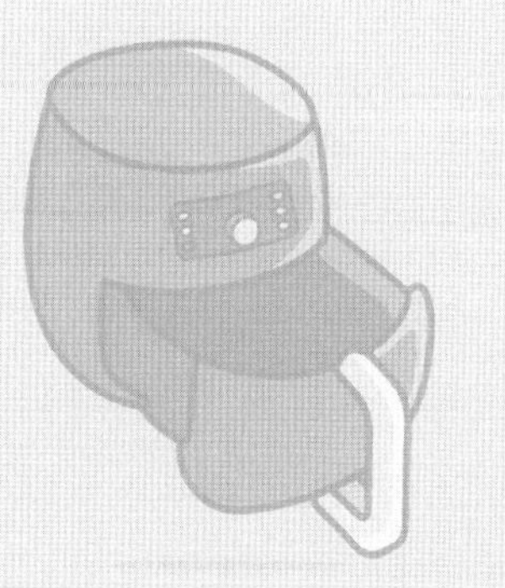

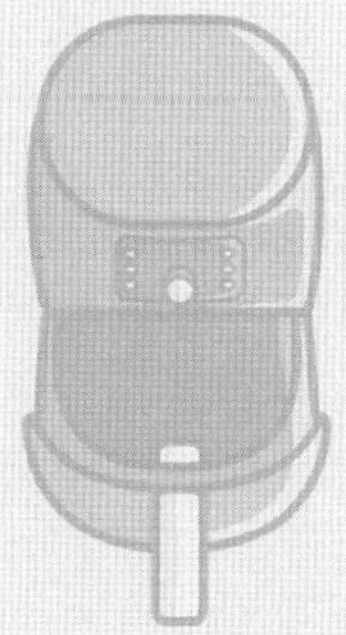

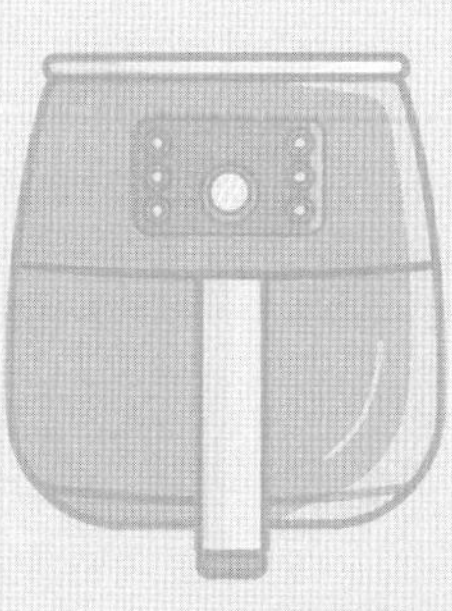

LASAGNE

4 Port. 40 Min. Leicht

Zutaten

10 Lasagneplatten
500 ml Bolognesesoße
150 g geriebener Käse
400 ml Béchamelsoße
3 Scheiben Kochschinken

Nährwerte p. P.

749 kcal
45 g Kohlenhydrate
35 g Fett
63 g Eiweiß

1 Nehmen Sie eine Auflaufform, die für die Heißluftfritteuse geeignet ist, und bestreichen Sie den Boden mit einer Schicht Béchamelsoße. Bedecken Sie die Soße mit Lasagneplatten.

2 Die Lasagneplatten bedecken Sie mit einer Schicht Bolognesesoße, dann mit Kochschinken.

3 Erschaffen Sie auf diese Weise mehrere Schichten, bis alle Zutaten aufgebraucht sind.

4 Verteilen Sie den Käse auf der obersten Schicht.

5 Backen Sie die Lasagne bei 140 °C für etwa 30 Minuten.

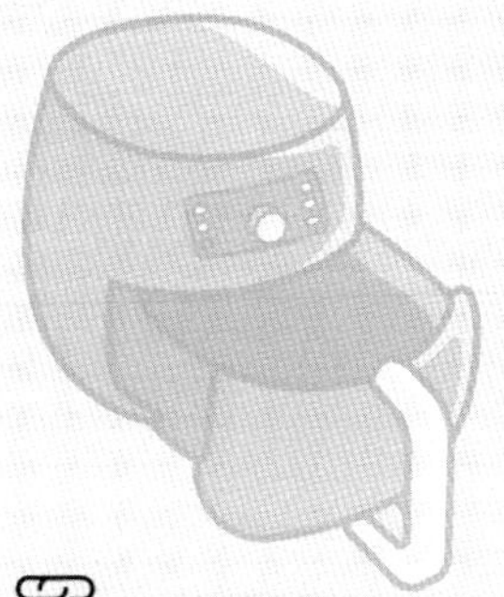
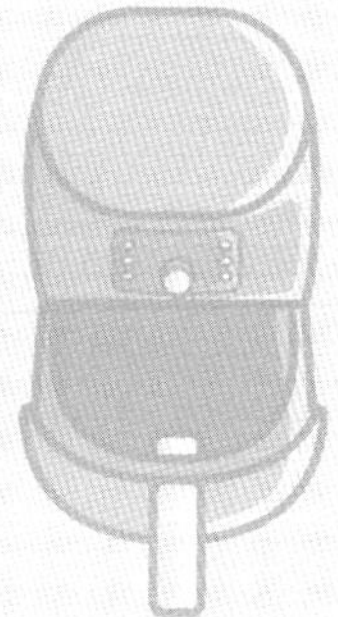
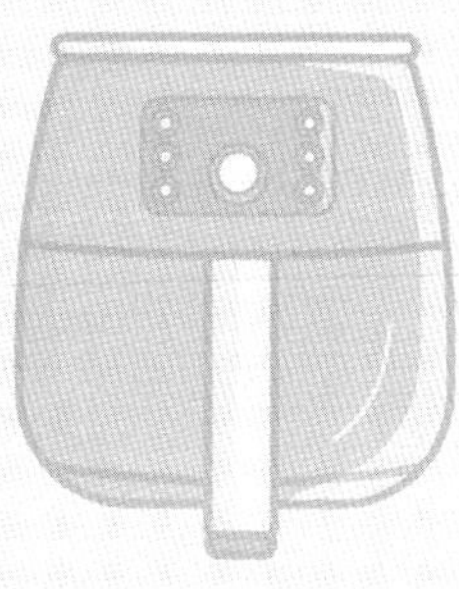

BURGER-CRISPY-CHICKEN

4 Port. 30 Min. Leicht

Zutaten

4 Burger-Brötchen
2 Hähnchenbrustfilets
100 g Cornflakes
2 Eier
4 Salatblätter
2 Tomaten
1 rote Zwiebel
Ketchup

Nährwerte p. P.

320 kcal
32 g Kohlenhydrate
7 g Fett
31 g Eiweiß

1 Schälen Sie die Zwiebel und waschen Sie die Tomaten. Schneiden Sie beides in Ringe/Scheiben.

2 Zerkleinern Sie die Cornflakes.

3 Klopfen Sie das Hähnchenbrustfilet flach.

4 Verquirlen Sie die Eier und wenden Sie das Fleisch darin.

5 Wenden Sie danach das Fleisch in den Cornflakes

6 Geben Sie das Fleisch für 10 – 15 Minuten bei 170 °C in die Heißluftfritteuse.

7 Schneiden Sie die Brötchen in der Mitte durch und bestreichen Sie die Hälften. Belegen Sie die Burger mit der Tomate, der Zwiebel und dem Salat und geben Sie zum Schluss das Fleisch darauf. Klappen Sie die Burger zu.

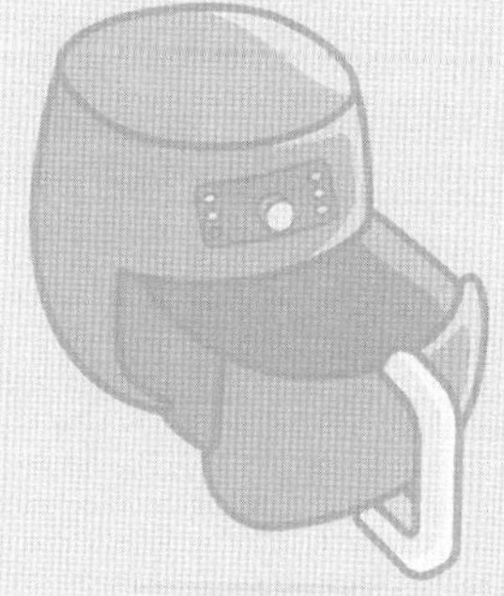
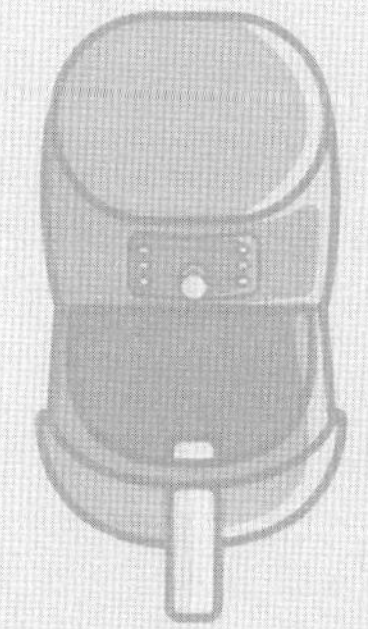
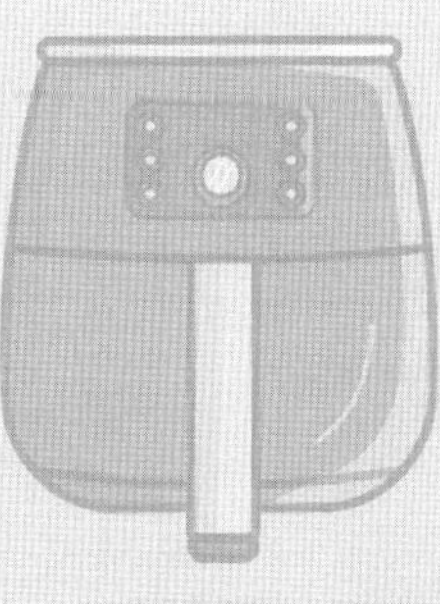

BBQ-WINGS

4 Port. 35 Min. Leicht

Zutaten

15 Hähnchenflügel
50 g BBQ-Soße
30 g Tomatenmark
4 EL Maismehl
2 TL Knoblauchpulver
½ TL Koriander
30 g Butter
1 TL Sojasoße

Nährwerte p. P.

722 kcal
26 g Kohlenhydrate
49 g Fett
43 g Eiweiß

1 Vermischen Sie das Maismehl mit dem Knoblauchpulver sowie dem Koriander und wälzen Sie die Flügel darin.

2 Backen Sie die Wings bei 190 °C für etwa 30 Minuten.

3 In der Zwischenzeit schmelzen Sie die Butter in einem Topf. Rühren Sie dann die verbliebenen Zutaten unter.

4 Übergießen Sie die fertigen Chicken-Wings mit der Soße.

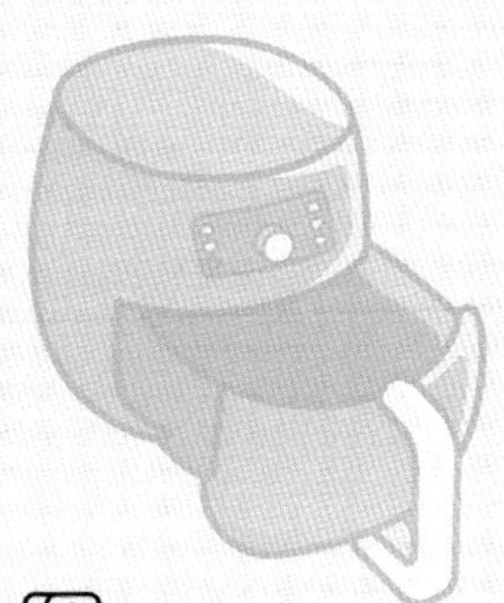
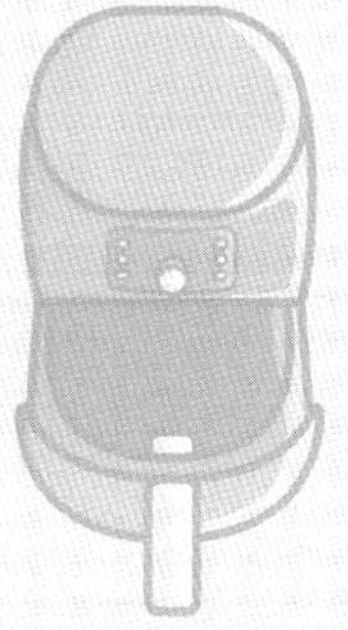
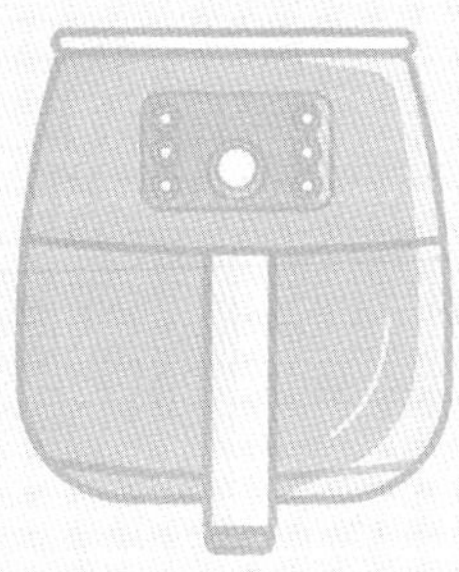

FRIKADELLEN

4 Port.

20 Min.

Leicht

Zutaten

900 g Hackfleisch
200 g Paniermehl
50 g Parmesan
2 Eier
1 Knoblauchzehe
Petersilie
Pfeffer
Salz

Nährwerte p. P.

820 kcal
38 g Kohlenhydrate
50 g Fett
55 g Eiweiß

1 Schälen und zerhacken Sie den Knoblauch.

2 Verkneten Sie alle Zutaten zu einer homogenen Masse.

3 Würzen Sie die Masse mit den Gewürzen und der Petersilie.

4 Formen Sie die Masse zu kleinen Kügelchen und backen Sie diese bei 175 °C für 10 bis 15 Minuten.

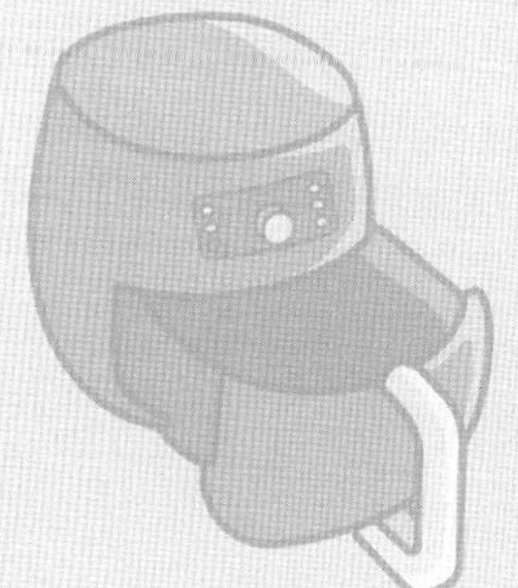

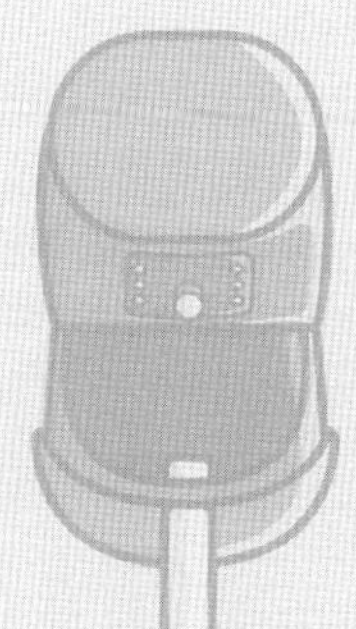

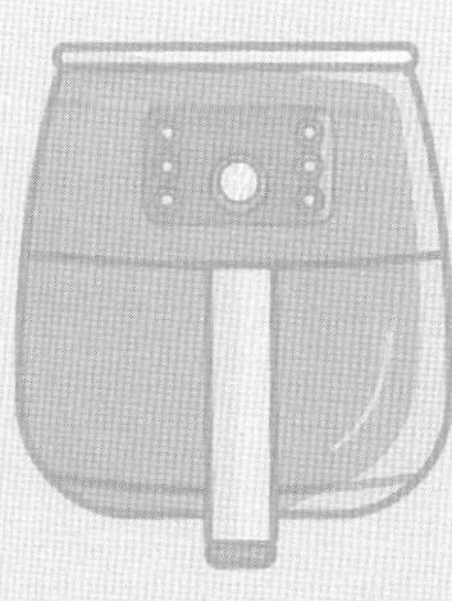

FLEISCHSPIEßE

4 Port.

90 Min.

Leicht

Zutaten

500 g Fleisch
1 Paprika
1 Zwiebel
3 EL Rapsöl
Salz
Paprikapulver
Pfeffer
Kräutermischung

Nährwerte p. P.

451 kcal
7 g Kohlenhydrate
18 g Fett
64 g Eiweiß

1 Schneiden Sie das Fleisch sowie die Paprika und die Zwiebel in Würfel.

2 Verrühren Sie das Öl mit den Gewürzen zu einer Marinade.

3 Tunken Sie das Fleisch in die Marinade und lassen Sie es ca. 60 Minuten ziehen.

4 Spießen Sie alles auf.

5 Geben Sie die Spieße für ca. 25 Minuten bei 200 °C in die Heißluftfritteuse.

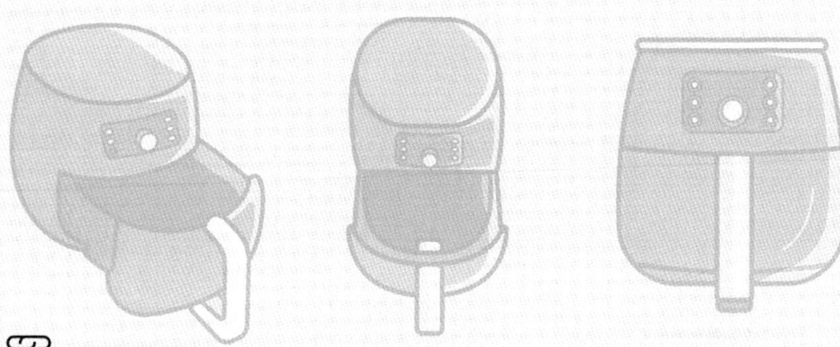

CRUMBLED-CHICKEN

4 Port. 20 Min. Leicht

Zutaten

8 Hähnchenfilets
25 g Semmelbrösel
2 EL Pflanzenöl
1 Ei

Nährwerte p. P.

583 kcal
11 g Kohlenhydrate
21 g Fett
87 g Eiweiß

1 Zerschneiden Sie das Filet zu möglichst kleinen Fetzen.

2 Verquirlen Sie das Ei und geben Sie es in eine Schüssel.

3 Verrühren Sie die Semmelbrösel mit dem Öl.

4 Wälzen Sie die Fleischfetzen erst in dem Ei und dann in der Semmelbröscl-Öl-Mischung.

5 Geben Sie das Crumbled-Chicken bei 175 °C für ca. 15 Minuten in die Heißluftfritteuse.

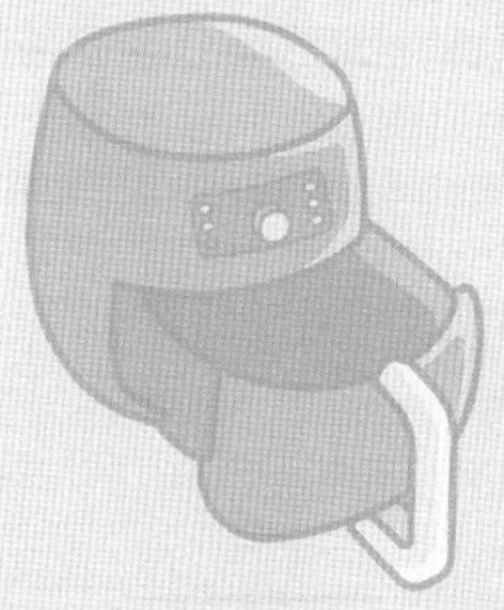 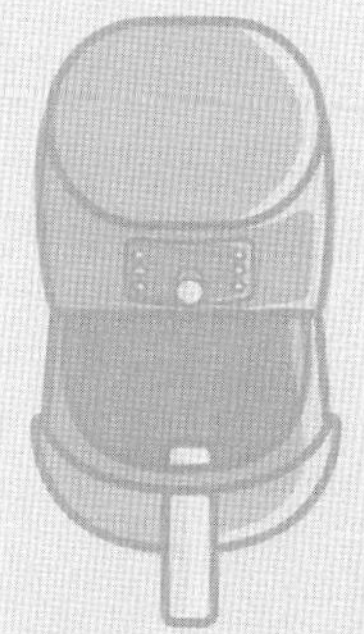 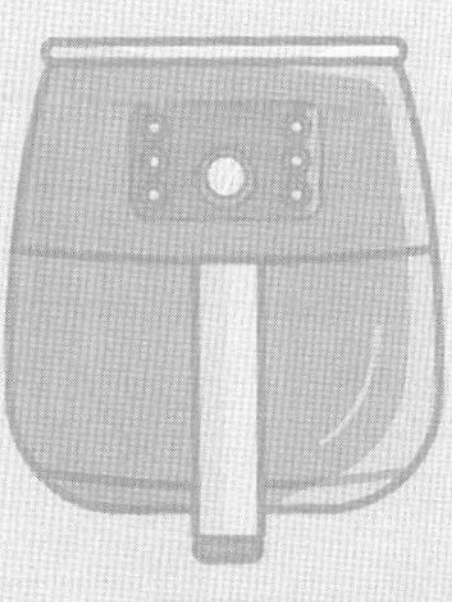

WAN TAN

4 Port. 60 Min. Leicht

Zutaten

430 g Mehl
350 g Mett
250 ml Wasser
60 g Speisestärke
50 g Chinakohl
50 ml Sojasoße
2 Spritzer Fischsoße
2 EL Mirin
1 TL Salz

Nährwerte p. P.

730 kcal
96 g Kohlenhydrate
29 g Fett
21 g Eiweiß

1 Rühren Sie das Salz unter das Wasser und kochen Sie es auf.

2 Verrühren Sie das Mehl mit der Speisestärke und geben Sie dann nach und nach das Wasser dazu.

3 Wickeln Sie den Teig in Frischhaltefolie ein und stellen Sie ihn 30 Minuten lang in den Kühlschrank.

4 Waschen Sie den Chinakohl und schneiden Sie ihn klein.

5 Verrühren Sie alle verbliebenen Zutaten miteinander.

6 Rollen Sie den Teig aus und stechen Sie gleichmäßig große Quadrate oder Kreise aus.

7 Füllen Sie die Teigstückchen und stülpen Sie die Ränder nach oben. Verdrehen Sie die Ränder leicht miteinander, damit die Wan Tan nicht auseinanderfallen.

8 Backen Sie die Wan Tan bei 180 °C etwa 8 Minuten lang.

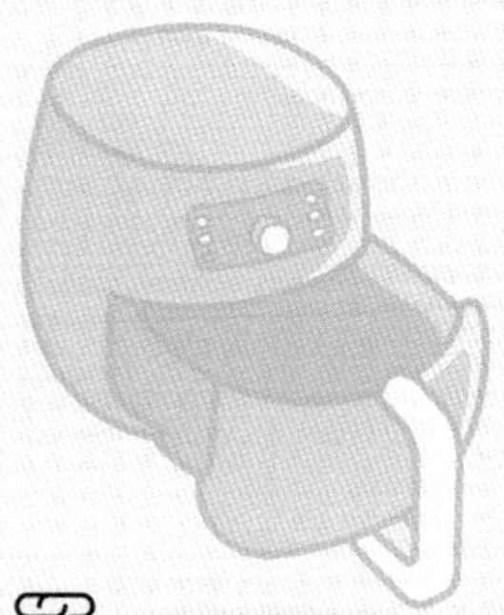
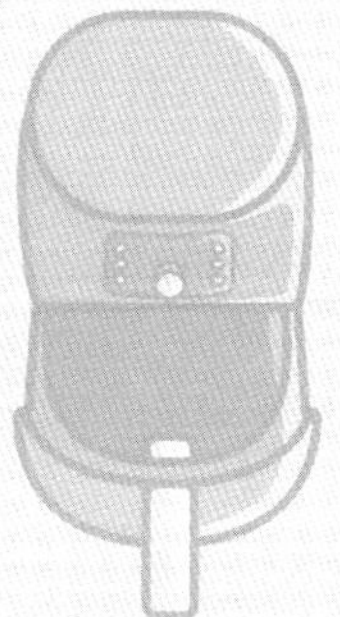
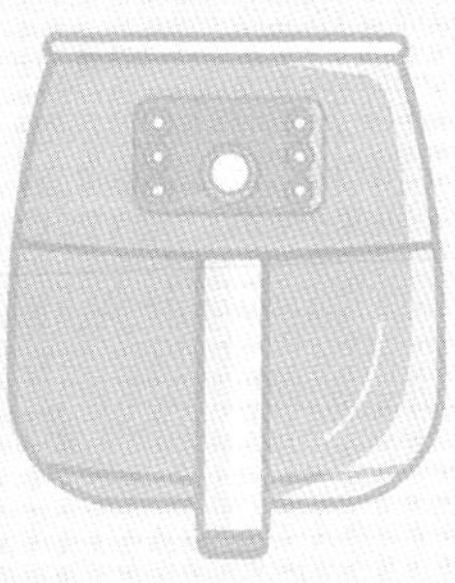

MEATBALL-DOGS

4 Port.

35 Min.

Leicht

Zutaten

500 g Hackfleisch
1 Zwiebel
30 g Petersilie
100 g Ketchup
100 g Pflaumenmus
4 Hotdog-Brötchen
Salz
Pfeffer

Nährwerte p. P.

479 kcal
33 g Kohlenhydrate
25 g Fett
30 g Eiweiß

1 Schälen und zerhacken Sie die Zwiebel gemeinsam mit der Petersilie.

2 Verkneten Sie das Hackfleisch mit der Zwiebel und der Petersilie.

3 Formen Sie die Fleischmasse zu Hackbällchen und backen Sie diese 20 Minuten lang bei 200 °C.

4 Verrühren Sie den Ketchup mit dem Pflaumenmus und schmecken Sie die Soße mit Pfeffer und Salz ab.

5 Schneiden Sie die Brötchen längs auf, platzieren Sie ca. 3 Mettbälle darin und geben Sie die Soße darüber.

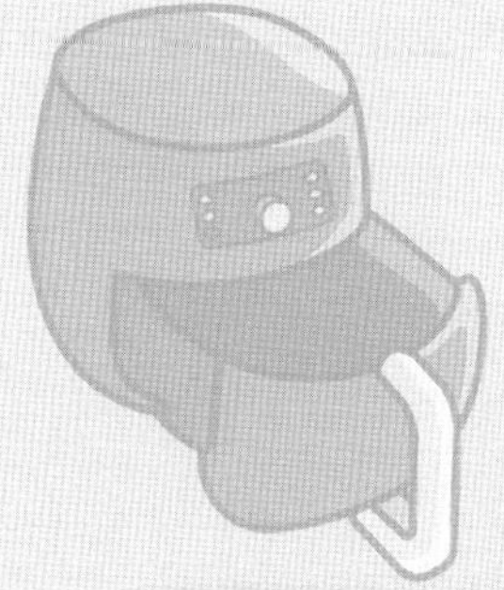

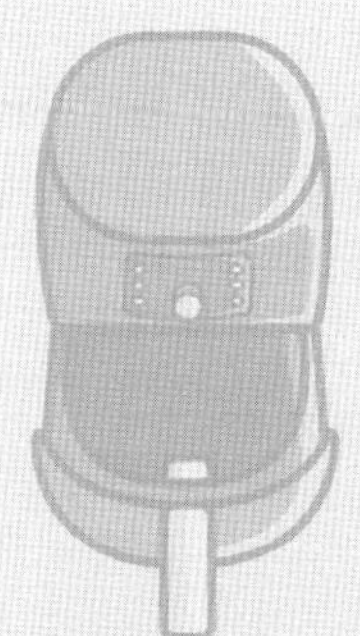

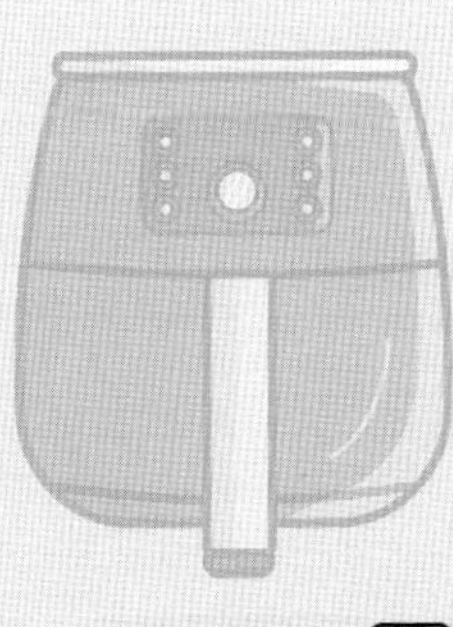

HÄHNCHENFILET

4 Port.

30 Min.

Leicht

Zutaten

800 g Hähnchenfilet
3 EL Öl
2 TL Brathähnchengewürz

Nährwerte p. P.

551 kcal
2 g Kohlenhydrate
23 g Fett
84 g Eiweiß

1 Verrühren Sie das Gewürz mit dem Öl und bestreichen Sie das Fleisch mit dieser Mischung.

2 Backen Sie das Hähnchen bei 200 °C für etwa 25 Minuten.

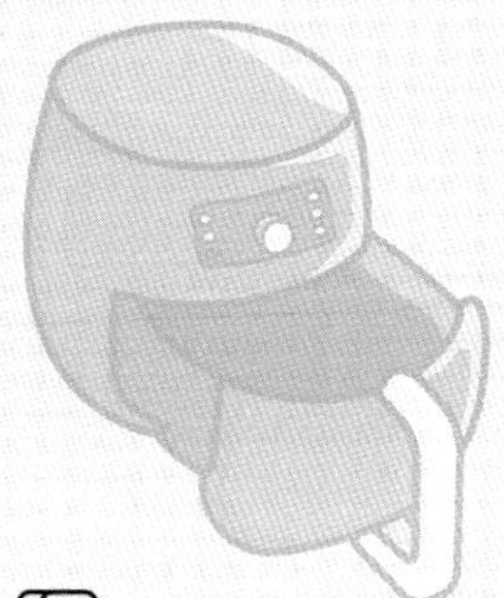

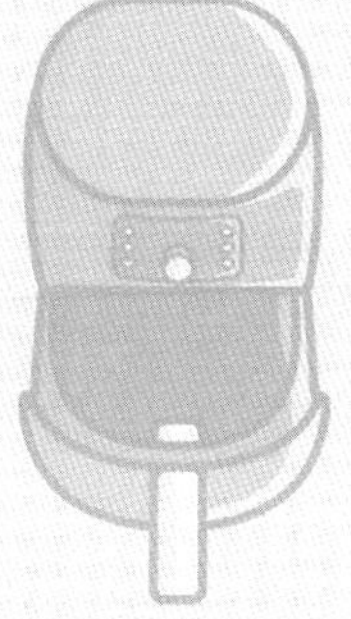

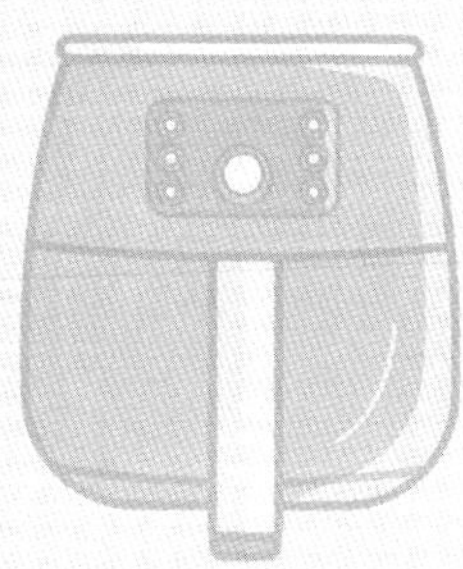

BAGUETTE À LA PROVENCE

4 Port.

20 Min.

Leicht

Zutaten

4 Aufback-Baguettes
100 ml Sahne
100 g Schmand
125 g Kochschinken
125 g geriebener Käse
125 g Speckwürfel

Nährwerte p. P.

528 kcal
28 g Kohlenhydrate
33 g Fett
28 g Eiweiß

1 Schneiden Sie den Kochschinken in kleine Würfel.

2 Verrühren Sie die Sahne mit dem Schmand.

3 Heben Sie die beiden Schinkensorten sowie den Käse unter.

4 Schneiden Sie die Baguettes in der Hälfte durch und bestreichen Sie die Hälften mit der Schinken-Käse-Masse.

5 Geben Sie die Baguettes bei 180 °C für etwa 15 Minuten in die Heißluftfritteuse.

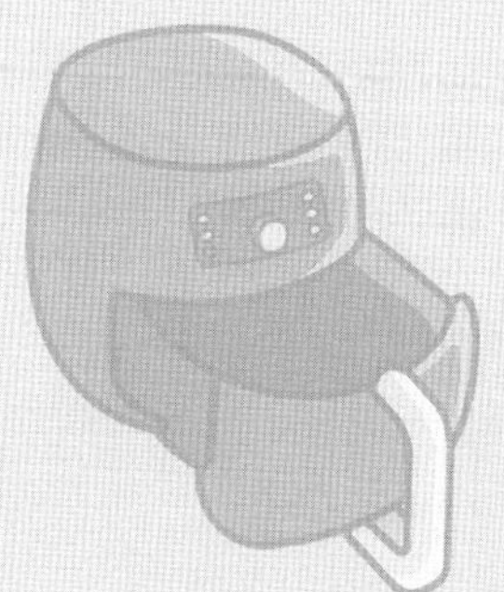

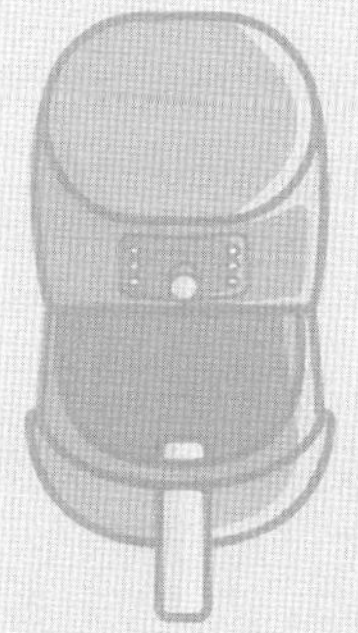

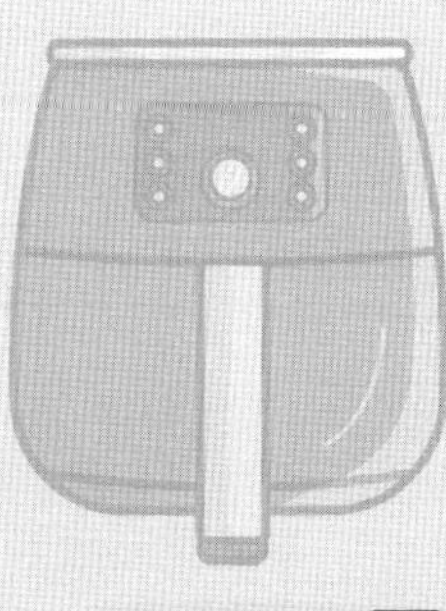

HERBSTLICHES PUTENSCHNITZEL

4 Port.

40 Min.

Leicht

Zutaten

4 Putenbrustfilets
2 Eier
6 EL Paniermehl
2 EL Weizenmehl
2 TL Kürbiskerne
1 TL Salz
1 TL Pfeffer

Nährwerte p. P.

427 kcal
30 g Kohlenhydrate
8 g Fett
57 g Eiweiß

1 Würzen Sie die Filets mit Pfeffer und Salz.

2 Verquirlen Sie die Eier und geben Sie sie auf einen Teller.

3 Zerhacken Sie die Kürbiskerne und geben Sie sie gemeinsam mit dem Paniermehl auf einen anderen Teller.

4 Wenden Sie die Filets erst im Mehl, dann in den Eiern und zum Schluss in der Panade.

5 Garen Sie das Fleisch bei 190 °C für etwa 20 Minuten.

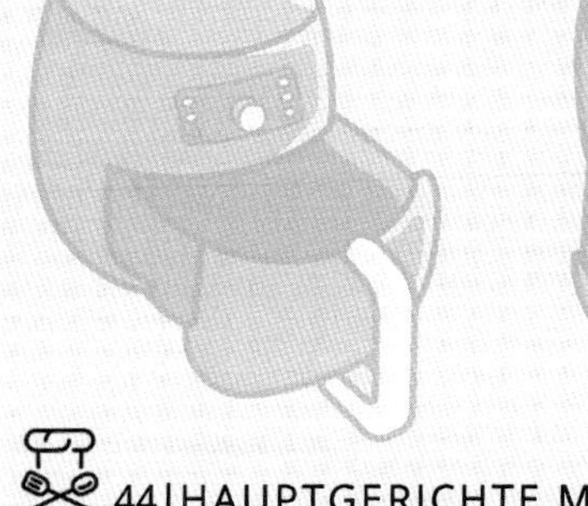
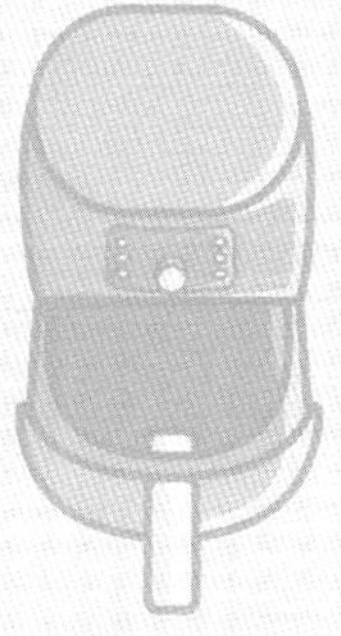
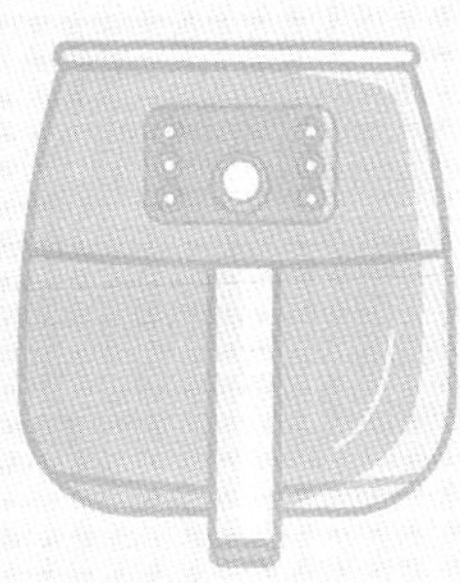

GEFÜLLTE PAPRIKA

4 Port. 50 Min. Mittel

Zutaten

500 g Hackfleisch
4 Paprika
2 Knoblauchzehen
1 Zwiebel
400 g gehackte Tomaten
200 g gekochter Reis
50 g geriebener Käse
1 EL Tomatenmark
2 EL Olivenöl
Salz
Pfeffer

Nährwerte p. P.

596 kcal
30 g Kohlenhydrate
37 g Fett
32 g Eiweiß

1 Entfernen Sie den oberen Teil und das Kerngehäuse der Paprika.

2 Schälen und zerhacken Sie die Zwiebel und den Knoblauch.

3 Vermengen Sie das Hackfleisch mit der Zwiebel, dem Knoblauch, dem Reis, dem Tomatenmark, den gehackten Tomaten sowie etwas Salz und Pfeffer.

4 Füllen Sie die Paprika mit der Hackfleischmischung.

5 Geben Sie die Paprika etwa eine halbe Stunde lang bei 200 °C in die Heißluftfritteuse.

6 Nach 25 Minuten geben Sie den Käse über die Paprika.

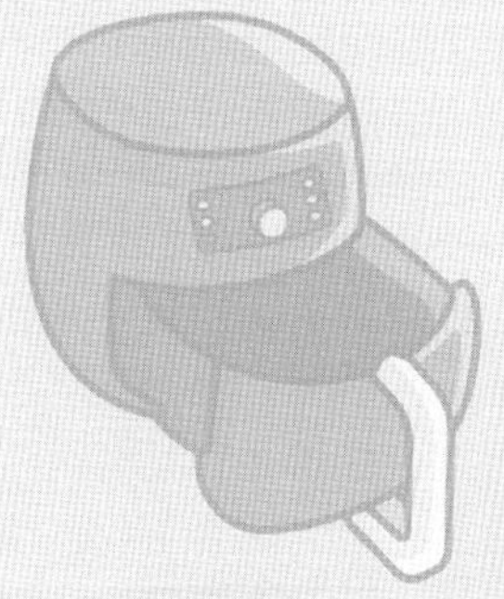
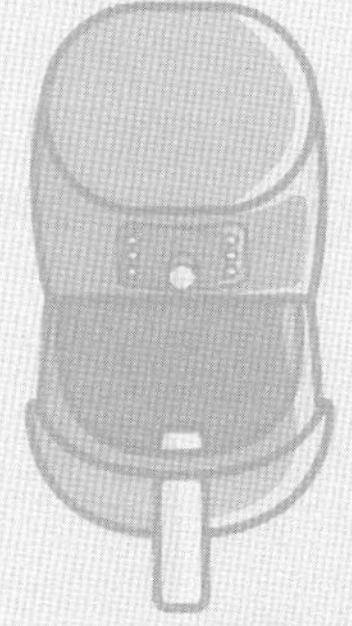
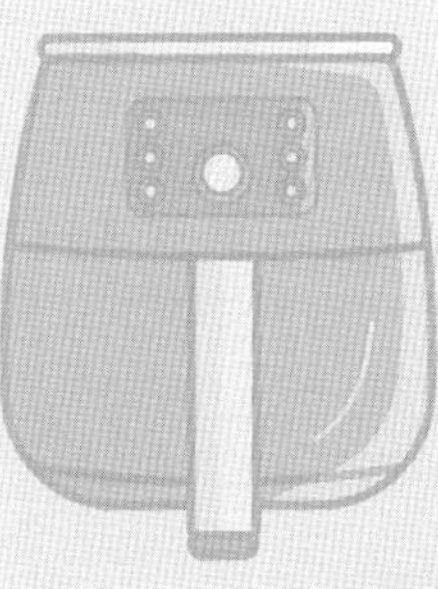

FLAMMKUCHEN

4 Port.

70 Min.

Leicht

Zutaten

150 g Weizenmehl
75 g Speckwürfel
50 ml Sprudelwasser
50 g Speisequark
30 g Crème fraîche
25 ml Rapsöl
1 rote Zwiebel
1 Pr Salz
1 Pr Pfeffer

Nährwerte p. P.

261 kcal
26 g Kohlenhydrate
11 g Fett
6 g Eiweiß

1 Vermischen Sie das Mehl mit dem Öl, dem Salz und dem Sprudelwasser.

2 Kneten Sie den Teig gut durch und lassen Sie ihn danach für ca. 60 Minuten ruhen.

3 Geben Sie die Speckwürfel für 2 Minuten bei 200 °C in die Heißluftfritteuse.

4 Verrühren Sie den Quark mit der Crème fraîche und schmecken Sie die Creme mit Pfeffer und Salz ab.

5 Schneiden Sie die Zwiebel in Ringe.

6 Breiten Sie den Teig aus und schneiden Sie ihn in Stücke, die klein genug sind, um in die Heißluftfritteuse zu passen.

7 Bestreichen Sie die Teigstücke mit der Creme und belegen Sie sie mit Zwiebelringen und Schinkenwürfeln.

8 Backen Sie die Flammküchlein in der Heißluftfritteuse bei 180 °C für etwa 10 Minuten.

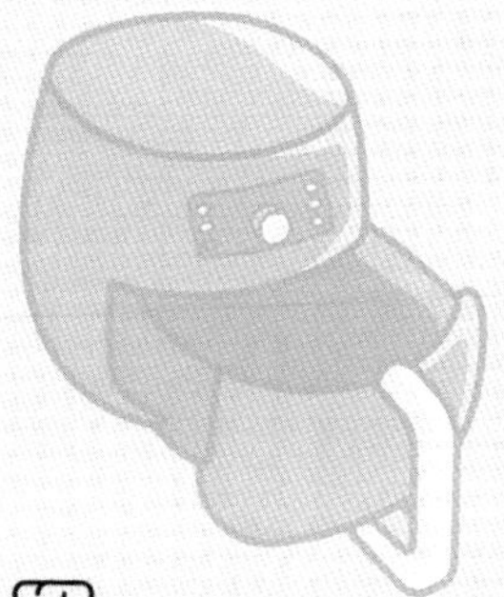

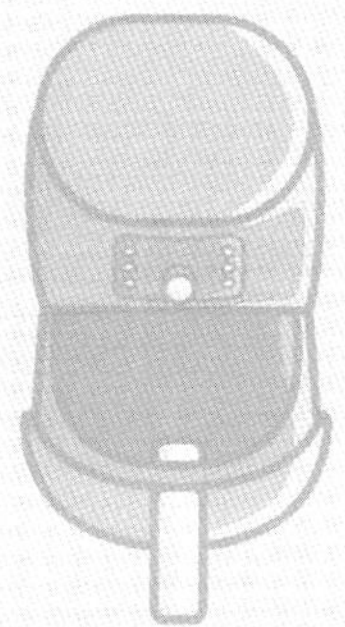

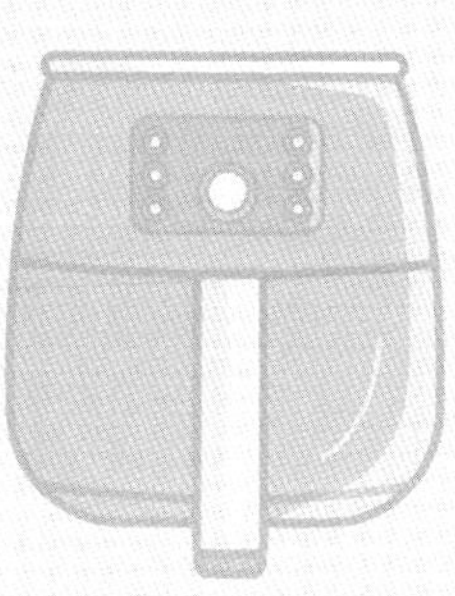

HÄHNCHENSCHNITZEL MIT CHIPS-PANADE

4 Port. 30 Min. Leicht

Zutaten

4 Hähnchenbrustfilets
4 Handvoll Kartoffel-chips
2 Eier
1 EL Weizenmehl
2 TL Rapsöl
Salz
Pfeffer

Nährwerte p. P.

369 kcal
10 g Kohlenhydrate
12 g Fett
55 g Eiweiß

1 Waschen Sie die Hähnchenfilets und tupfen Sie sie trocken. Danach klopfen Sie sie möglichst flach.

2 Zerbröseln Sie die Chips und geben Sie sie auf einen Teller.

3 Verquirlen Sie die Eier mit etwas Salz und Pfeffer und geben Sie diese ebenfalls auf einen Teller.

4 Ziehen Sie die Filets erst durch das Mehl, dann durch die Eier und anschließend durch die Panade.

5 Geben Sie das Schnitzel bei 180 °C für ca. 15 - 20 Minuten in die Heißluftfritteuse.

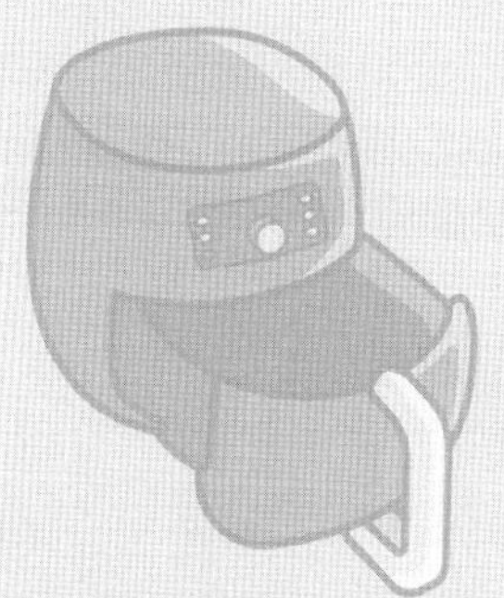
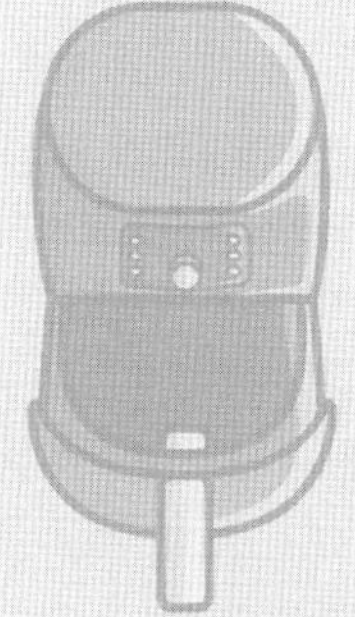
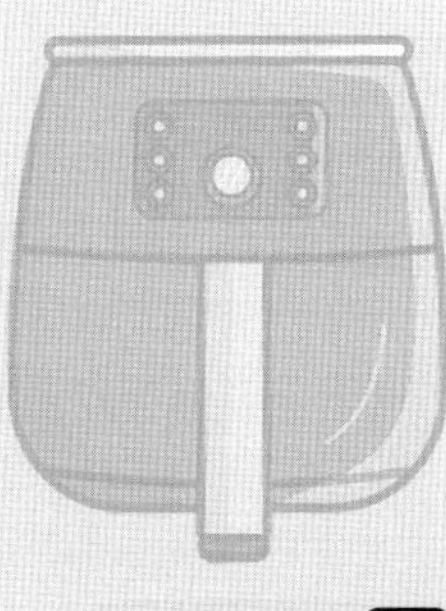

Hauptgerichte mit Fisch

THUNFISCHSTEAK

4 Port. 15 Min. Einfach

Zutaten

4 Thunfischsteaks
4 EL Sesamsamen
2 EL Öl
1 EL Sojasoße
1 TL Salz
1 TL Zucker

Nährwerte p. P.

207 kcal
3 g Kohlenhydrate
12 g Fett
22 g Eiweiß

1 Vermischen Sie die Gewürze miteinander.

2 Bestreichen Sie den Fisch mit Sojasoße und wälzen Sie ihn dann in den Gewürzen.

3 Geben Sie das Öl auf den Fisch und backen Sie ihn bei 200 °C etwa 10 Minuten lang.

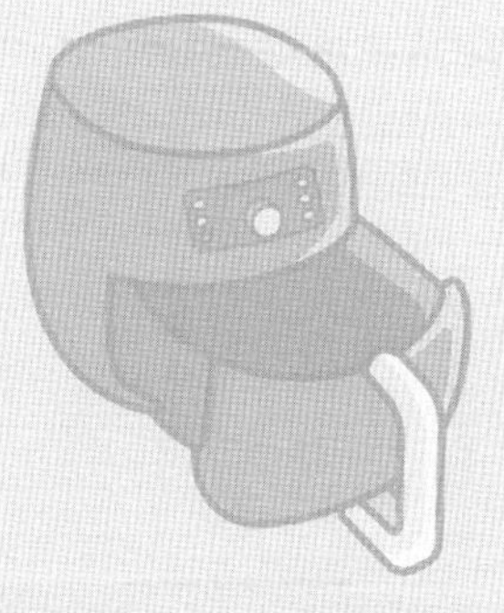
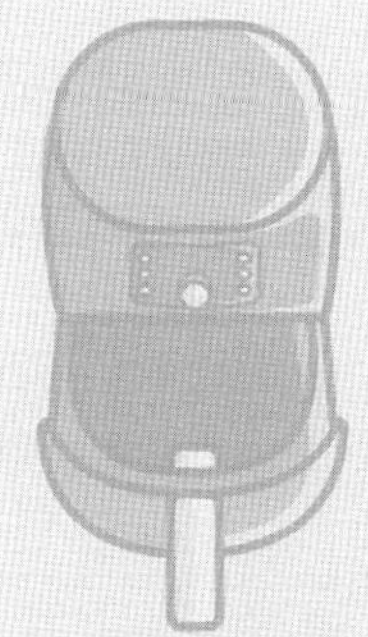
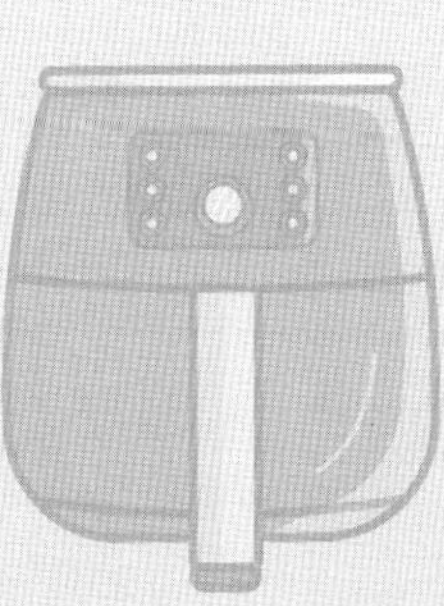

FISCHSTÄBCHEN

4 Port. 25 Min. Einfach

Zutaten

600 g gehäutetes Fischfilet
80 g Cornflakes
80 g Kokosraspeln
2 Limetten
2 EL Olivenöl
Salz

Nährwerte p. P.

671 kcal
21 g Kohlenhydrate
51 g Fett
30 g Eiweiß

1 Entgräten Sie den Fisch und schneiden Sie ihn in Streifen.

2 Beträufeln Sie den Fisch mit Olivenöl und geben Sie auch etwas Salz dazu.

3 Spülen Sie die Limetten heiß ab und reiben Sie die Schale ab. Pressen Sie 4 EL Saft aus.

4 Vermengen Sie den Limettensaft mit den Kokosraspeln und den Cornflakes.

5 Wenden Sie den Fisch in der in Schritt 4 entstandenen Panade.

6 Backen Sie den Fisch bei 200 °C für etwa 10 Minuten.

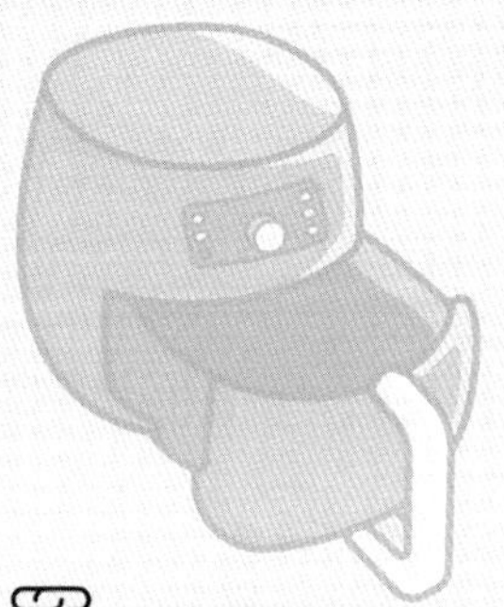 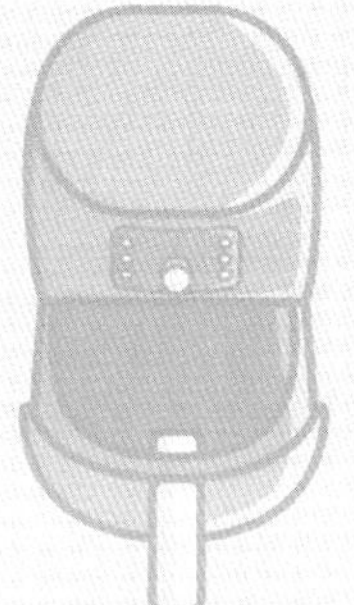 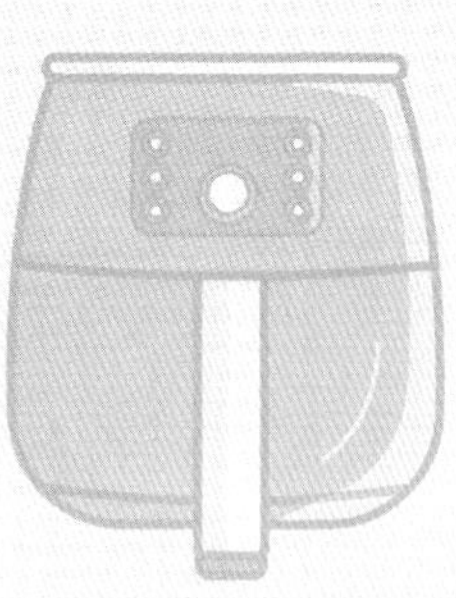

FISCHROLLE

2 Port. 25 Min. Einfach

Zutaten

150 g Fischfilet
4 Frühlingsrollenblätter
1 Ei
1 EL Zitronensaft
1 EL Butter
1 Pr Salz
Pfeffer

Nährwerte p. P.

290 kcal
7 g Kohlenhydrate
20 g Fett
19 g Eiweiß

1 Waschen Sie das Fischfilet, tupfen Sie es trocken und zerhacken es anschließend möglichst fein.

2 Würzen Sie den Fisch mit Pfeffer, Zitronensaft und Salz.

3 Breiten Sie die Frühlingsrollenblätter aus und teilen Sie den Fisch auf alle Blätter auf. Er sollte möglichst mittig liegen.

4 Trennen Sie das Ei und bestreichen Sie die Ränder der Blätter mit dem Eiweiß. Rollen Sie die Blätter nun auf.

5 Verrühren Sie das Eigelb mit der Butter und bestreichen Sie die Rollen mit dieser Mischung.

6 Geben Sie die Fischrollen bei 180 °C für ca. 12 Minuten in die Heißluftfritteuse.

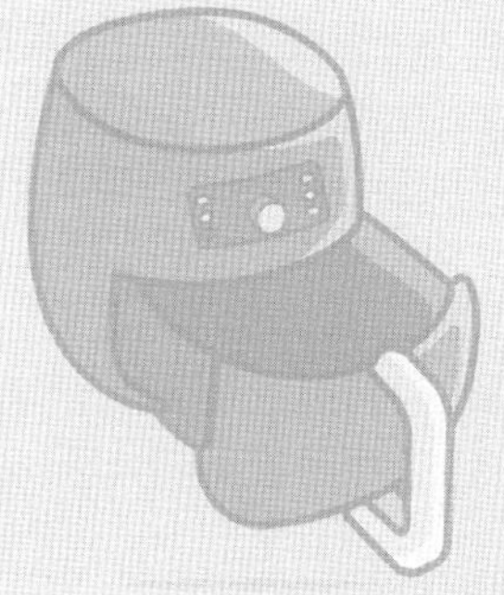
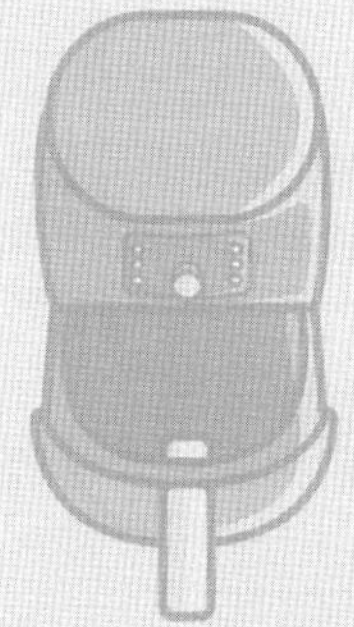
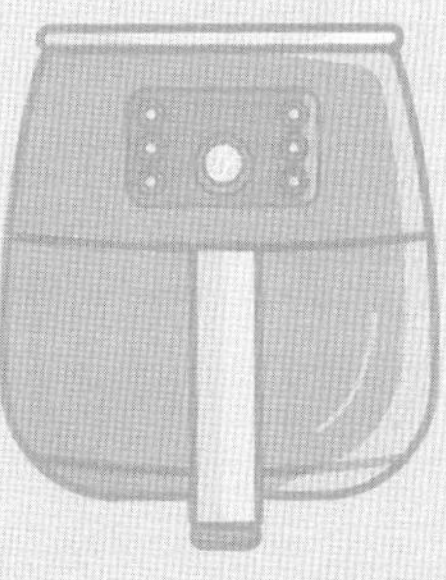

FISCH-DOG

2 Port.

25 Min.

Einfach

Zutaten

2 Hotdog-Brötchen
6 Fischstäbchen
50 g Röstzwiebeln
Ketchup
Remoulade

Nährwerte p. P.

247 kcal
3 g Kohlenhydrate
17 g Fett
21 g Eiweiß

1 Geben Sie die Fischstäbchen bei 180 °C für etwa 10 Minuten in die Heißluftfritteuse.

2 Schneiden Sie die Brötchen in der Mitte auf und füllen Sie sie mit Remoulade, Ketchup und Röstzwiebeln.

3 Legen Sie zum Schluss die Fischstäbchen in die Hotdog-Brötchen.

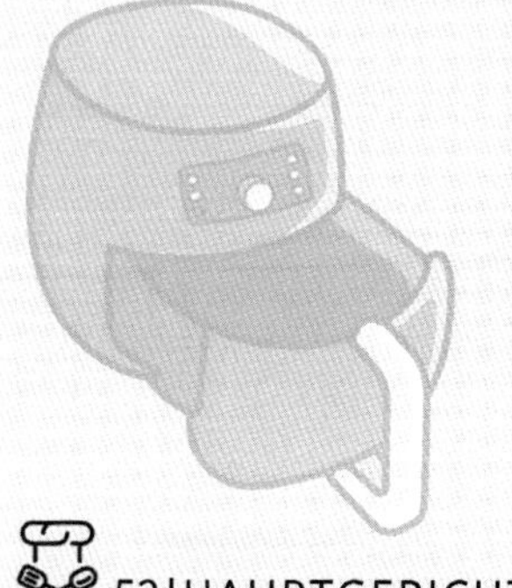
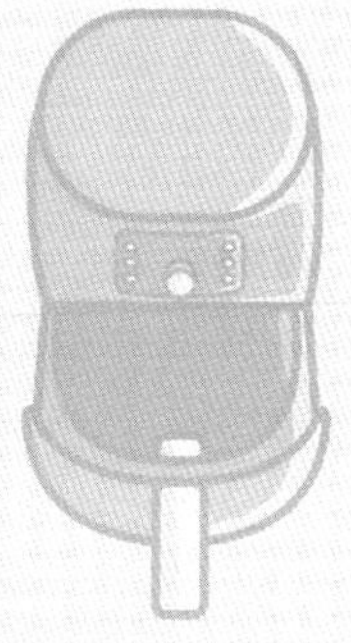
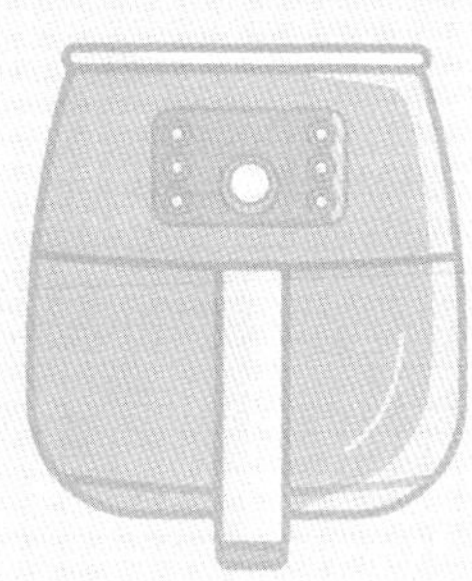

KNOBLAUCH-GARNELEN

2 Port.

75 Min.

Einfach

Zutaten

200 g Garnelen
2 Knoblauchzehen
2 EL Olivenöl

Nährwerte p. P.

247 kcal
3 g Kohlenhydrate
17 g Fett
21 g Eiweiß

1 Schälen und zerhacken Sie den Knoblauch.

2 Verrühren Sie den Knoblauch mit dem Olivenöl.

3 Bestreichen Sie die Garnelen mit dem Knoblauch-Öl und lassen Sie sie etwa 60 Minuten ziehen.

4 Garen Sie die Garnelen bei 180 °C etwa 10 Minuten lang.

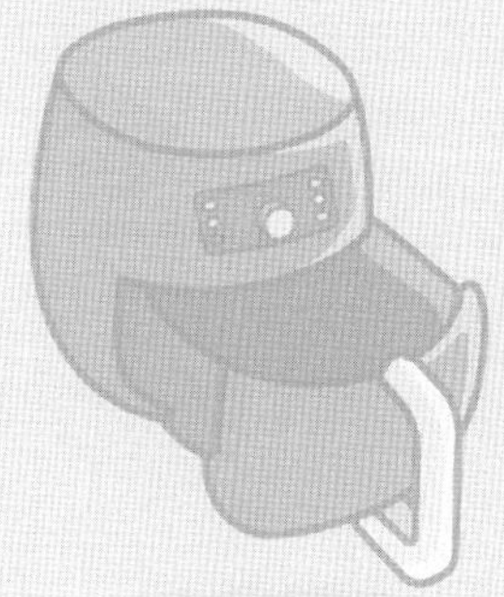

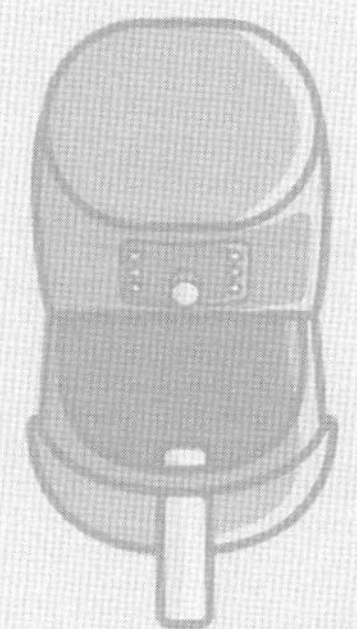

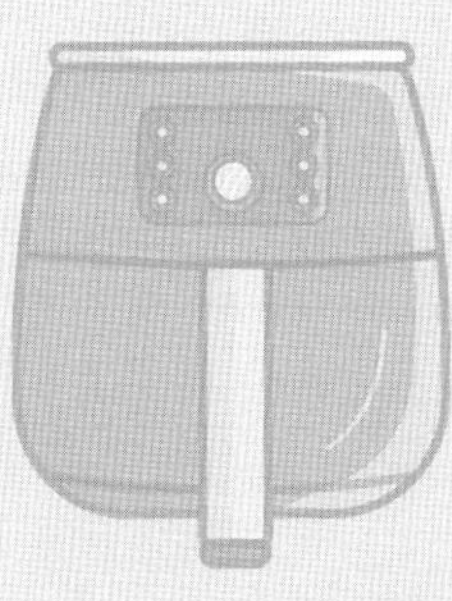

PANIERTER SEEHECHT

4 Port. 40 Min. Einfach

Zutaten

4 Seehechtfilets
8 EL Paniermehl
1 Ei
1 EL Olivenöl
Salz

Nährwerte p. P.

266 kcal
15 g Kohlenhydrate
10 g Fett
29 g Eiweiß

1 Verquirlen Sie das Ei.

2 Waschen Sie den Fisch, salzen Sie ihn von beiden Seiten und lassen Sie ihn dann ca. 30 Minuten ziehen.

3 Wälzen Sie den Fisch erst in dem Ei und dann in dem Paniermehl. Wiederholen Sie den Vorgang so lange, bis eine dicke Panade entstanden ist.

4 Bestreichen Sie den Fisch mit Olivenöl und backen Sie ihn bei 200 °C etwa 10 Minuten lang.

 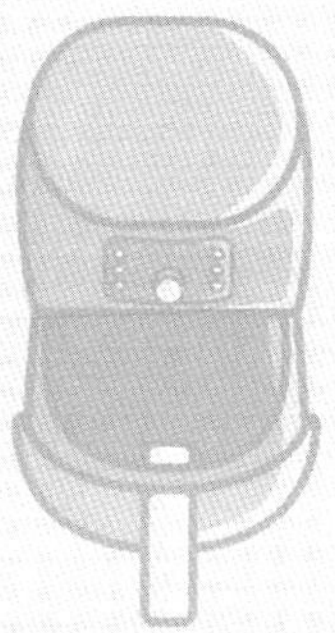 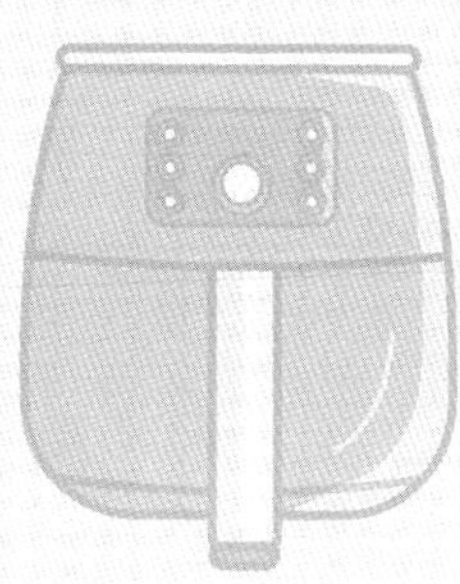

THUNFISCH-FRIKADELLEN

4 Port.

20 Min.

Einfach

Zutaten

200 g Thunfisch
400 g Hackfleisch
1 Knoblauchzehe
1 Zwiebel
1 EL Senf
Pfeffer
Salz

Nährwerte p. P.

326 kcal
2 g Kohlenhydrate
22 g Fett
30 g Eiweiß

1 Schälen und zerhacken Sie die Zwiebel und den Knoblauch.

2 Vermengen Sie alle Zutaten miteinander zu einer Masse.

3 Formen Sie die Masse zu Frikadellen und backen Sie diese bei 180 °C für etwa 15 Minuten in der Heißluftfritteuse.

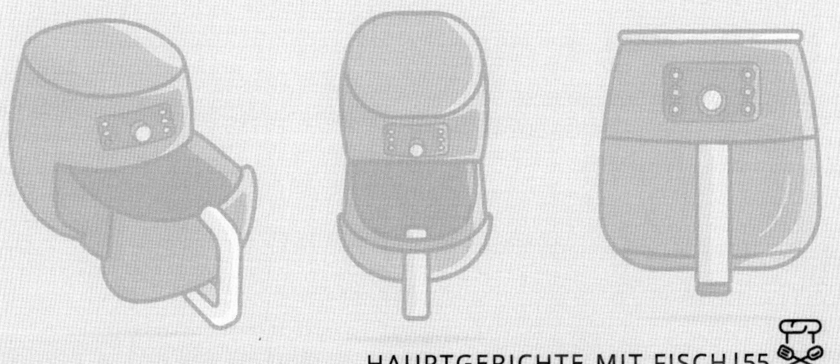

LACHSFILET

2 Port.

70 Min.

Einfach

Zutaten

2 Lachsfilets
2 TL Olivenöl
2 TL Paprikapulver
Pfeffer
Salz

Nährwerte p. P.

588 kcal
4 g Kohlenhydrate
42 g Fett
47 g Eiweiß

1 Vermischen Sie das Olivenöl mit den Gewürzen und reiben Sie den Fisch damit ein.

2 Lassen Sie die Gewürze etwa 60 Minuten lang einziehen.

3 Garen Sie den Fisch bei 200 °C für etwa 7 Minuten.

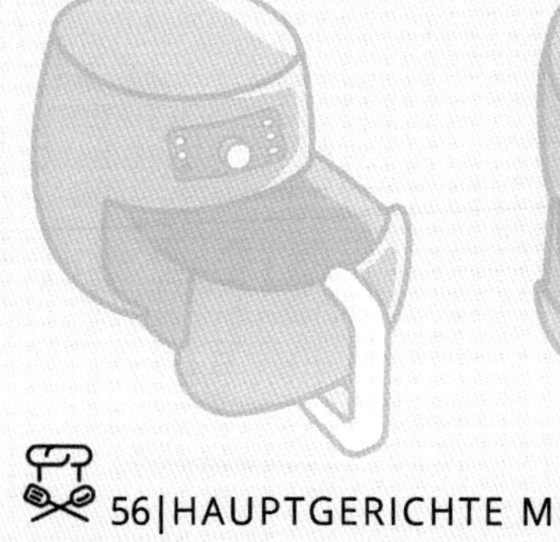

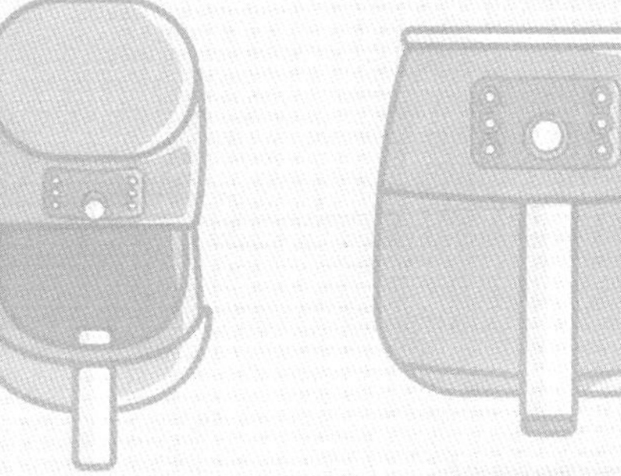

ZANDER IM STRUDELTEIG

2 Port. 20 Min. Einfach

Zutaten

200 g Zanderfilet
150 ml Sahne
100 g Blattspinat
3 Blätter Strudelteig
2 EL Öl
1 EL Zitronensaft
1 Eiweiß
Salz
Pfeffer

Nährwerte p. P.

949 kcal
56 g Kohlenhydrate
65 g Fett
32 g Eiweiß

1 Zerkleinern Sie das Zanderfilet mithilfe einer Küchenmaschine oder zerhacken Sie es mit einem Messer.

2 Waschen Sie den Spinat und geben Sie ihn für etwa 1 Minute in kochendes Wasser. Schrecken Sie den Spinat dann ab und schneiden Sie die Stiele ab.

3 Verrühren Sie das zerkleinerte Fischfilet mit der Sahne, dem Öl und dem Zitronensaft und schmecken Sie es mit Salz und Pfeffer ab.

4 Legen Sie die Strudelblätter aus und verteilen Sie die Fischmasse darauf.

5 Bestreichen Sie die Teigränder mit Eiweiß und rollen Sie sie auf.

6 Backen Sie den Zander bei 160 °C für etwa 15 Minuten.

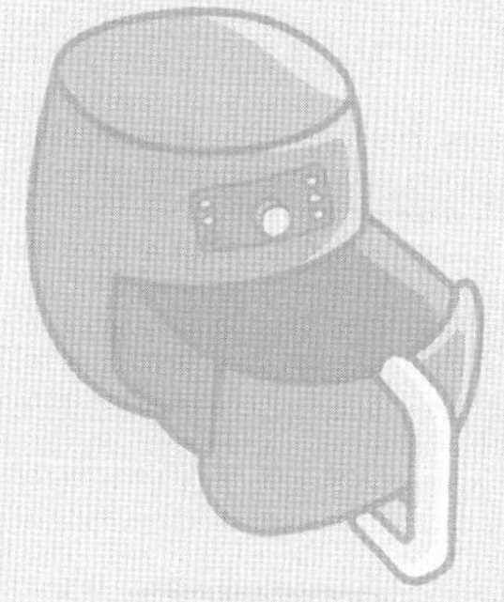
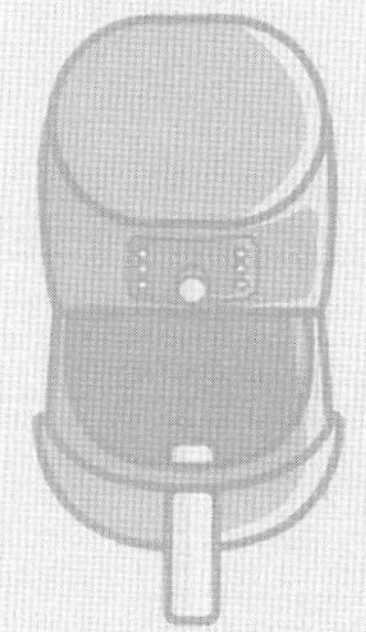
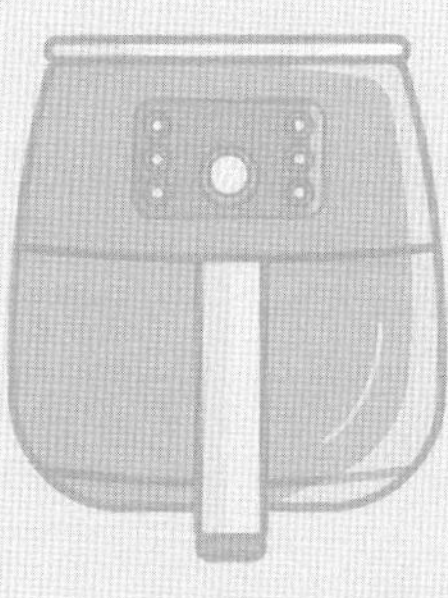

FISCH-SPIEẞE

4 Port.

30 Min.

Leicht

Zutaten

500 g Kabeljau
1 rote Zwiebel
1 Paprika
4 Knoblauchzehen
4 EL Olivenöl
1 TL Salz

Nährwerte p. P.

639 kcal
90 g Kohlenhydrate
11 g Fett
41 g Eiweiß

1 Schneiden Sie den Fisch, die Zwiebel und die Paprika in mundgerechte Stücke.

2 Schälen und zerhacken Sie den Knoblauch. Verrühren Sie ihn mit dem Olivenöl und dem Salz.

3 Spießen Sie die festen Zutaten auf und tunken Sie die Spieße in die Marinade.

4 Backen Sie die Spieße bei 180 °C für etwa 15 Minuten.

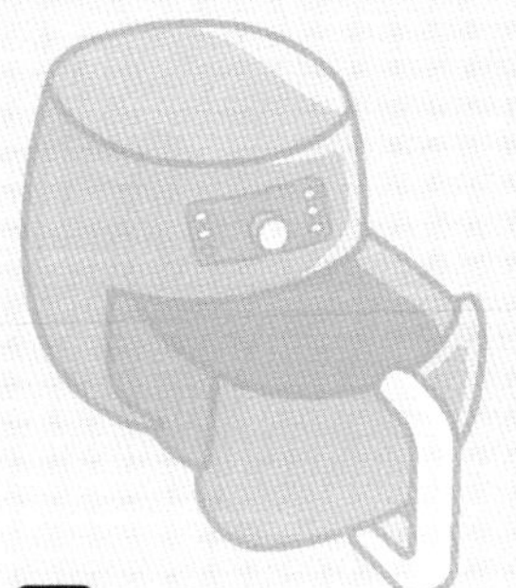

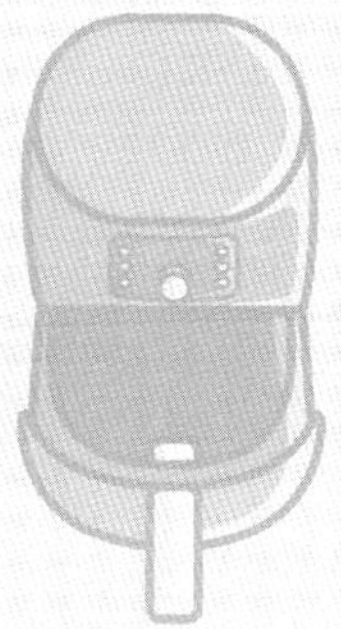

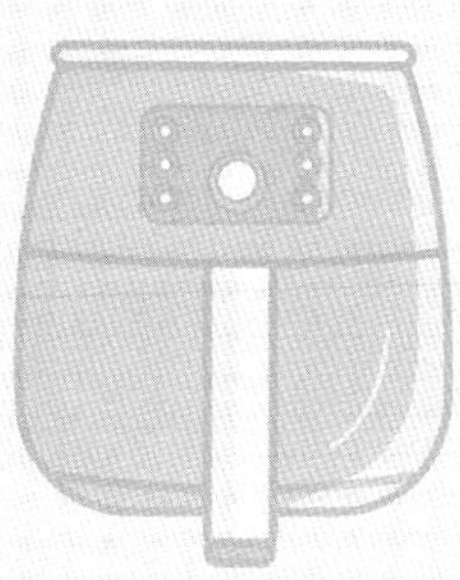

LACHS-SPARGEL-AUFLAUF

4 Port.

75 Min.

Leicht

Zutaten

300 g Lachs
200 ml Sahne
200 ml Milch
200 g Spargel
20 g Butter
2 Eier
3 Frühlingszwiebeln
1 Knoblauchzehe
Pfeffer
Salz

Nährwerte p. P.

495 kcal
18 g Kohlenhydrate
33 g Fett
31 g Eiweiß

1 Schälen und zerdrücken Sie den Knoblauch. Waschen Sie die Frühlingszwiebeln und schneiden Sie sie klein. Schneiden Sie auch den Fisch in mundgerechte Stücke.

2 Schälen Sie den Spargel und schneiden Sie ihn in mundgerechte Stücke. Geben Sie ihn dann für kurze Zeit in kochendes Wasser.

3 Verrühren Sie die Sahne mit der Milch, der Butter, den Eiern sowie etwas Pfeffer und Salz. Geben Sie auch den Knoblauch dazu.

4 Geben Sie alle Zutaten in die Auflaufform und streuen Sie den Käse darüber.

5 Backen Sie alles bei 175 °C etwa 60 Minuten lang.

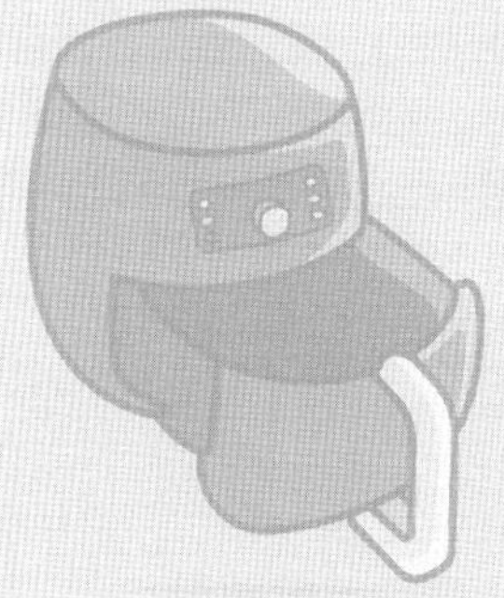

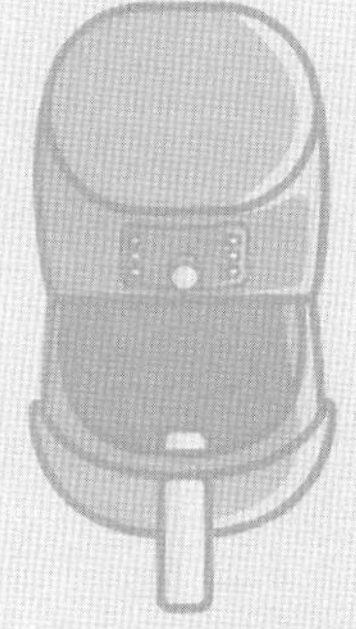

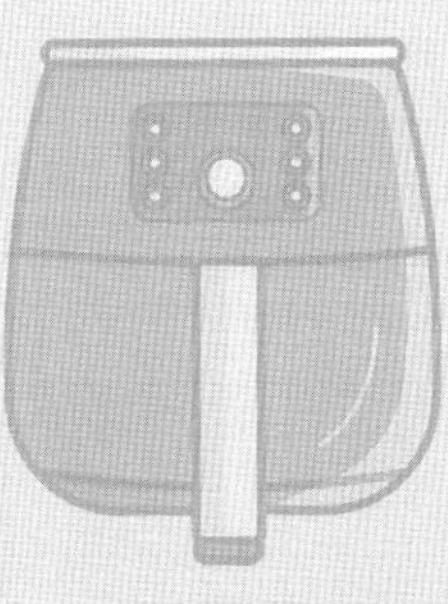

GEGRILLTER TINTENFISCH

4 Port.

35 Min.

Leicht

Zutaten

600 g Tintenfischtuben
2 TL Fischgewürz
4 EL Olivenöl

Nährwerte p. P.

150 kcal
4 g Kohlenhydrate
3 g Fett
27 g Eiweiß

1 Schneiden Sie den Tintenfisch in mundgerechte Stücke.

2 Vermischen Sie das Öl mit den Gewürzen und wenden Sie den Tintenfisch darin.

3 Backen Sie den Fisch bei 180 °C für etwa 30 Minuten.

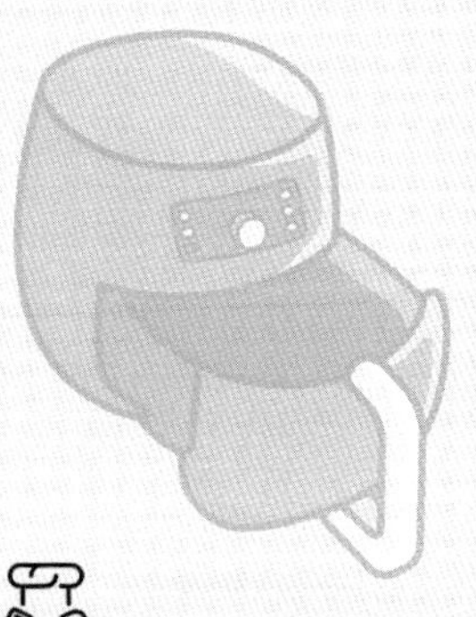

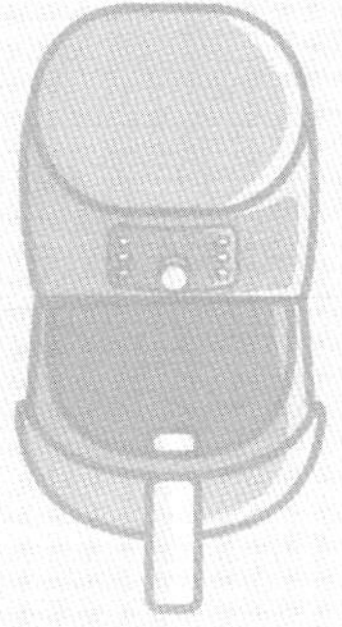

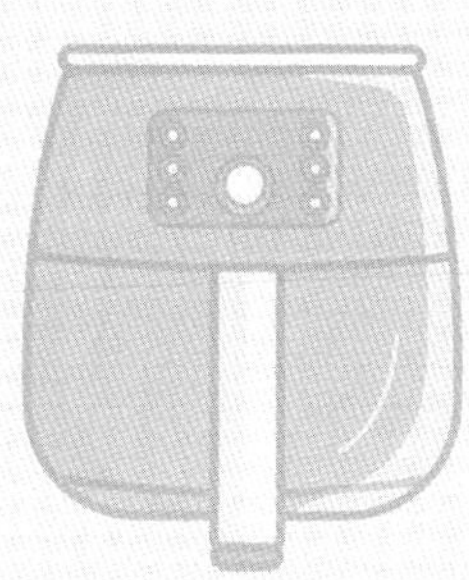

LACHS MIT KRABBENFÜLLUNG

6 Port. 55 Min. Leicht

Zutaten

6 Lachsfilets
1 Ei
100 g Frischkäse
50 g Parmesan
170 g Krabbenfleisch
2 EL Semmelbrösel
1 TL Mayonnaise
1 TL Paprikapulver
½ TL Pfeffer
½ TL Salz

Nährwerte p. P.

328 kcal
4 g Kohlenhydrate
19 g Fett
34 g Eiweiß

1 Verrühren Sie das Ei mit der Mayonnaise, den Semmelbröseln und dem Frischkäse und schmecken Sie die Mischung mit Paprikapulver, Pfeffer und Salz ab.

2 Heben Sie das Krabbenfleisch und den Parmesan unter. Stellen Sie die Mischung ca. 30 Minuten lang in den Kühlschrank.

3 Spülen Sie den Fisch ab und tupfen Sie ihn trocken. Schneiden Sie ihn dann in der Hälfte auf und befüllen Sie ihn.

4 Backen Sie den Fisch bei 175 °C etwa 18 Minuten lang.

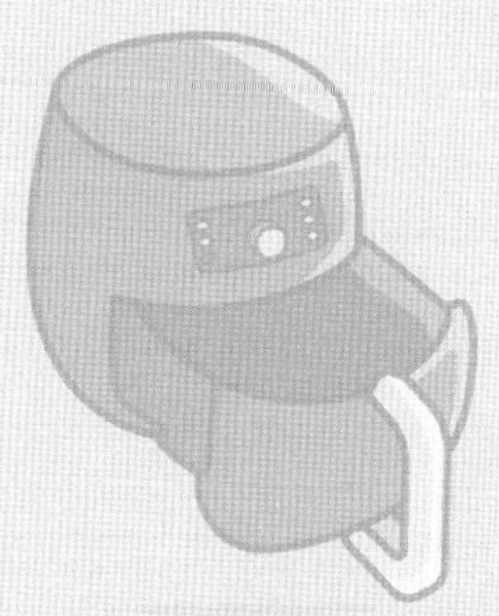 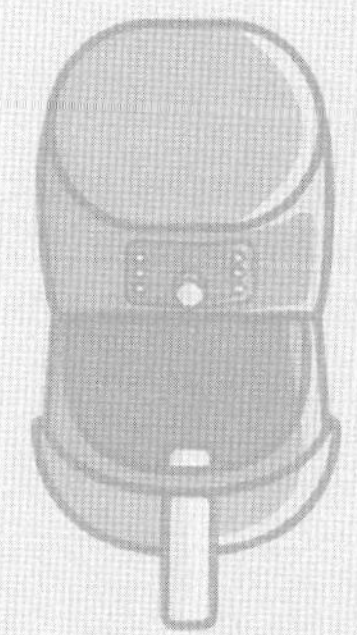 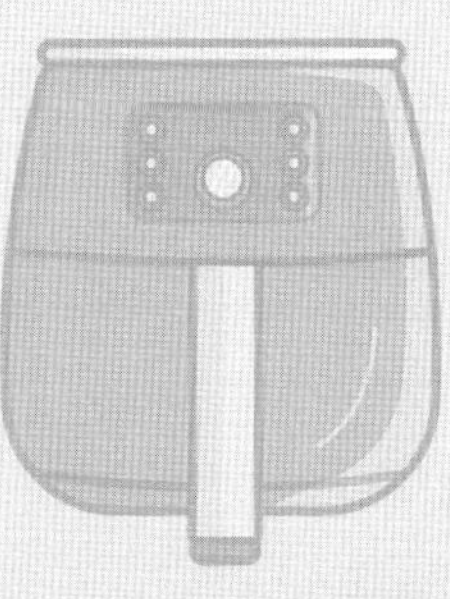

BACKFISCH

2 Port.

25 Min.

Leicht

Zutaten

2 Fischfilets
130 ml Bier
130 g Mehl
2 Eier
50 g Butter
1 TL Salz

Nährwerte p. P.

714 kcal
58 g Kohlenhydrate
41 g Fett
26 g Eiweiß

1 Verrühren Sie die Zutaten für den Teig miteinander.

2 Wenden Sie den Fisch in dem Teig.

3 Backen Sie den Fisch bei 180 °C etwa 18 Minuten lang.

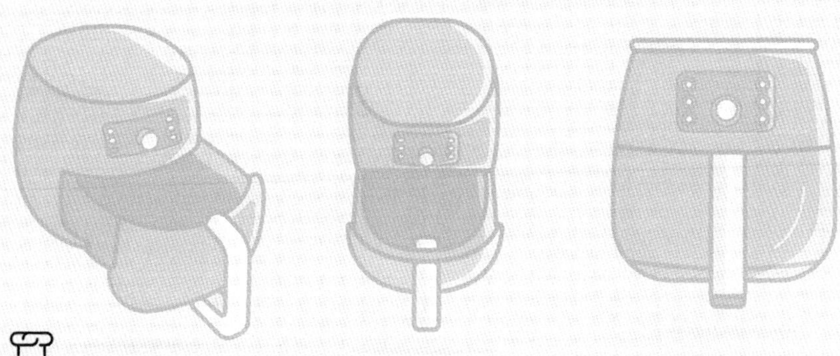

GARNELEN-SPAGHETTI

2 Port. 20 Min. Leicht

Zutaten

250 g Garnelen
250 g Spaghetti
2 Tomaten
1 EL Olivenöl
Kräutermischung
Pfeffer
Salz

Nährwerte p. P.

639 kcal
90 g Kohlenhydrate
11 g Fett
41 g Eiweiß

1 Geben Sie die Spaghetti in kochendes Salzwasser und garen Sie sie für 8 – 10 Minuten.

2 Bestreichen Sie die Garnelen mit dem Öl und geben Sie sie bei 180 °C für ca. 15 Minuten in die Heißluftfritteuse.

3 Schneiden Sie in der Zwischenzeit die Tomaten klein und geben Sie sie dann für weitere 5 Minuten zu den Garnelen in die Fritteuse.

4 Würzen Sie die Garnelen und rühren Sie sie unter die Spaghetti.

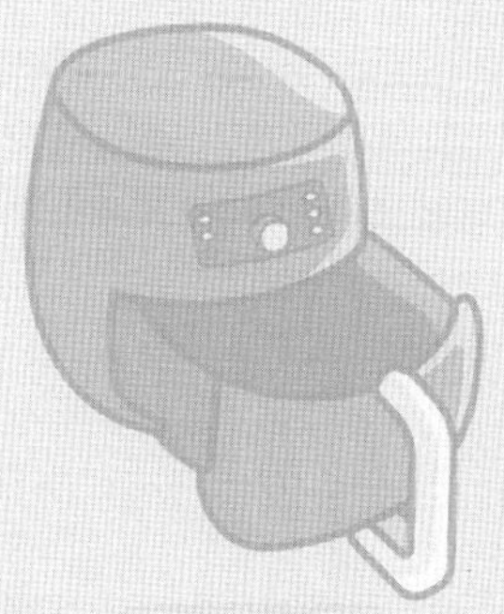
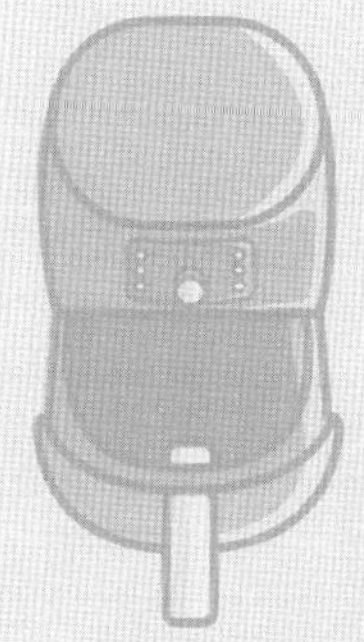
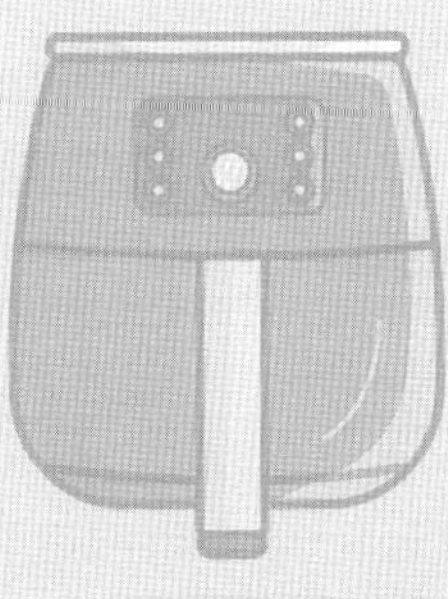

Vegetarische Hauptgerichte

BUTTERMILCH-PILZE

2 Port.

35 Min.

Leicht

Zutaten

240 ml Buttermilch
200 g Mehl
250 g Pilze
1 EL Öl
1 TL Salz
1 TL Knoblauchpulver
1 TL Pfeffer

Nährwerte p. P.

478 kcal
82 g Kohlenhydrate
8 g Fett
13 g Eiweiß

1 Putzen Sie die Pilze und legen Sie sie 15 Minuten lang in der Buttermilch ein.

2 Vermischen Sie das Mehl mit den Gewürzen.

3 Wenden Sie die Pilze in dem Mehl.

4 Garen Sie die Pilze bei 190 °C etwa 5 Minuten, bestreichen Sie sie danach mit Öl und garen Sie sie weitere 10 Minuten.

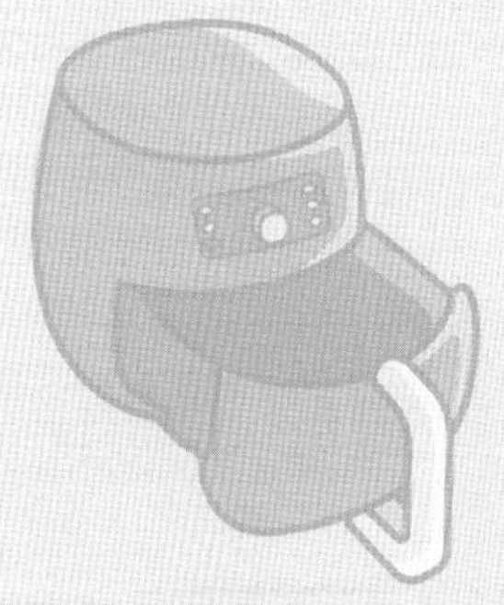

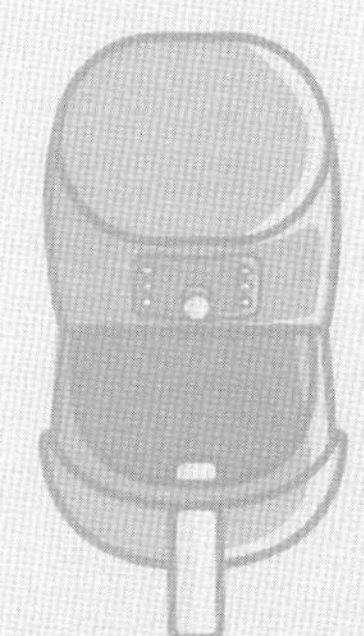

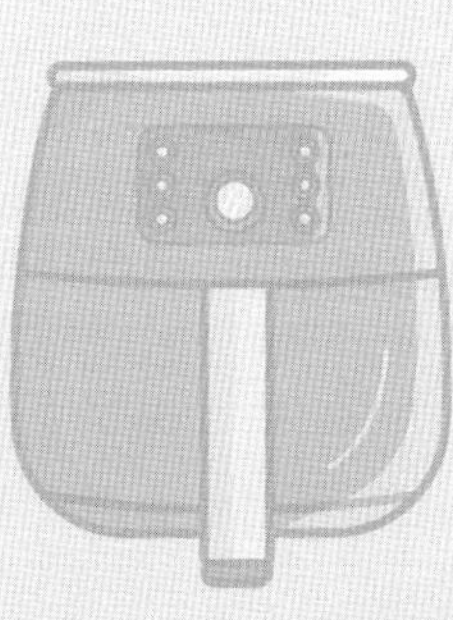

KARTOFFELPUFFER

4 Port.

60 Min.

Leicht

Zutaten

4 Kartoffeln
1 Ei
1 Zwiebel
3 EL Mehl
1 Pr Salz
1 Pr Knoblauchpulver
1 Pr Paprikapulver

Nährwerte p. P.

114 kcal
20 g Kohlenhydrate
2 g Fett
3 g Eiweiß

1 Schälen und zerreiben Sie die Kartoffeln. Machen Sie dasselbe mit der Zwiebel.

2 Verquirlen Sie das Ei.

3 Vermischen Sie alle Zutaten miteinander.

4 Geben Sie die Masse portionsweise in die Heißluftfritteuse und backen Sie die Puffer bei 180 °C etwa 10 Minuten lang.

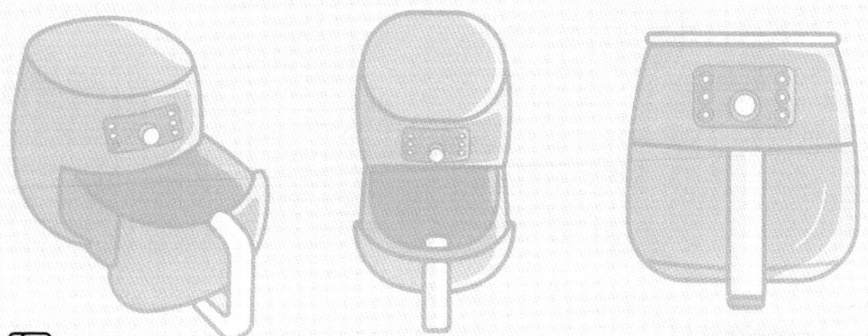

REISAUFLAUF

2 Port.

75 Min.

Leicht

Zutaten

500 ml Milch
100 g Reis
60 g Margarine
30 g Zucker
1 Ei
1 Apfel
1 TL Zimt

Nährwerte p. P.

584 kcal
50 g Kohlenhydrate
37 g Fett
12 g Eiweiß

1 Geben Sie die Milch und den Reis in einen Topf und kochen Sie beides zusammen so lange, bis der Reis weich wird.

2 Rühren Sie den Zimt unter. Lassen Sie den Reis danach abkühlen.

3 Trennen Sie das Ei und schlagen Sie das Eiweiß steif.

4 Schlagen Sie die Margarine gemeinsam mit dem Zucker schaumig. Rühren Sie dann das Eigelb unter.

5 Verrühren Sie die Mischung aus Schritt 4 mit dem Milchreis und heben Sie vorsichtig den Eischnee unter.

6 Schälen Sie den Apfel, entkernen Sie ihn und schneiden Sie ihn in Würfel.

7 Geben Sie alle Zutaten in eine Auflaufform und backen Sie den Auflauf bei 160 °C etwa 40 Minuten in der Heißluftfritteuse.

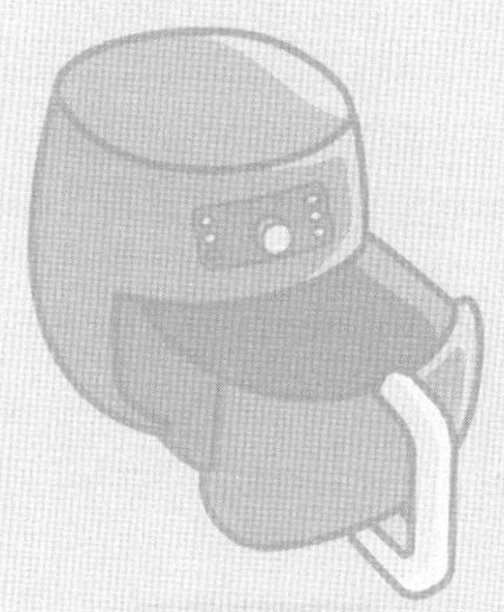

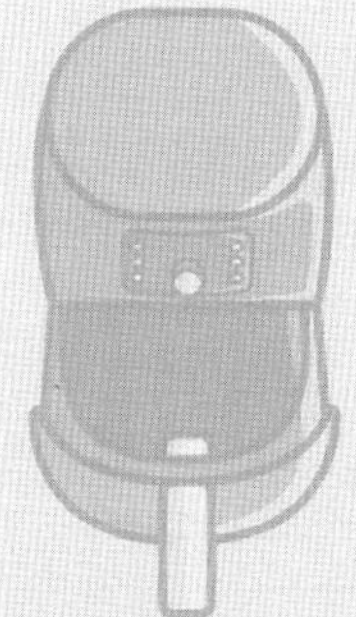

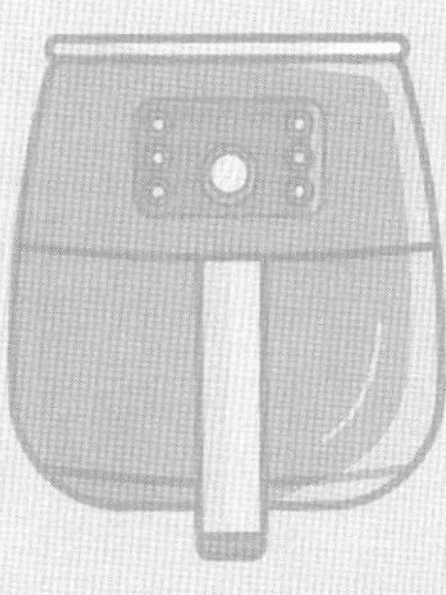

EMPANADAS

4 Port.

15 Min.

Leicht

Zutaten

200 g Pastetenteig
125 g Chorizo
1 Schalotte
1 Mini-Paprika
2 EL gehackte Petersilie

Nährwerte p. P.

259 kcal
9 g Kohlenhydrate
18 g Fett
14 g Eiweiß

1 Schneiden Sie die Chorizo, die Schalotte und die Paprika klein und braten Sie alles zusammen bei mittlerer Temperatur etwa 2 Minuten lang an.

2 Stechen Sie den Teig kreisförmig aus und füllen Sie ihn mit den anderen Zutaten. Klappen Sie ihn dann in der Hälfte zusammen.

3 Backen Sie die Empanadas bei 200 °C etwa 10 Minuten lang.

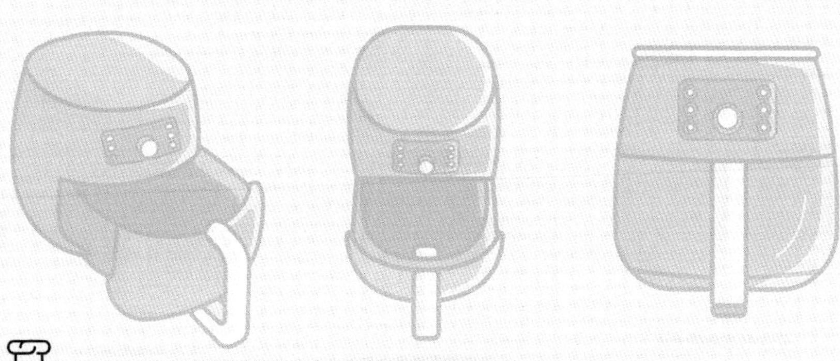

FENCHEL-CHAMPIGNON-GEMÜSE

2 Port. 30 Min. Leicht

Zutaten

400 g Champignons
1 St Fenchel
1 EL Magerquark
½ Orange
1 EL Öl

Nährwerte p. P.

131 kcal
7 g Kohlenhydrate
7 g Fett
7 g Eiweiß

1 Waschen und zerkleinern Sie den Fenchel und die Champignons.

2 Pressen Sie den Saft der Orange aus und verrühren Sie ihn mit allen Zutaten.

3 Geben Sie alles zusammen in die Heißluftfritteuse und garen Sie es bei 165 °C etwa 25 Minuten lang.

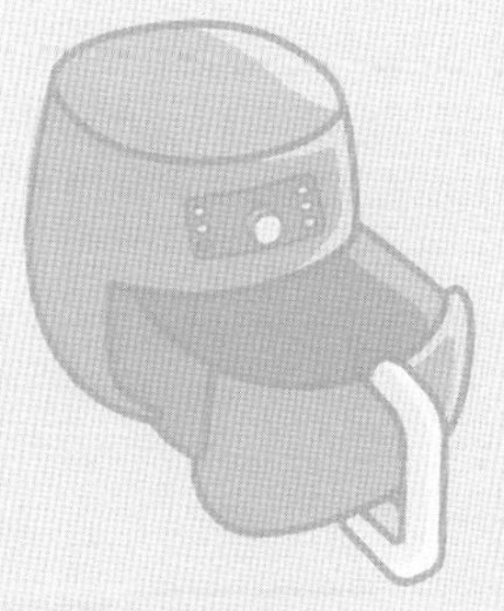 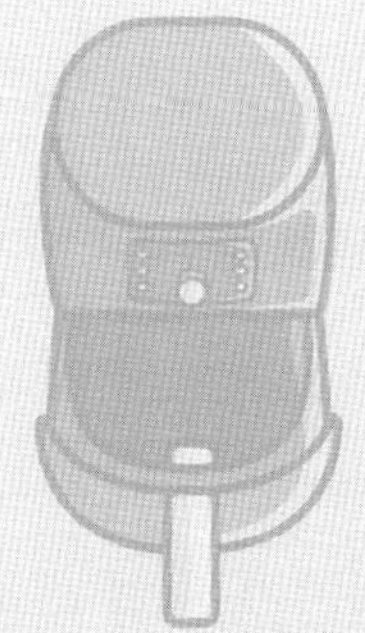 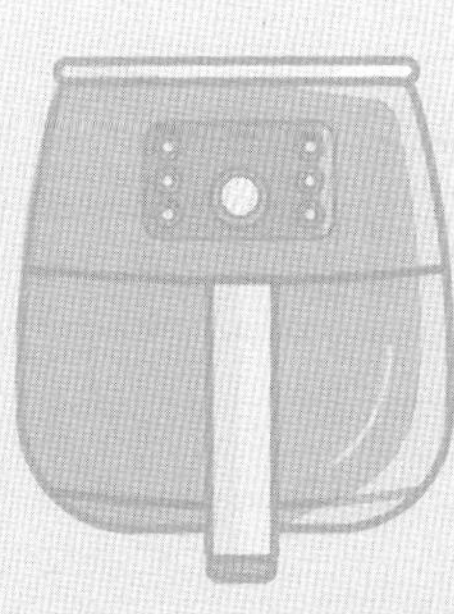

GRATINIERTER ZIEGENKÄSE

4 Port.

15 Min.

Leicht

Zutaten

400 g Ziegenkäse
200 g Feldsalat
5 EL Olivenöl
2 TL Honig
2 TL Senf
1 TL Rotweinessig
Pfeffer
Salz

Nährwerte p. P.

513 kcal
5 g Kohlenhydrate
48 g Fett
15 g Eiweiß

1 Schneiden Sie den Ziegenkäse in etwa 1 cm dicke Scheiben.

2 Verrühren Sie den Honig mit dem Senf und dem Rotweinessig.

3 Waschen Sie den Feldsalat.

4 Reiben Sie eine für die Heißluftfritteuse geeignete Auflaufform mit 2 EL Öl ein.

5 Geben Sie den Ziegenkäse in die Form und bestreichen Sie ihn mit dem restlichen Öl.

6 Geben Sie den Käse bei 200 °C für ca. 7 Minuten in die Heißluftfritteuse. Nach der Hälfte der Zeit sollte er einmal gewendet werden.

7 In der Zwischenzeit verrühren Sie den Salat mit dem Dressing.

8 Geben Sie den fertigen Käse auf den Salat.

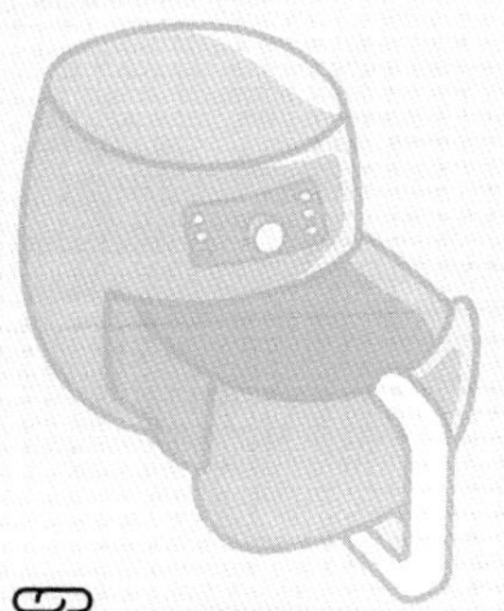

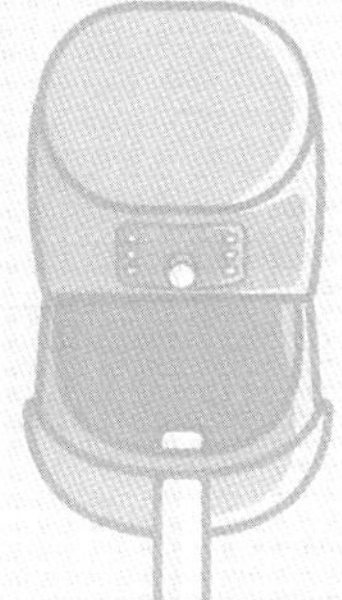

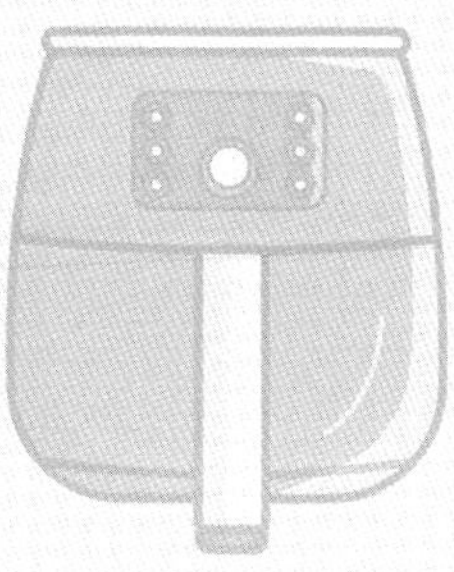

GEBRATENE KAROTTEN

4 Port.

25 Min.

Leicht

Zutaten

500 g Karotten
2 TL geriebene Orangenschale
2 EL Orangensaft
2 EL Honig
2 EL Butter
Salz
Pfeffer

Nährwerte p. P.

244 kcal
35 g Kohlenhydrate
9 g Fett
3 g Eiweiß

1 Schälen Sie die Karotten und entfernen Sie die Enden.

2 Vermischen Sie alle restlichen Zutaten und schmecken Sie die dabei entstehende Soße mit Pfeffer und Salz ab.

3 Wälzen Sie die Karotten in der Soße und geben Sie sie dann für ca. 20 Minuten bei 200 °C in die Heißluftfritteuse.

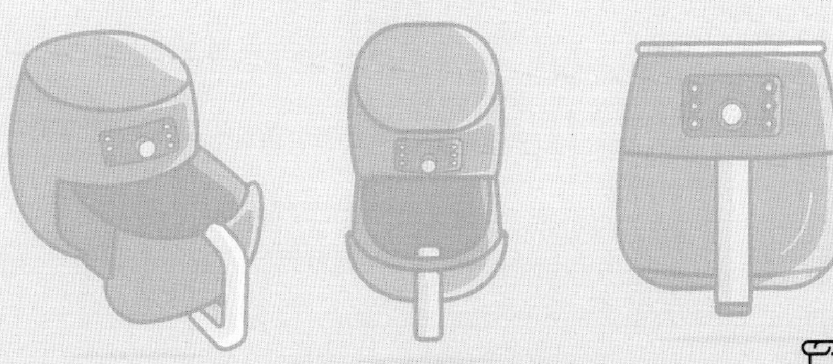

LAUCH-TARTES

2 Port.

130 Min.

Leicht

Zutaten

200 g Schmand
125 g Mehl
65 g Butter
12 Cherrytomaten
2 Eier
2 Stangen Lauch
1 Pr Muskat
Salz
Pfeffer

Nährwerte p. P.

789 kcal
58 g Kohlenhydrate
54 g Fett
15 g Eiweiß

1 Vermengen Sie das Mehl mit den Eiern und geben Sie dann nach und nach die Butter und etwas Salz dazu.

2 Wickeln Sie den Teig in Klarsichtfolie ein und geben Sie ihn für ca. 2 Stunden in den Kühlschrank.

3 Putzen Sie in der Zwischenzeit den Lauch, schneiden Sie ihn in Ringe und geben Sie ihn für etwa 5 - 10 Minuten in die Heißluftfritteuse.

4 Würzen Sie ihn dann und lassen Sie ihn abkühlen.

5 Waschen und halbieren Sie die Tomaten.

6 Geben Sie den Teig in eine für die Heißluftfritteuse geeignete Auflaufform. Je nach Größe der Form muss der Teig auf mehrere Male aufgeteilt werden.

7 Backen Sie den Teig für 5 Minuten bei 180 °C, bevor Sie die Zutaten darauf verteilen.

8 Bestreichen Sie den Teig erst mit Schmand und geben Sie dann den Lauch und die Tomaten darauf.

9 Backen Sie die Tartes für 10 – 15 Minuten.

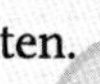

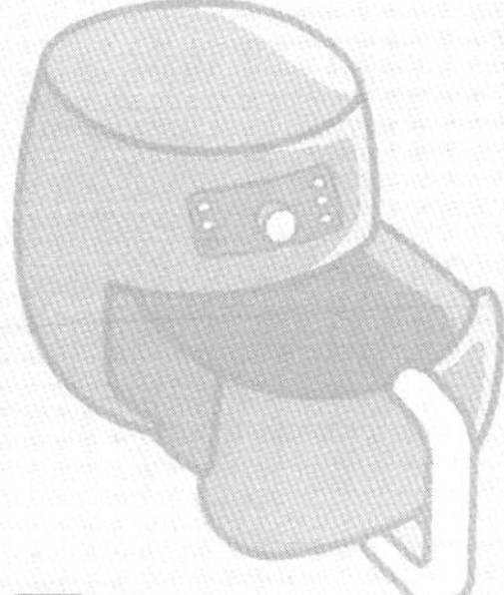

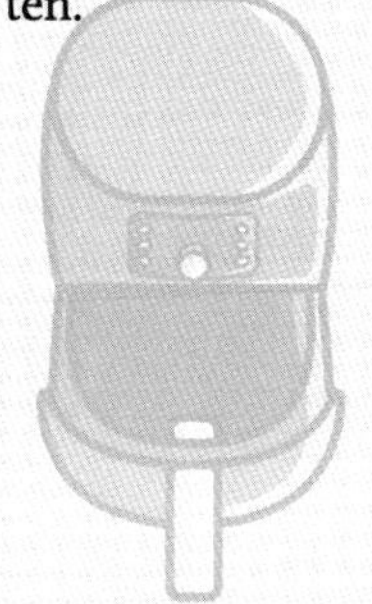

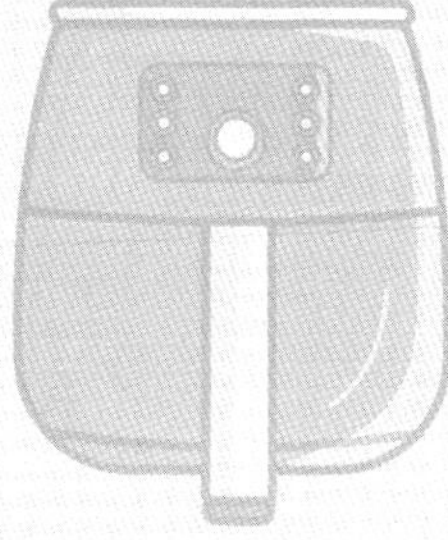

GEMÜSE-PASTA

4 Port.

40 Min.

Leicht

Zutaten

300 g Nudeln
400 g stückige Tomaten
200 g Blumenkohl
750 ml Hühnerbrühe
2 Knoblauchzehen
1 Zwiebel

Nährwerte p. P.

284 kcal
49 g Kohlenhydrate
3 g Fett
12 g Eiweiß

1 Schälen und zerhacken Sie die Zwiebel und den Knoblauch. Trennen Sie den Blumenkohl in Röschen.

2 Geben Sie alle Zutaten zusammen in die Heißluftfritteuse und garen Sie sie bei 150 °C etwa 30 Minuten.

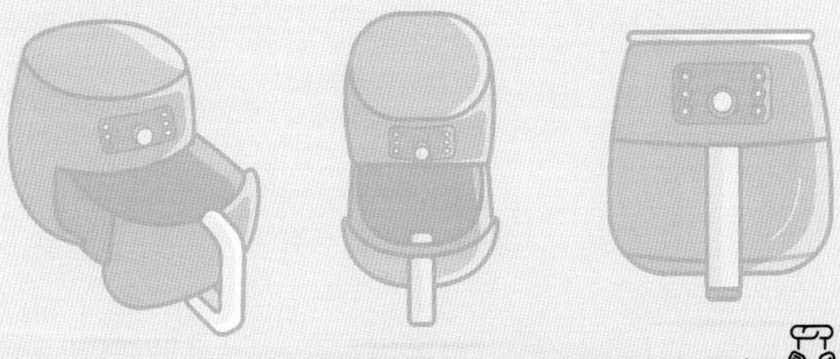

ASIA-NUDELN

2 Port.

25 Min.

Leicht

Zutaten

250 g Mie-Nudeln
350 ml Gemüsebrühe
250 g Asia-Gemüse
4 EL Sojasoße

Nährwerte p. P.

562 kcal
19 g Kohlenhydrate
9 g Fett
4 g Eiweiß

1 Geben Sie die Nudeln gemeinsam mit dem Gemüse in eine Form, die für die Heißluftfritteuse geeignet ist.

2 Geben Sie die Gemüsebrühe dazu und stellen Sie alles für 20 Minuten bei 180 °C in die Heißluftfritteuse.

3 Mischen Sie noch einmal gut durch und schmecken Sie das Gericht mit Sojasoße ab.

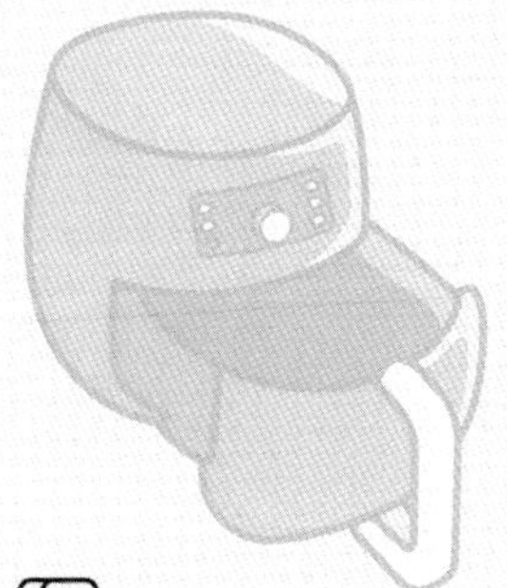

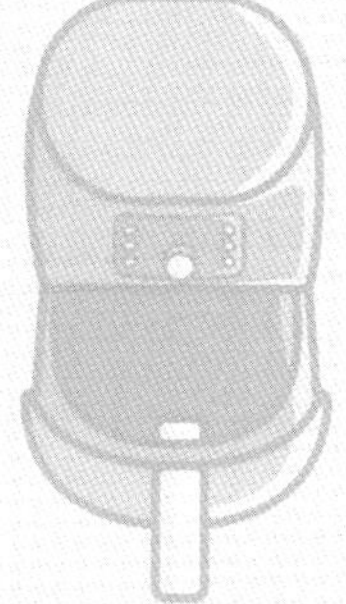

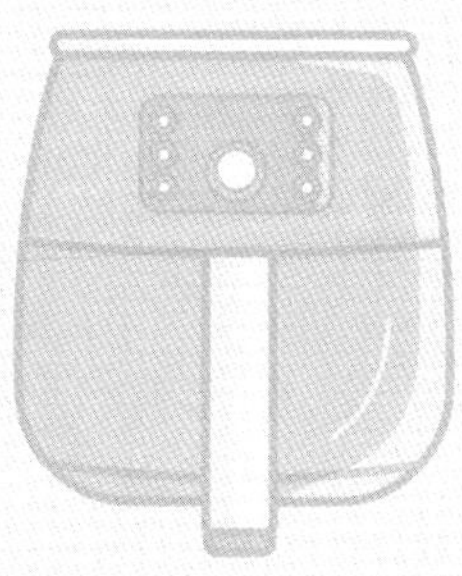

GEBACKENE RAVIOLI MIT RICOTTA-FÜLLUNG

4 Port.

15 Min.

Leicht

Zutaten

500 g Weizenmehl
200 g Rucola
100 g Ricotta
2 Eier
1 Knoblauchzehe
2 Schalotten
Wasser
Salz
Pfeffer
Olivenöl

Nährwerte p. P.

520 kcal
92 g Kohlenhydrate
8 g Fett
18 g Eiweiß

1 Schälen Sie die Schalotten und den Knoblauch und hacken Sie beides möglichst fein. Schwitzen Sie beides zusammen in einer Pfanne mit etwas Öl kurz an.

2 Waschen Sie den Rucola und vermengen Sie ihn mit dem Ricotta. Schmecken Sie die Mischung mit Pfeffer und Salz ab und geben Sie dann die Schalotten und den Knoblauch dazu.

3 Vermengen Sie die Eier mit dem Mehl und geben Sie so viel Wasser dazu, bis ein glatter Teig entsteht. Kneten Sie die Zutaten gut durch und rollen Sie sie möglichst platt aus. Falls vorhanden, können Sie für diesen Schritt auch einen Pastamaker nutzen.

4 Teilen Sie den Teig in etwa 4 x 4 cm große Quadrate und geben Sie auf jedes zweite Quadrat die Ricotta-Füllung.

5 Legen Sie jeweils ein leeres Quadrat auf eines mit Füllung und drücken Sie die Ränder mit einer Gabel fest.

6 Backen Sie die Ravioli bei 180 °C für etwa 5 Minuten.

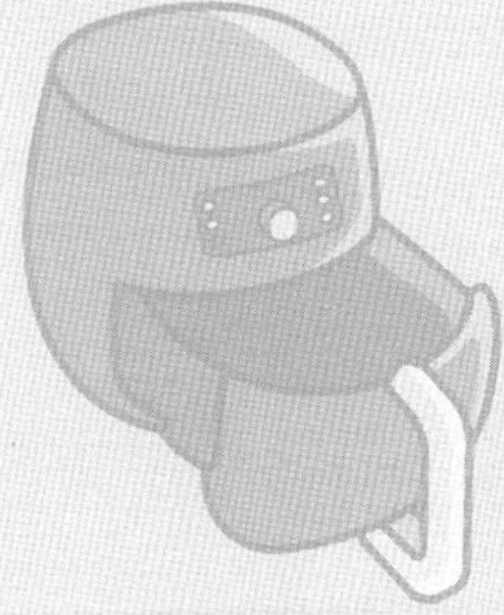
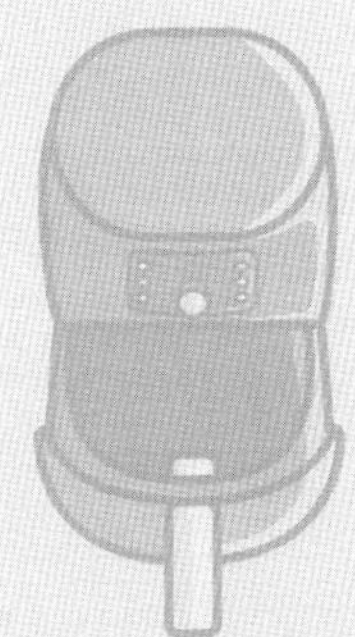
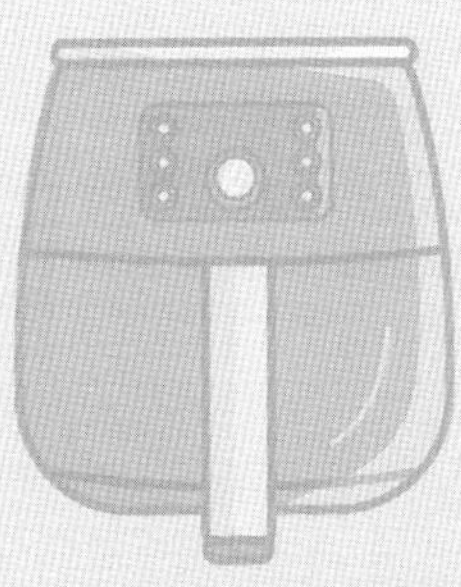

GEBACKENER CAMEMBERT

 1 Port.
 15 Min.
 Leicht

Zutaten

1 Camembert
3 EL Olivenöl
1 TL Thymian
Salz
Pfeffer

Nährwerte p. P.

535 kcal
2 g Kohlenhydrate
55 g Fett
7 g Eiweiß

1 Schneiden Sie den Camembert kreuzförmig ein und beträufeln Sie ihn mit dem Olivenöl.

2 Geben Sie die Gewürze dazu.

3 Backen Sie den Camembert bei 180 °C für etwa 15 Minuten.

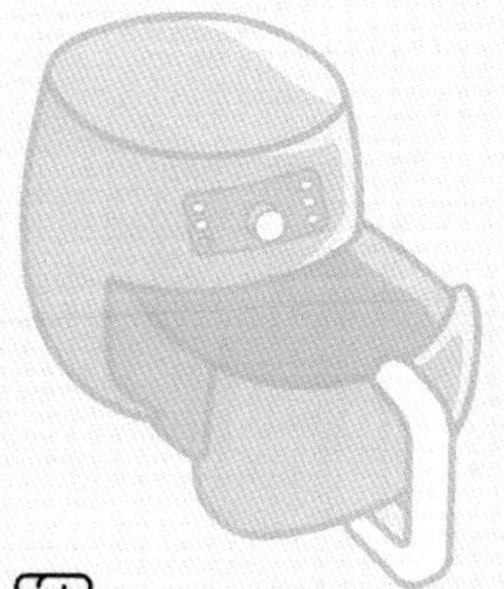

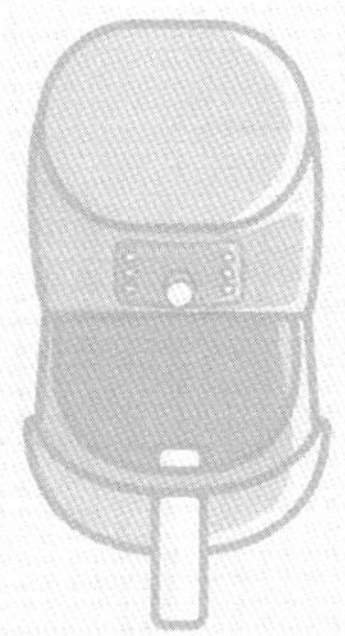

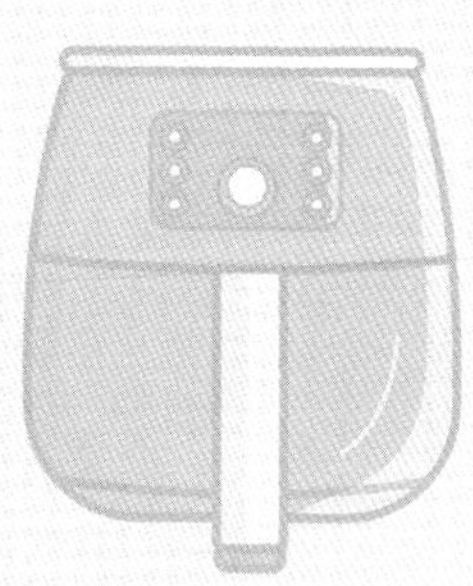

BLUMENKOHL-PUFFER

4 Port. 20 Min. Leicht

Zutaten

1 Blumenkohl
2 Eier
1 Zwiebel
1 Knoblauchzehe
2 TL Salz
2 EL Mehl
2 EL geriebener Käse
Paniermehl

Nährwerte p. P.

115 kcal
8 g Kohlenhydrate
5 g Fett
7 g Eiweiß

1 Zerteilen Sie den Blumenkohl in möglichst kleine Röschen und kochen Sie diese etwa 10 Minuten lang in kochendem Wasser. Danach lassen Sie ihn gut abkühlen.

2 Zerkleinern Sie den Blumenkohl nun noch einmal so weit wie möglich und vermengen Sie ihn dann mit den anderen Zutaten.

3 Formen Sie die Masse zu Puffern und wenden Sie diese in Paniermehl. Dann backen Sie die Puffer für etwa 6 Minuten bei 180 °C in der Heißluftfritteuse.

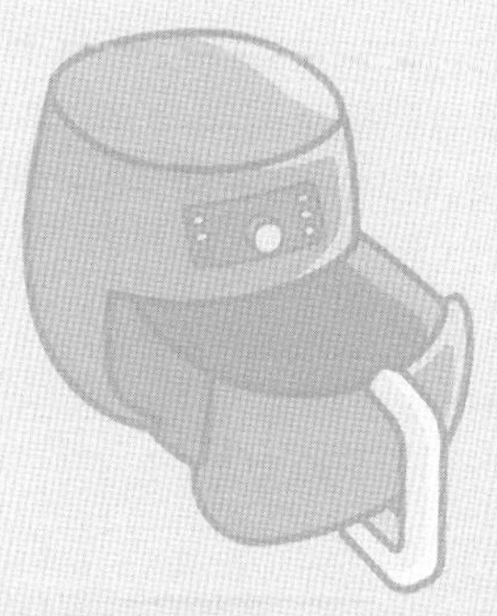
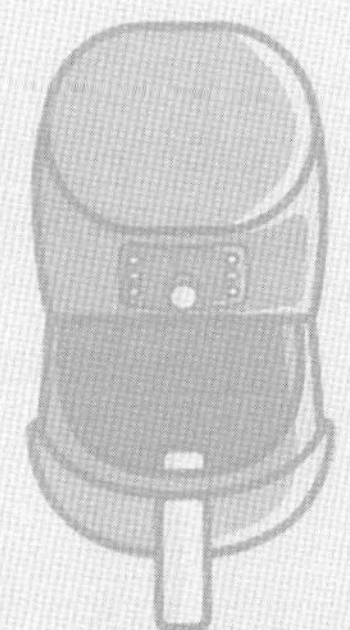
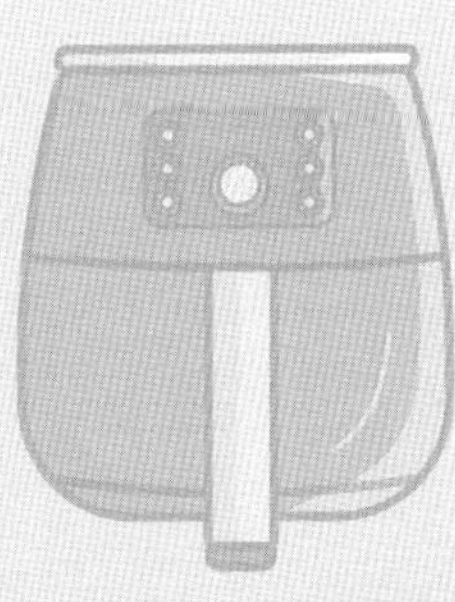

INDISCHE SAMOSAS

5 Port. 85 Min. Leicht

Zutaten

500 g Kartoffeln
250 g Mehl
150 g Erbsen
45 ml Öl
3 Knoblauchzehen
5 EL Wasser
1 TL Salz
1 TL Currypulver
1 TL Kreuzkümmel
1 EL Ingwer

Nährwerte p. P.

487 kcal
51 g Kohlenhydrate
10 g Fett
15 g Eiweiß

1 Verrühren Sie das Mehl mit dem Öl, dem Kreuzkümmel, dem Wasser und dem Salz zu einem Teig.

2 Wickeln Sie den Teig in Folie ein und stellen Sie ihn für ca. 30 Minuten in den Kühlschrank.

3 Kochen Sie die Kartoffeln etwa 25 Minuten lang, bis sie gar sind.

4 Schälen und zerhacken Sie den Knoblauch und geben Sie ihn gemeinsam mit dem Ingwer in eine Pfanne mit heißem Öl.

5 Geben Sie nach einiger Zeit die Erbsen dazu und würzen Sie die Zutaten.

6 Zerstampfen Sie die Kartoffeln und geben Sie sie ebenfalls in die Pfanne. Braten Sie alles zusammen etwa 5 Minuten lang an.

7 Rollen Sie den Teig aus, stechen Sie Kreise aus und halbieren Sie diese.

8 Geben Sie etwas Füllung auf die Halbkreise und falten Sie sie zu einem Dreieck.

9 Backen Sie die Samosas bei 190 °C etwa 10 Minuten lang.

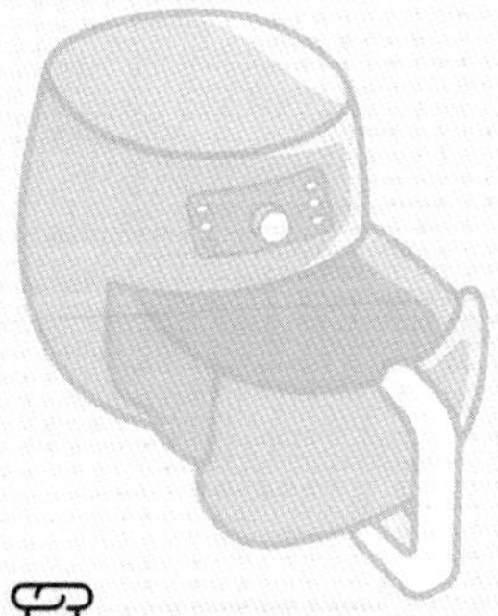
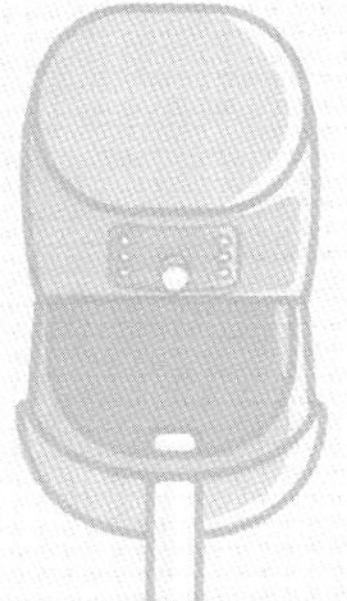
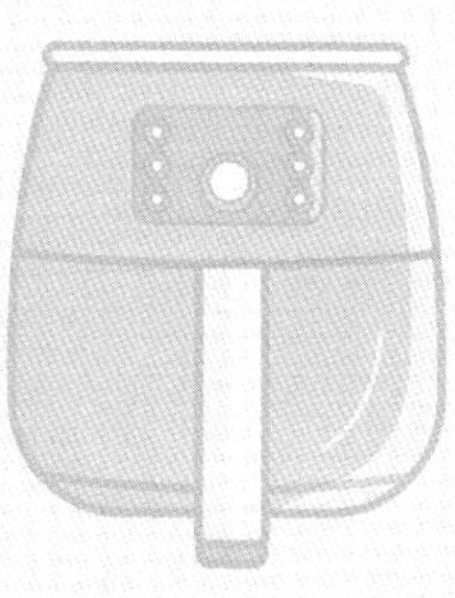

BLUMENKOHL-MUFFINS

2 Port. 20 Min. Leicht

Zutaten

300 g Blumenkohl
100 g körniger Frischkäse
50 g geriebener Käse
20 g Haferkleie
2 Eier
Pfeffer
Salz

Nährwerte p. P.

312 kcal
12 g Kohlenhydrate
18 g Fett
23 g Eiweiß

1 Raspeln Sie den Blumenkohl so fein wie möglich.

2 Verrühren Sie alle Zutaten miteinander und teilen Sie die Masse auf Muffinförmchen auf.

3 Backen Sie die Muffins bei 180 °C etwa 15 Minuten lang.

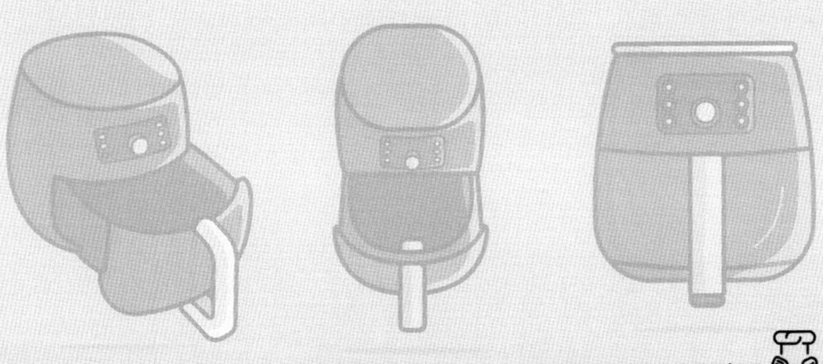

KÄSERÖSTIS

2 Port.

40 Min.

Leicht

Zutaten

150 g Kartoffeln
50 g geriebener Käse
1 Pr Salz

Nährwerte p. P.

175 kcal
13 g Kohlenhydrate
10 g Fett
8 g Eiweiß

1 Geben Sie die Kartoffeln etwa 25 Minuten lang in kochendes Salzwasser und zerreiben Sie sie danach.

2 Rühren Sie den Käse unter und geben Sie das Salz dazu.

3 Teilen Sie die Masse in mehrere Teile, drücken Sie diese platt und backen Sie sie bei 200 °C etwa 12 Minuten lang in der Heißluftfritteuse.

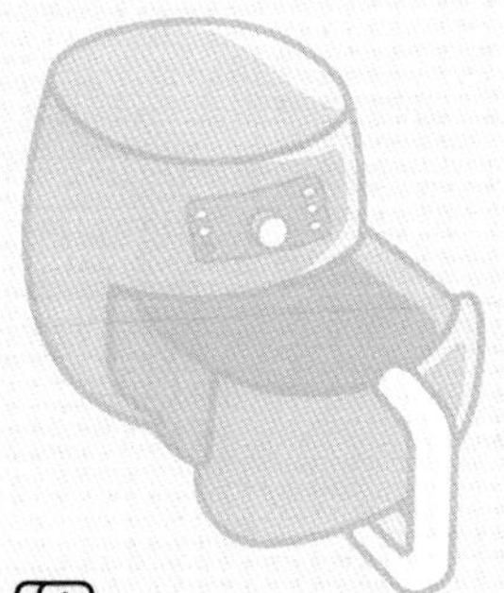

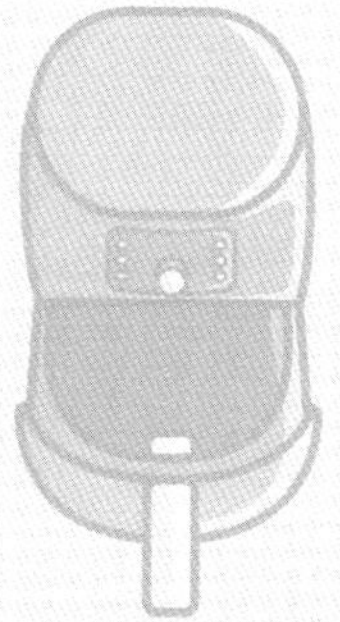

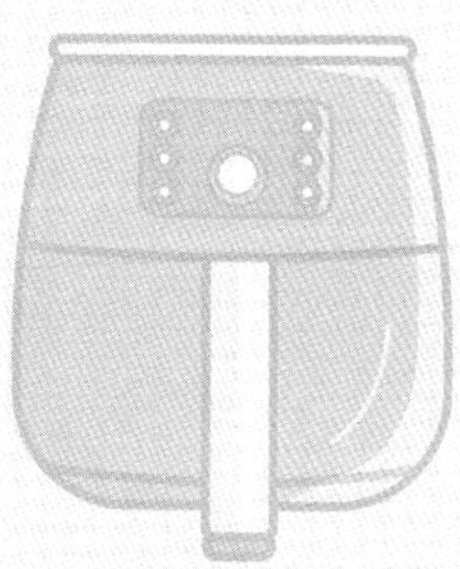

GEBACKENES GEMÜSE

4 Port. 15 Min. Leicht

Zutaten

50 g Zucchini
50 g Aubergine
50 g Champignons
50 g Speisestärke
50 g Mehl
1 Ei
150 ml Sprudelwasser
1 EL Olivenöl

Nährwerte p. P.

111 kcal
21 g Kohlenhydrate
2 g Fett
3 g Eiweiß

1 Vermischen Sie das Mehl mit der Speisestärke, dem Ei, dem Wasser sowie dem Olivenöl.

2 Schneiden Sie das Gemüse in mundgerechte Stücke und ziehen Sie es durch die in Schritt 1 angerührte Masse.

3 Geben Sie das Gemüse bei 185 °C für ca. 10 Minuten in die Heißluftfritteuse.

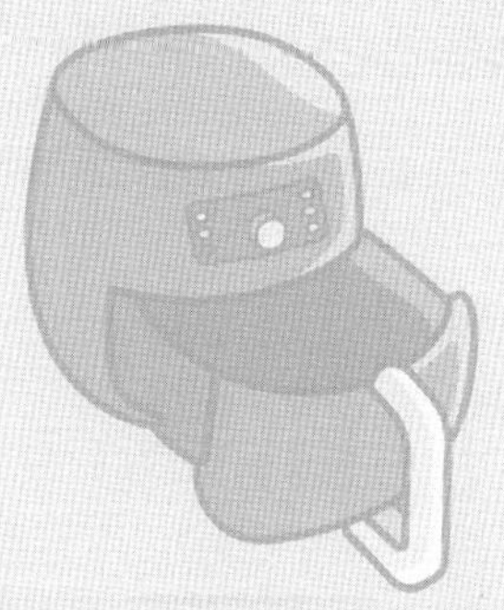
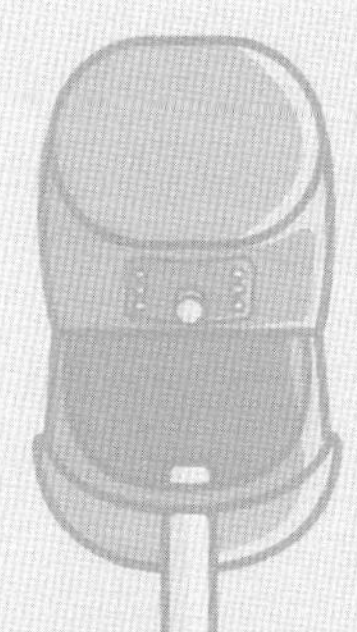
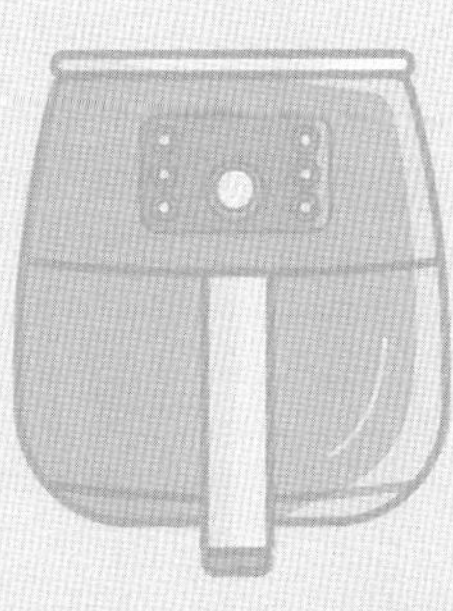

FETA-GEMÜSE-PFANNE

2 Port.

40 Min.

Leicht

Zutaten

200 g Feta-Käse
1 Paprika
1 Aubergine
150 g Cherrytomaten
5 EL Olivenöl
4 EL Balsamico
1 Knoblauchzehe
200 g Champignons

Nährwerte p. P.

282 kcal
9 g Kohlenhydrate
22 g Fett
13 g Eiweiß

1 Schneiden Sie das Gemüse und den Feta in mundgerechte Stücke.

2 Schälen und zerhacken Sie den Knoblauch. Verrühren Sie ihn mit den restlichen Zutaten und geben Sie die Mischung zu dem Gemüse.

3 Garen Sie das Gemüse bei 180 °C für 20 – 25 Minuten.

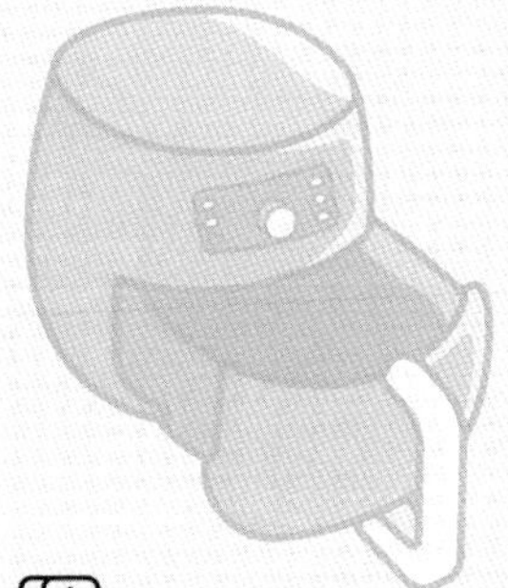

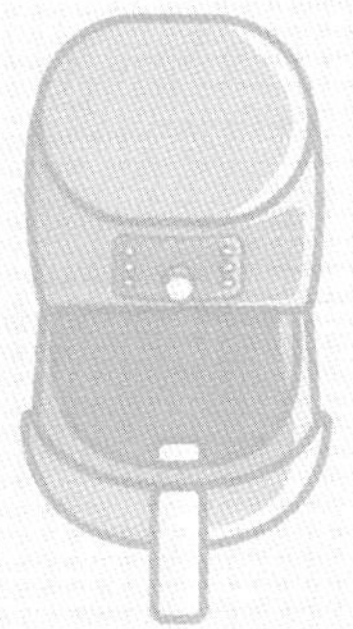

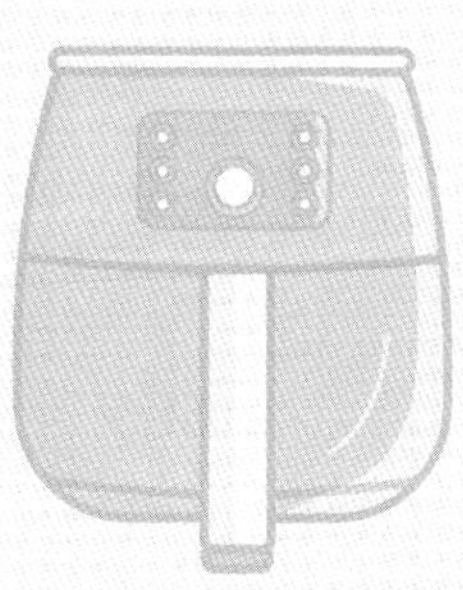

PIZZA MARGHERITA

2 Port. 50 Min. Leicht

Zutaten

300 g Weizenmehl
400 g passierte Tomaten
250 ml Wasser
200 g geriebener Käse
½ Würfel Hefe
3 TL Salz
1 TL Zucker
1 Zwiebel
2 Knoblauchzehen
1 Pr Oregano
1 Pr Basilikum
1 Pr Pfeffer

Nährwerte p. P.

338 kcal
37 g Kohlenhydrate
13 g Fett
18 g Eiweiß

1 Rühren Sie die Hefe in das Wasser ein, bis sie sich komplett aufgelöst hat.

2 Vermischen Sie das Mehl mit dem Zucker und 2 TL Salz. Geben Sie das Hefewasser hinzu und verkneten Sie alles zu einem glatten Teig.

3 Decken Sie den Teig ab und lassen Sie ihn mindestens 30 Minuten lang ruhen.

4 In der Zwischenzeit schälen und zerhacken Sie die Zwiebel und den Knoblauch und verrühren sie mit den verbliebenen Zutaten, abgesehen von dem Käse.

5 Breiten Sie den Teig aus und schneiden Sie ihn so zu, dass er in die Heißluftfritteuse passt.

6 Geben Sie die Soße auf den Teig und streuen Sie den Käse darüber.

7 Stellen Sie die Heißluftfritteuse auf 180 °C ein und backen Sie die Pizza für 12 – 15 Minuten.

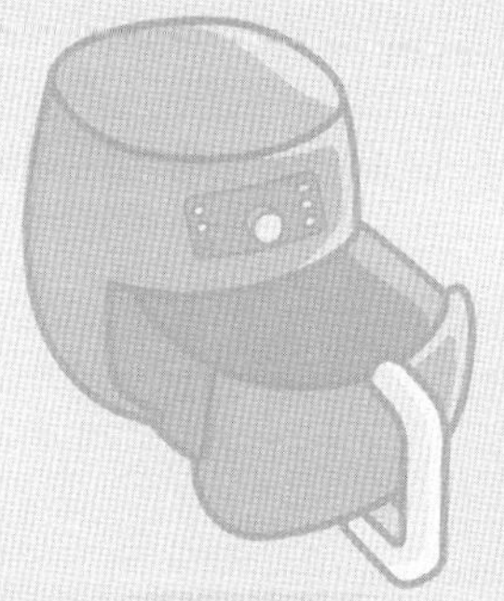 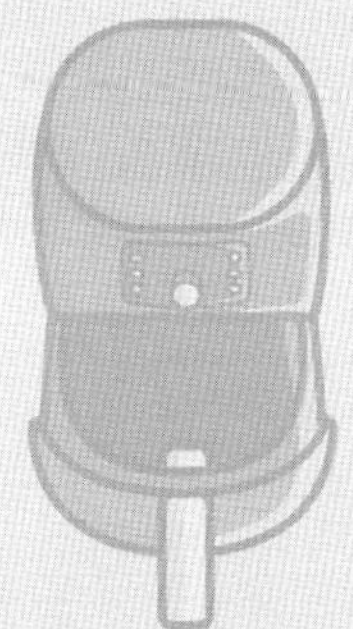 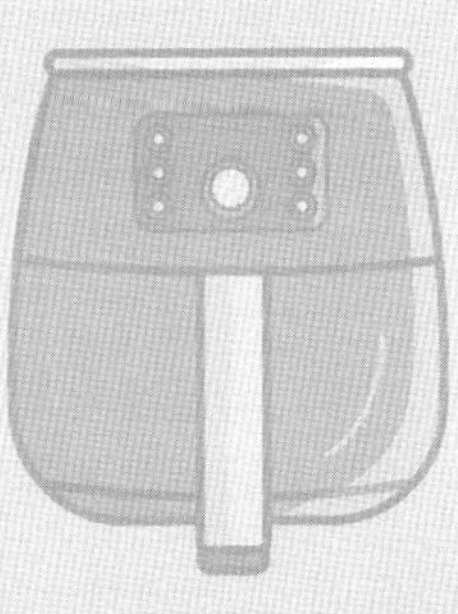

Vegane Hauptgerichte

VEGGIEBURGER

4 Port. 40 Min. Mittel

Zutaten

400 g Bohnen
100 g Haferflocken
2 Knoblauchzehen
1 Zwiebel
2 Eier
2 EL Öl
1 TL Salz
1 TL Paprikapulver
4 Scheiben Käse
4 Burgerbrötchen
4 Blätter Eisbergsalat

Nährwerte p. P.

310 kcal
30 g Kohlenhydrate
18 g Fett
13 g Eiweiß

1 Schälen Sie die Zwiebel und den Knoblauch. Waschen und entkernen Sie die Paprika.

2 Geben Sie die Bohnen gemeinsam mit dem Knoblauch, der Zwiebel, den Haferflocken, den Eiern sowie den Gewürzen in einen Mixer oder pürieren Sie die Zutaten mit einem Pürierstab.

3 Formen Sie die Masse zu Pattys.

4 Backen Sie die Pattys bei 190 °C etwa 10 Minuten lang.

5 Schneiden Sie die Brötchen auf und belegen Sie sie mit dem Patty, dem Käse sowie dem Salat. Der Belag kann je nach Geschmack variieren.

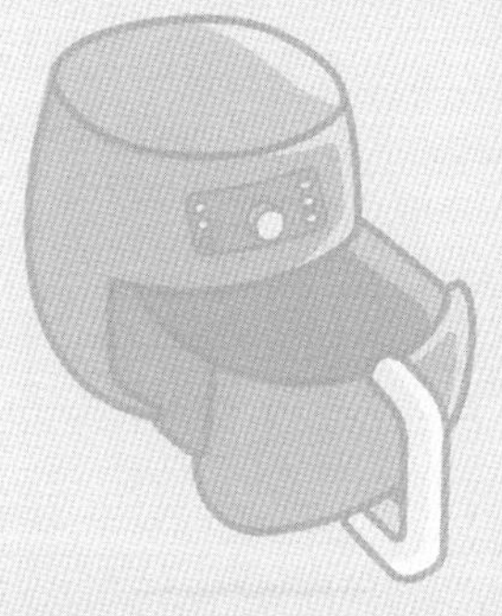
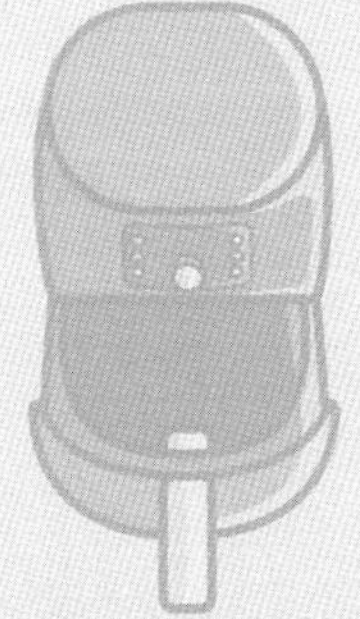
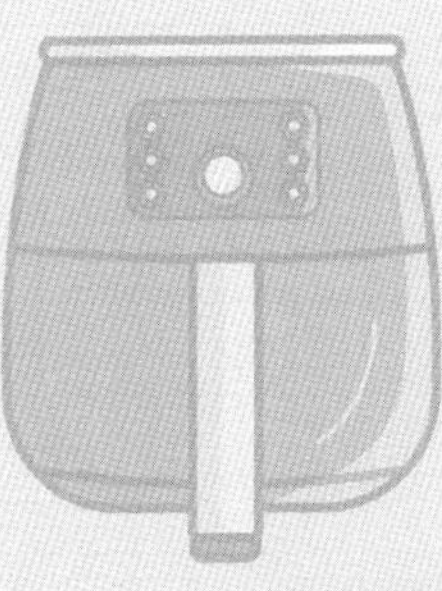

KARTOFFELSPIEßE

2 Port. 15 Min. Leicht

Zutaten

2 Kartoffeln
1 Champignon
2 Scheiben Zucchini
½ Paprika
2 EL Olivenöl
Kräutermischung

Nährwerte p. P.

226 kcal
17 g Kohlenhydrate
15 g Fett
3 g Eiweiß

1 Schälen und würfeln Sie die Kartoffeln und geben Sie sie für ca. 30 Minuten in eine Schüssel mit Wasser. Lassen Sie sie danach trocknen.

2 Säubern Sie auch das andere Gemüse und schneiden Sie es klein.

3 Spießen Sie das Gemüse im Wechsel auf die Spieße.

4 Verrühren Sie die Kräutermischung mit dem Öl und bestreichen Sie das Gemüse mit dieser Mischung.

5 Backen Sie die Spieße bei 180 °C etwa 8 Minuten lang.

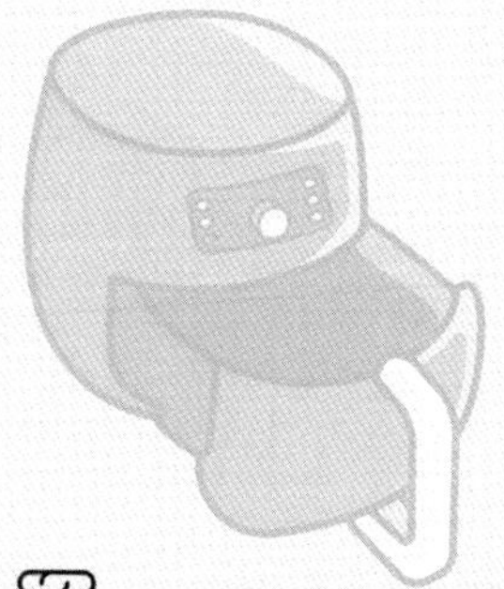
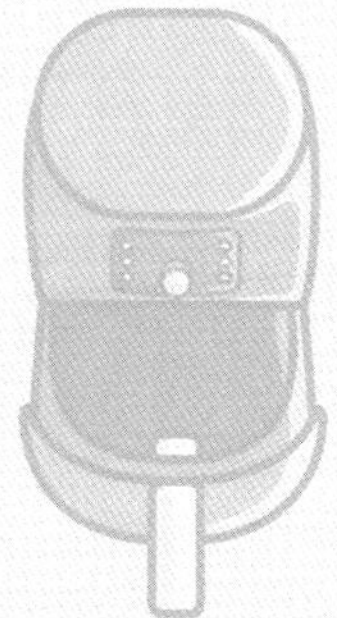
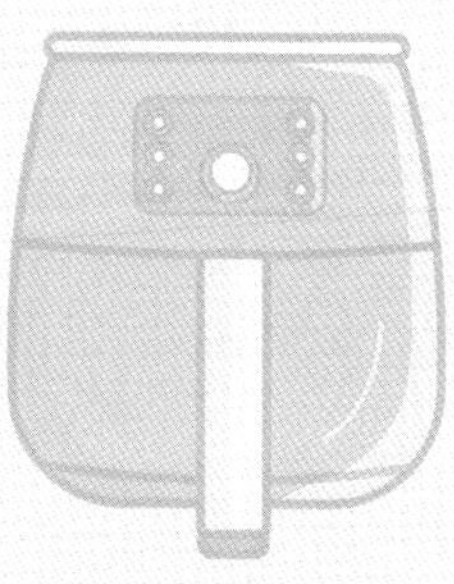

TOFU-NUGGETS

4 Port. 25 Min. Leicht

Zutaten

500 g Tofu
140 g Paniermehl
50 g Mehl
4 Eier
1 EL Sojasoße

Nährwerte p. P.

678 kcal
58 g Kohlenhydrate
35 g Fett
32 g Eiweiß

1 Schneiden Sie den Tofu in kleine Nuggets.

2 Verquirlen Sie die Eier mit der Sojasoße und geben Sie die Mischung auf einen Teller.

3 Wälzen Sie den Tofu erst in dem Mehl, dann in der Eimischung und zum Schluss in dem Paniermehl.

4 Backen Sie die Tofu-Nuggets bei 200 °C für 10 - 15 Minuten.

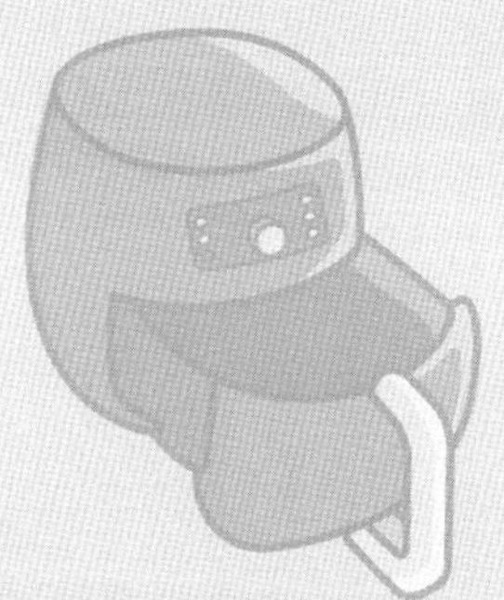
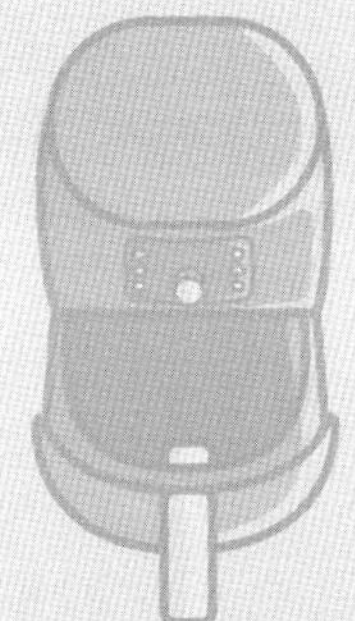
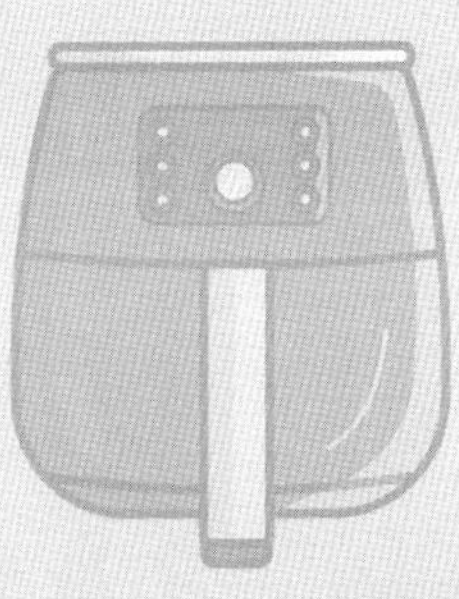

KARTOFFELPFANNE

4 Port.

35 Min.

Leicht

Zutaten

750 g Kartoffeln
150 g Zaziki
2 Karotten
1 Paprika
1 Zucchini
1 EL Öl

Nährwerte p. P.

326 kcal
47 g Kohlenhydrate
10 g Fett
11 g Eiweiß

1 Waschen Sie die Kartoffeln und schneiden Sie sie in dünne Scheiben.

2 Schneiden Sie das restliche Gemüse in mundgerechte Stücke.

3 Vermischen Sie das Gemüse und die Kartoffeln mit dem Öl.

4 Garen Sie die Kartoffeln und das Gemüse bei 100 °C ca. 15 Minuten lang in der Heißluftfritteuse.

5 Rühren Sie den Zaziki unter

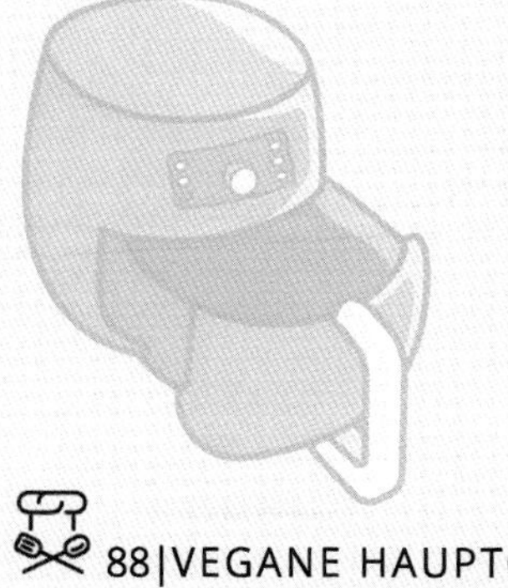

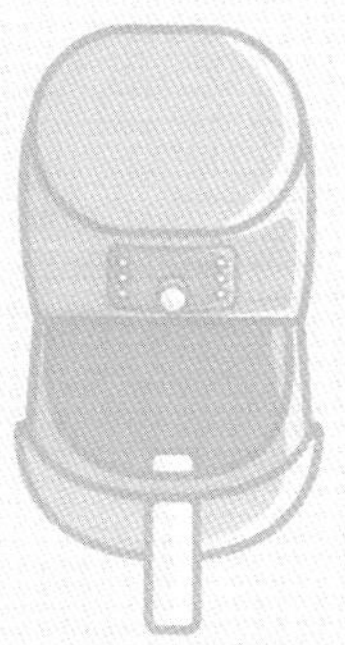

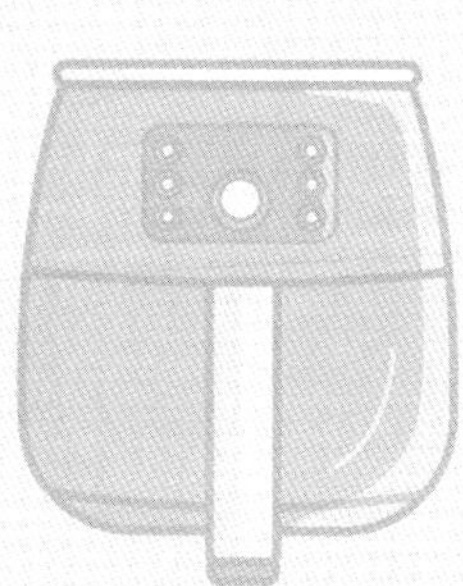

SELLERIESCHNITZEL

2 Port.

25 Min.

Leicht

Zutaten

1 Sellerieknolle
50 g Mehl
1 EL Pflanzenöl
1 EL Wasser
150 g Seidentofu
Paniermehl

Nährwerte p. P.

251 kcal
31 g Kohlenhydrate
11 g Fett
6 g Eiweiß

1 Schneiden Sie den Sellerie in dünne Scheiben.

2 Verrühren Sie den Tofu mit dem Öl und dem Wasser.

3 Wenden Sie den Sellerie erst in dem Mehl, dann in der Tofumischung und zum Schluss in dem Paniermehl.

4 Geben Sie die Schnitzel bei 180 °C etwa 15 Minuten lang in die Heißluftfritteuse.

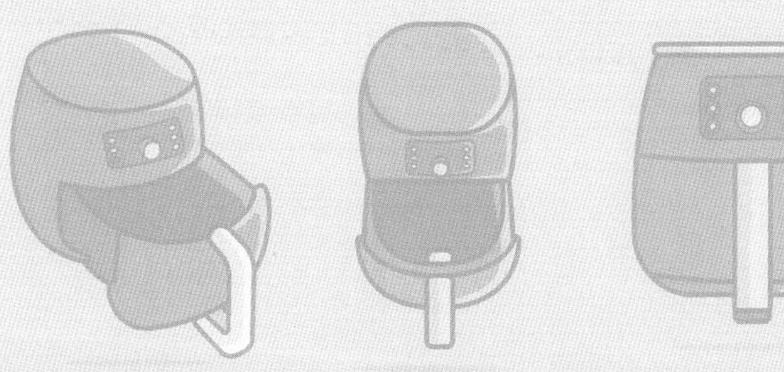

SCHUPFNUDELN

2 Port. 60 Min. Leicht

Zutaten

400 g Kartoffeln
50 ml Wasser
20 g Speisestärke
100 g Weizenmehl
1 EL Sojamehl
Salz
Muskatnuss

Nährwerte p. P.

386 kcal
78 g Kohlenhydrate
2 g Fett
11 g Eiweiß

1 Kochen Sie die Kartoffeln etwa 25 Minuten lang, bis sie gar sind, und schälen Sie sie danach, bevor Sie sie zerdrücken.

2 Vermengen Sie die Kartoffeln mit den restlichen Zutaten.

3 Rollen Sie den Teig auf und schneiden Sie ihn in gleich große Stücke.

4 Garen Sie die Schupfnudeln bei 180 °C etwa 20 Minuten in der Heißluftfritteuse.

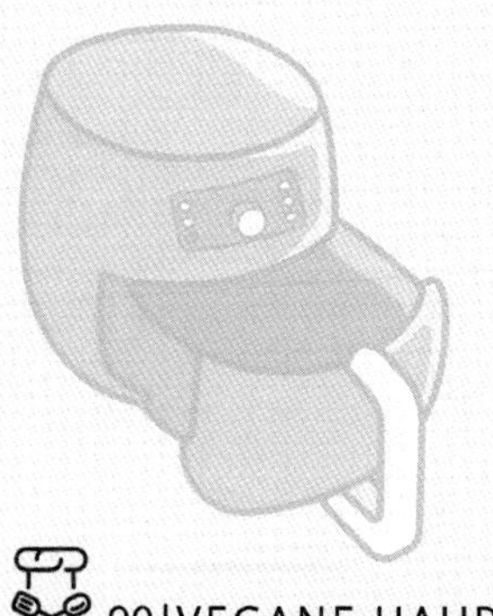 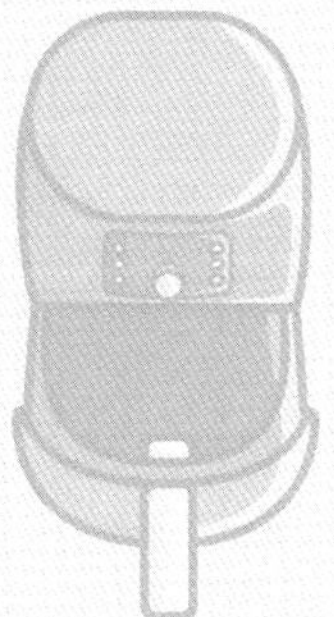 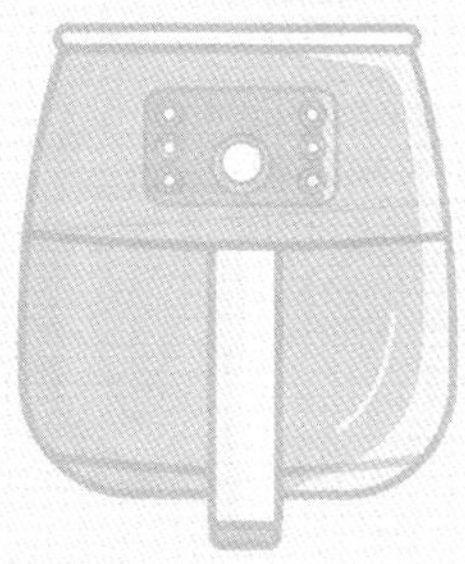

ÜBERBACKENE CHAMPIGNONS

4 Port. 15 Min. Leicht

Zutaten

10 Champignons
200 g veganer Frischkäse mit Kräutern
50 g veganer geriebener Käse
1 TL Olivenöl
1 Pr Salz
1 TL Pfeffer

Nährwerte p. P.

210 kcal
7 g Kohlenhydrate
12 g Fett
18 g Eiweiß

1 Putzen Sie die Champignons und entfernen Sie die Stiele.

2 Verrühren Sie den Frischkäse mit Salz und Pfeffer.

3 Füllen Sie die Champignons mit dem Frischkäse und geben Sie den geriebenen Käse darauf.

4 Backen Sie die Champignons für ca. 12 Minuten bei 175 °C.

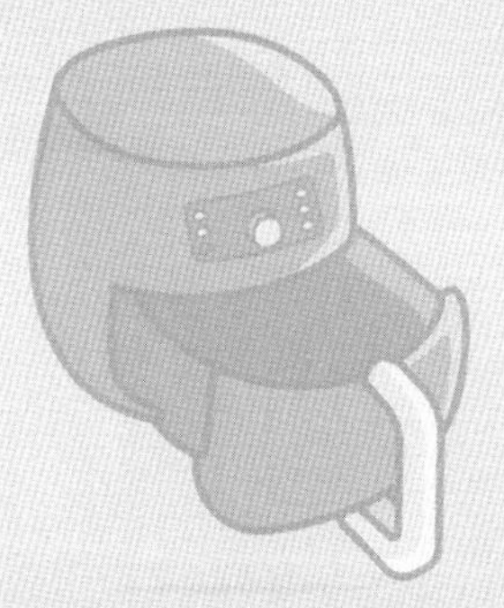 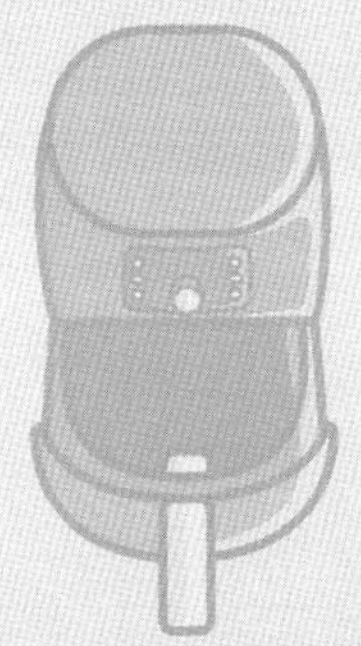 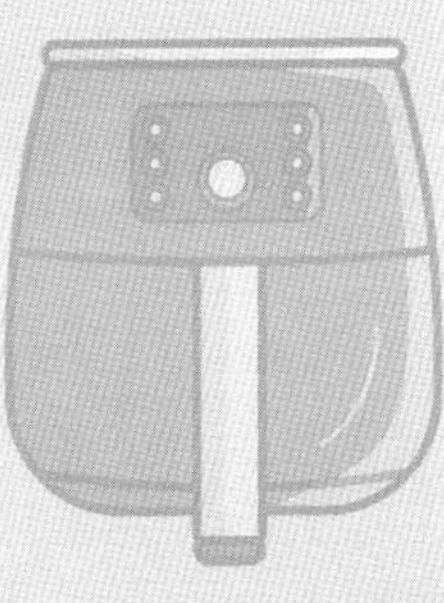

MAISAUFLAUF

2 Port.

5 Min.

Mittel

Zutaten

200 g Mais
100 g Tofu
50 g Erbsen
50 ml Pflanzensahne
50 g veganer Käse

Nährwerte p. P.

658 kcal
70 g Kohlenhydrate
34 g Fett
15 g Eiweiß

1 Geben Sie alle Zutaten in eine Auflaufform, die für die Heißluftfritteuse geeignet ist.

2 Überbacken Sie den Auflauf bei 180 °C etwa 5 Minuten lang.

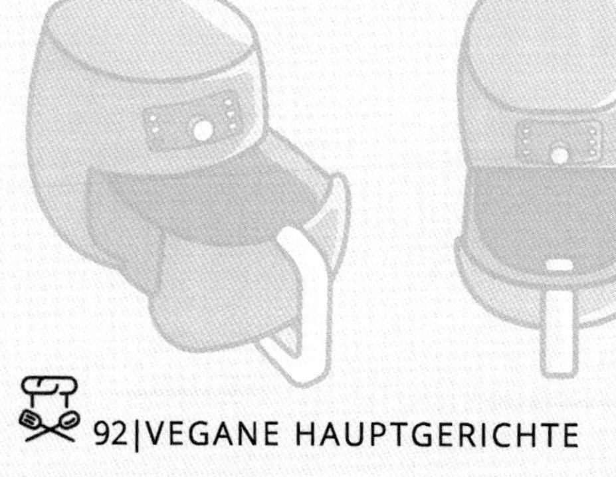

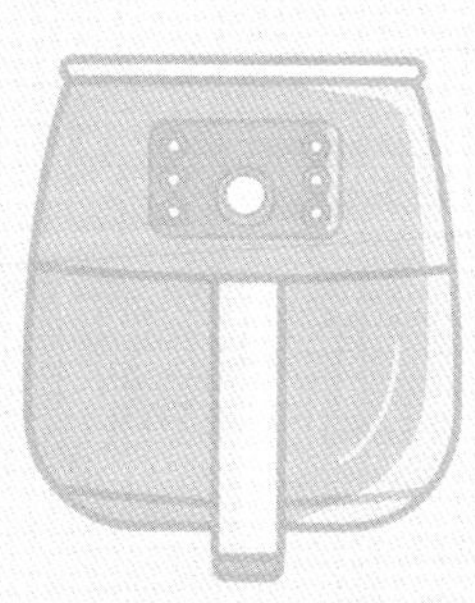

ERBSEN-KLÖSSE

4 Port. 25 Min. Mittel

Zutaten

800 g Erbsen
800 g Kichererbsen
2 Knoblauchzehen
2 Zwiebeln
3 EL Mehl
4 EL Petersilie
1 TL Backpulver
1 TL Paprikapulver
Salz
Pfeffer

Nährwerte p. P.

65 kcal
8 g Kohlenhydrate
1 g Fett
3 g Eiweiß

1 Pürieren Sie die Kichererbsen mit den Erbsen.

2 Schälen und zerhacken Sie die Zwiebeln und den Knoblauch.

3 Vermengen Sie die Masse mit den Gewürzen.

4 Formen Sie die Mischung zu Klößen.

5 Backen Sie die Klöße etwa 20 Minuten lang bei 200 °C.

KOHLRABISCHNITZEL

2 Port. 35 Min. Leicht

Zutaten

1 Kohlrabi
300 g Kartoffeln
75 g Paniermehl
1 Ei
1 EL Weizenmehl
Pfeffer
Salz

Nährwerte p. P.

497 kcal
45 g Kohlenhydrate
3 g Fett
21 g Eiweiß

1 Schälen Sie die Kartoffeln, schneiden Sie sie in Scheiben und geben Sie sie bei 180 °C für ca. 20 Minuten in die Heißluftfritteuse.

2 In der Zwischenzeit schälen Sie die Kohlrabi und schneiden sie in Scheiben.

3 Garen Sie die Kohlrabischeiben für ca. 3 Minuten in kochendem Wasser.

4 Verquirlen Sie das Ei und geben Sie es auf einen Teller.

5 Wenden Sie die Kohlrabischeiben erst in dem Mehl, dann in dem Ei und anschließend in dem Paniermehl.

6 Geben Sie die Kohlrabischnitzel bei 180 °C für ca. 10 Minuten in die Heißluftfritteuse.

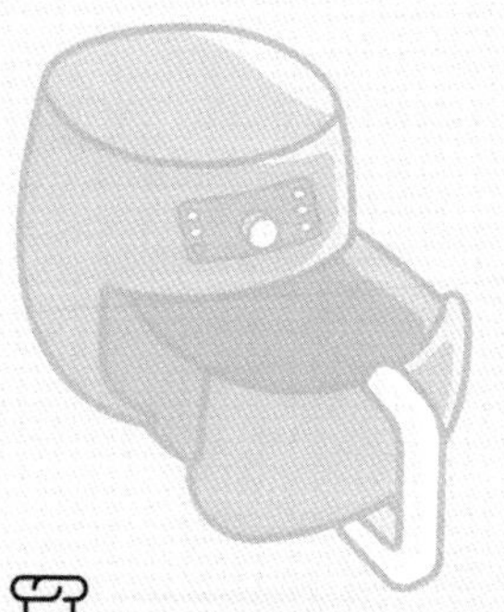
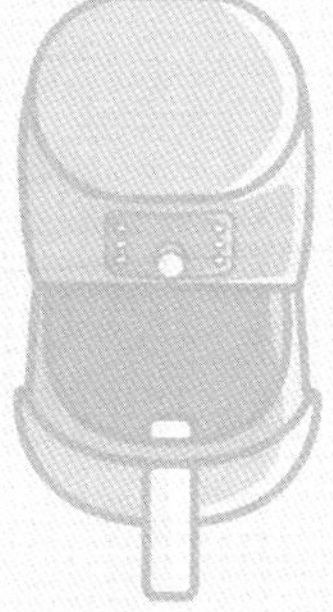
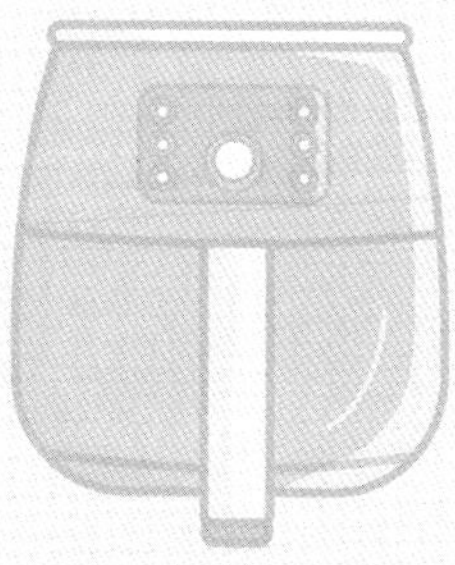

PILZPFANNE

2 Port.

10 Min.

Leicht

Zutaten

150 g Champignons
1 Zwiebel
50 g Spargelsprossen
1 Zucchini
4 EL Olivenöl
Knoblauchpulver
Salz
Kräutermischung

Nährwerte p. P.

315 kcal
4 g Kohlenhydrate
31 g Fett
4 g Eiweiß

1 Schneiden Sie die Pilze und das gesamte Gemüse in mundgerechte Stücke.

2 Verrühren Sie die Pilze und das Gemüse mit dem Olivenöl und würzen Sie alles gut.

3 Garen Sie die Pilzpfanne bei 200 °C für etwa 7 Minuten.

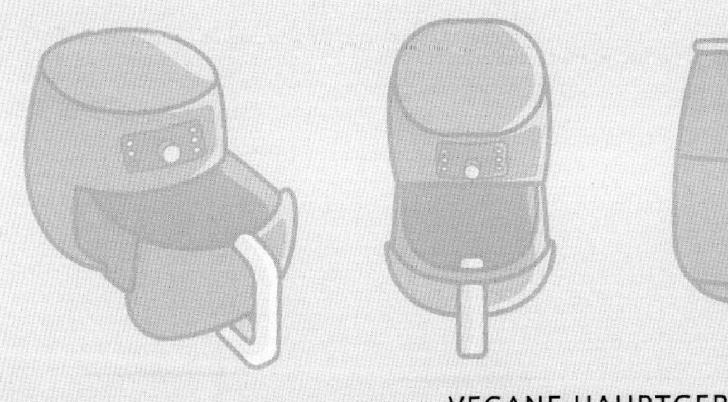

WINTERGEMÜSE

2 Port.

30 Min.

Leicht

Zutaten

600 g Kartoffeln
1 Hokkaidokürbis
2 Knollen Rote Bete
50 g Walnusskerne
2 Zwiebeln
4 EL Olivenöl
1 TL Senf
1 TL Zuckerrübensirup
Salz

Nährwerte p. P.

658 kcal
75 g Kohlenhydrate
36 g Fett
13 g Eiweiß

1 Schälen Sie die Kartoffeln und die Rote Bete und schneiden Sie beides in Streifen. Geben Sie 1 EL Olivenöl dazu und garen Sie beide Zutaten bei 200 °C für 10 Minuten in der Heißluftfritteuse.

2 Waschen Sie in der Zwischenzeit den Hokkaido, entfernen Sie die Kerne und schneiden Sie ihn in grobe Würfel. Schälen Sie die Zwiebeln und schneiden Sie sie in Spalten.

3 Geben Sie den Hokkaido und die Zwiebel gemeinsam mit 1 EL Olivenöl mit in die Heißluftfritteuse und garen Sie beides zusammen mit den Kartoffeln und der Roten Bete für weitere 15 Minuten.

4 Verrühren Sie den Senf mit dem restlichen Olivenöl, dem Zuckerrübensirup sowie etwas Salz.

5 Hacken Sie die Walnüsse klein und heben Sie sie unter die Soße.

6 Geben Sie die Soße über das fertige Gemüse.

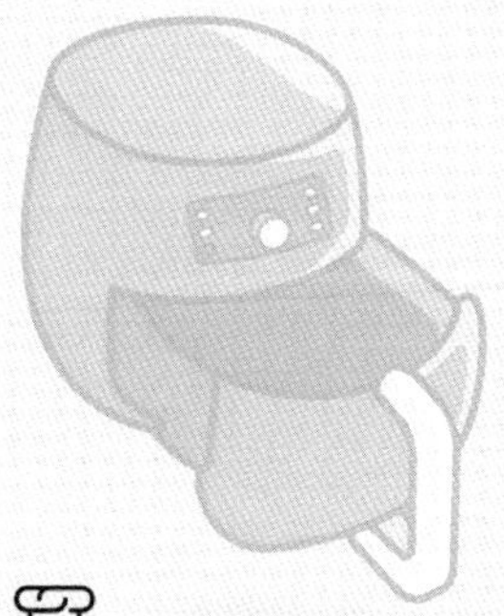

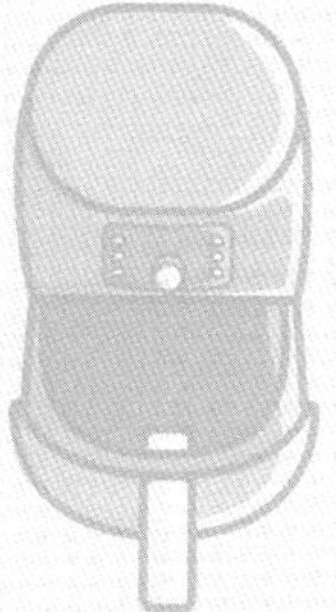

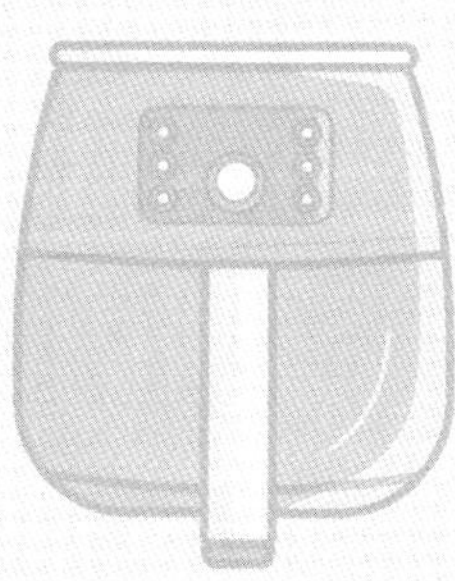

Beilagen, Fingerfood und Snacks

WÜRSTCHEN IM TEIGMANTEL

4 Port.

20 Min.

Leicht

Zutaten

200 g Mini-Würstchen
100 g Blätterteig

Nährwerte p. P.

225 kcal
9 g Kohlenhydrate
17 g Fett
8 g Eiweiß

1 Schneiden Sie den Teig in Streifen und wickeln Sie die Würstchen darin ein.

2 Backen Sie die Würstchen bei 200 °C etwa 10 Minuten lang in der Heißluftfritteuse.

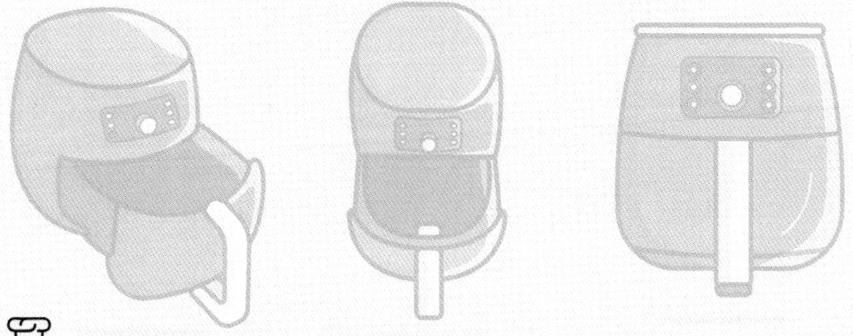

APFELCHIPS

2 Port.

95 Min.

Leicht

Zutaten

2 Äpfel
1 EL Zimt
1 EL Zitronensaft

Nährwerte p. P.

89 kcal
20 g Kohlenhydrate
0 g Fett
1 g Eiweiß

1 Waschen Sie die Äpfel und entfernen Sie die Kerngehäuse. Schneiden Sie den Apfel danach in dünne Scheiben.

2 Bestreichen Sie die Scheiben mit Zitronensaft und geben Sie den Zimt dazu.

3 Trocknen Sie die Apfelchips bei 120 °C etwa 90 Minuten lang. Je nach Dicke der Scheiben kann die Garzeit variieren.

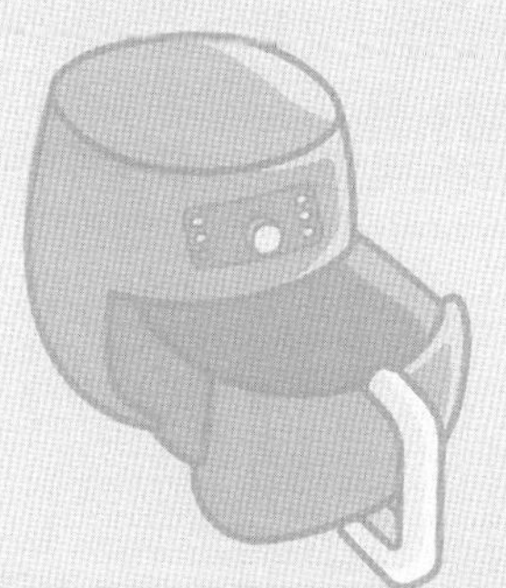

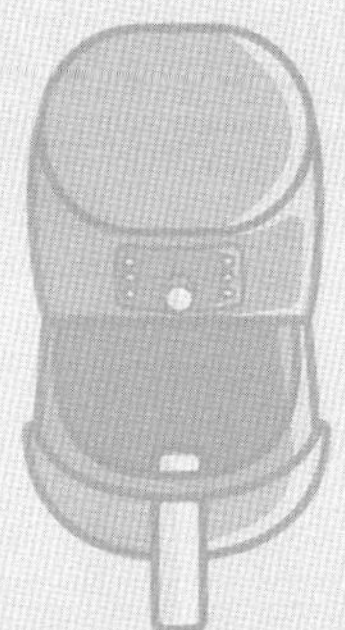

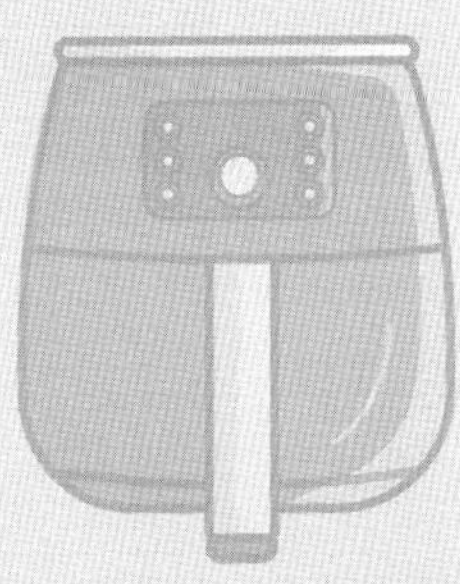

KNOBLAUCH-PARMESAN-KAROTTEN

2 Port.

25 Min.

Leicht

Zutaten

500 g Karotten
100 g Parmesan
1 Knoblauchzehe
3 EL Öl
2 EL Petersilie

Nährwerte p. P.

361 kcal
14 g Kohlenhydrate
26 g Fett
17 g Eiweiß

1 Schälen Sie die Karotten und schneiden Sie sie in etwa drei Teile.

2 Schälen und zerhacken Sie den Knoblauch und verrühren Sie ihn mit dem Öl.

3 Bestreichen Sie die Karotten mit dem Knoblauchöl und geben Sie den Parmesan darüber.

4 Backen Sie die Karotten bei 180 °C etwa 10 - 15 Minuten.

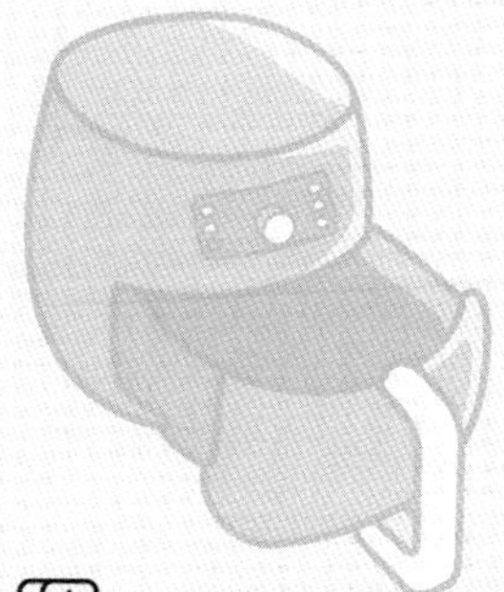

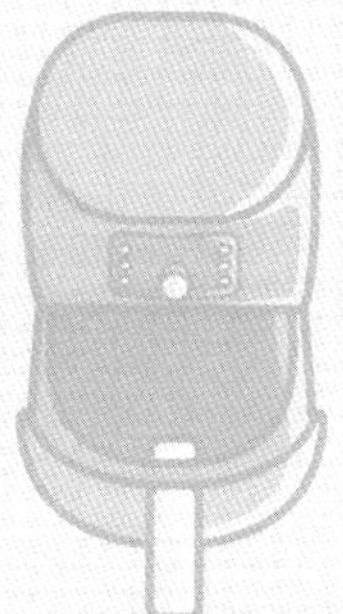

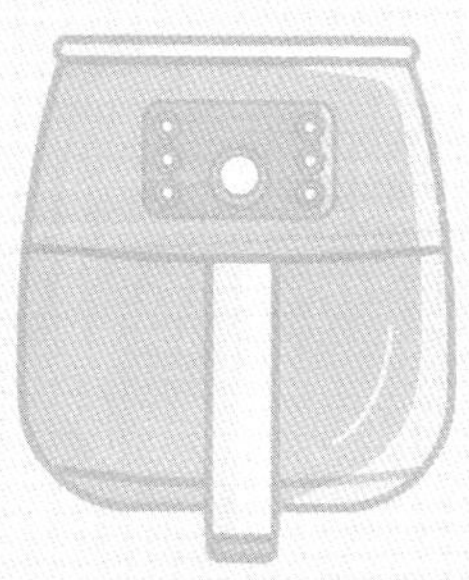

KARTOFFEL-SNACK

4 Port.

50 Min.

Leicht

Zutaten

4 Kartoffeln
5 Scheiben Chorizo
50 g geriebener Käse
2 Schalotten
1 EL Öl

Nährwerte p. P.

212 kcal
15 g Kohlenhydrate
12 g Fett
9 g Eiweiß

1 Stechen Sie die Kartoffeln mit einer Gabel ein, bestreichen Sie sie mit dem Öl und geben Sie sie dann bei 200 °C für etwa 40 Minuten in die Heißluftfritteuse.

2 Halbieren Sie die Kartoffeln und höhlen Sie sie vorsichtig aus.

3 Schneiden Sie die Chorizo und die Schalotten klein.

4 Füllen Sie die Kartoffeln mit den restlichen Zutaten und garen Sie sie für weitere 5 Minuten.

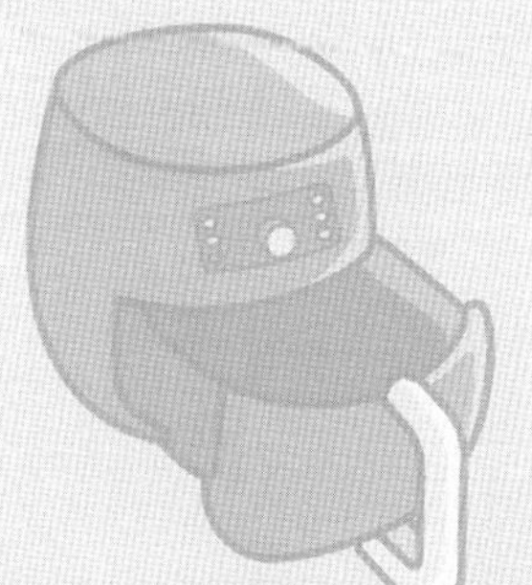

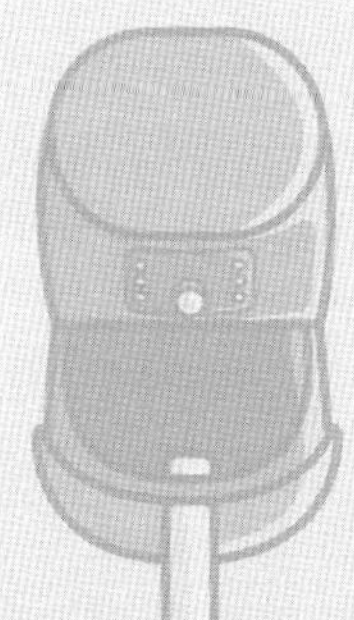

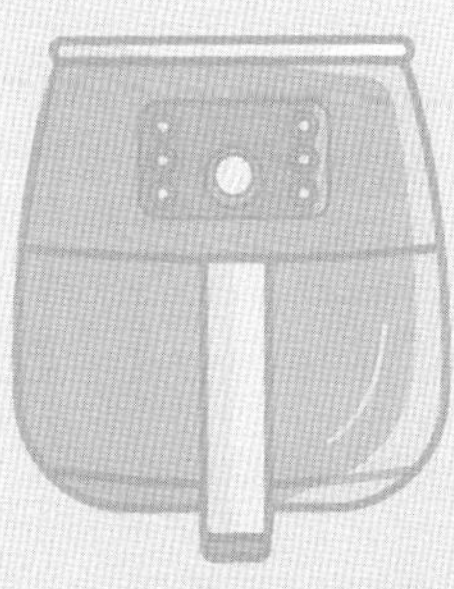

PAPRIKA-SNACK

4 Port. 20 Min. Leicht

Zutaten

8 Snackpaprika
8 Scheiben Bacon
130 g Frischkäse mit Kräutern
Pfeffer
Salz

Nährwerte p. P.

164 kcal
12 g Kohlenhydrate
8 g Fett
9 g Eiweiß

1 Waschen Sie die Paprika und entfernen Sie den Stiel.

2 Befüllen Sie die Paprika mit dem Frischkäse. Schmecken Sie das Ganze mit Pfeffer und Salz ab.

3 Wickeln Sie den Bacon um die Paprika.

4 Backen Sie die Paprika bei 180 °C für etwa 25 Minuten.

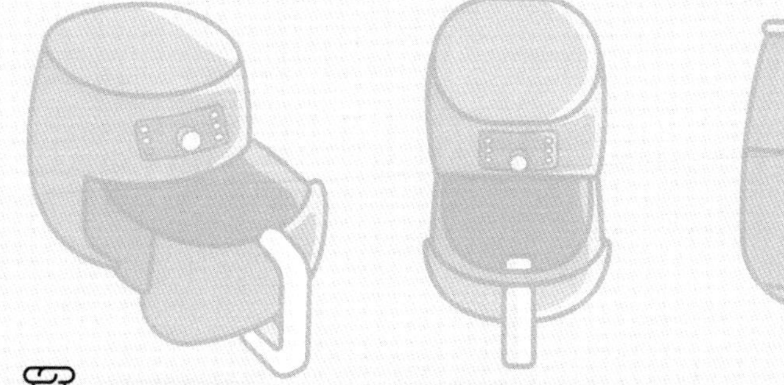

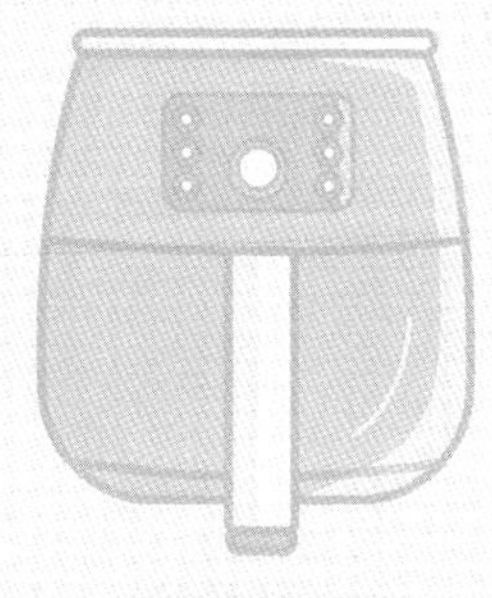

AVOCADO-MANGO-SNACK

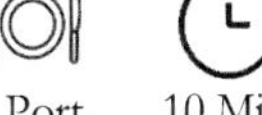

4 Port. 10 Min. Leicht

Zutaten

1 Baguette
1 Avocado
1 Mango
2 EL Olivenöl
Pfeffer
Salz

Nährwerte p. P.

277 kcal
19 g Kohlenhydrate
20 g Fett
3 g Eiweiß

1 Schneiden Sie das Baguette in Scheiben und bestreichen Sie es mit dem Olivenöl. Backen Sie es dann bei 180 °C für etwa 6 Minuten.

2 Kratzen Sie das Fruchtfleisch aus der Avocado sowie aus der Mango aus und verrühren Sie beides miteinander. Schmecken Sie die Mischung mit Salz und Pfeffer ab.

3 Bestreichen Sie die fertig gebackenen Baguettes mit der Mango-Avocado-Mischung.

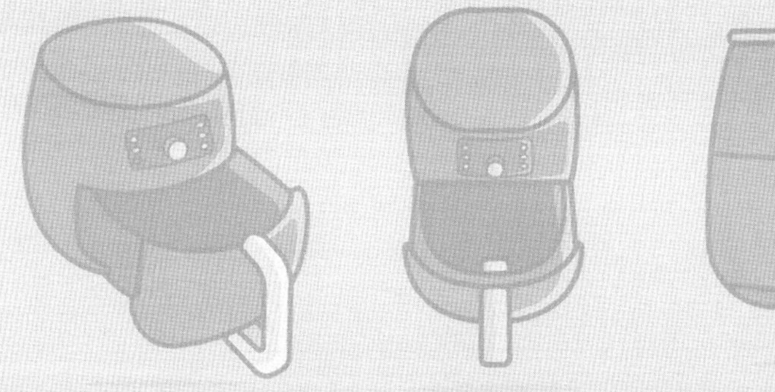

ARMER RITTER

2 Port.

10 Min.

Leicht

Zutaten

125 ml Milch
2 Eier
5 Scheiben Toastbrot
1 EL Zucker

Nährwerte p. P.

249 kcal
30 g Kohlenhydrate
9 g Fett
11 g Eiweiß

1 Verquirlen Sie die Eier mit der Milch und dem Zucker.

2 Schneiden Sie das Brot in Streifen und tunken Sie diese in die Eimischung ein.

3 Backen Sie die Brotstreifen bei 190 °C für etwa 5 Minuten.

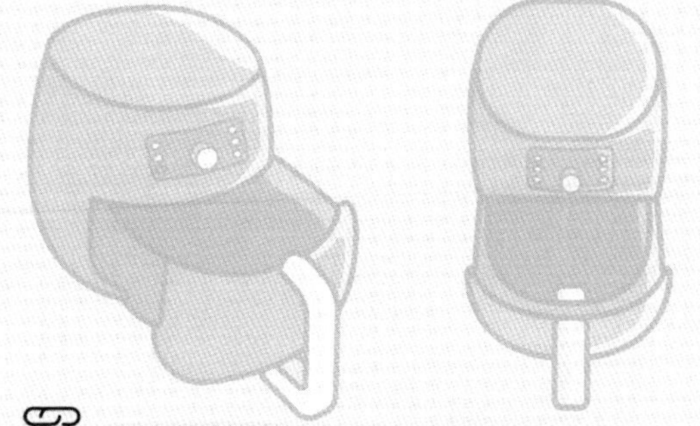

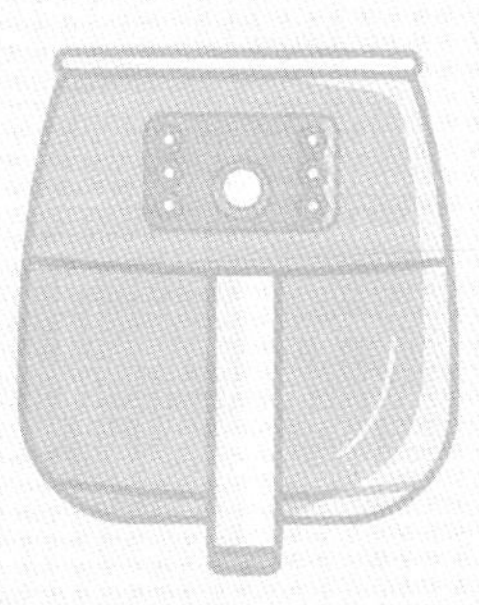

GEFÜLLTE KARTOFFELBÄLLE

4 Port.

35 Min.

Mittel

Zutaten

1 kg Kartoffeln
100 g Frischkäse
1 Knoblauchzehe
1 Bund Petersilie
½ Zitrone
2 EL Kartoffelstärke
2 EL Butter

Nährwerte p. P.

147 kcal
19 g Kohlenhydrate
6 g Fett
3 g Eiweiß

1 Schälen und zerhacken Sie den Knoblauch.

2 Reiben Sie die Schale der Zitrone ab und pressen Sie sie aus.

3 Verrühren Sie alle Zutaten, bis auf die Kartoffeln, miteinander.

4 Formen Sie kleine Kugeln aus der Füllung und frieren Sie sie ein.

5 Schälen Sie die Kartoffeln und kochen Sie sie in ausreichend Salzwasser. Nach ca. 25 Minuten sollten sie gar sein.

6 Zerdrücken Sie die Kartoffeln und verrühren Sie sie mit der Kartoffelstärke und der Butter.

7 Teilen Sie den Kartoffelbrei in so viele Teile auf, wie Sie Frischkäse-Bällchen haben. Legen Sie den Frischkäse in ein Stück Kartoffelbrei und rollen Sie die Bällchen in Ihren Händen, bis die Füllung mit Kartoffelbrei bedeckt ist.

8 Backen Sie die Bällchen etwa 25 Minuten lang bei 180 °C.

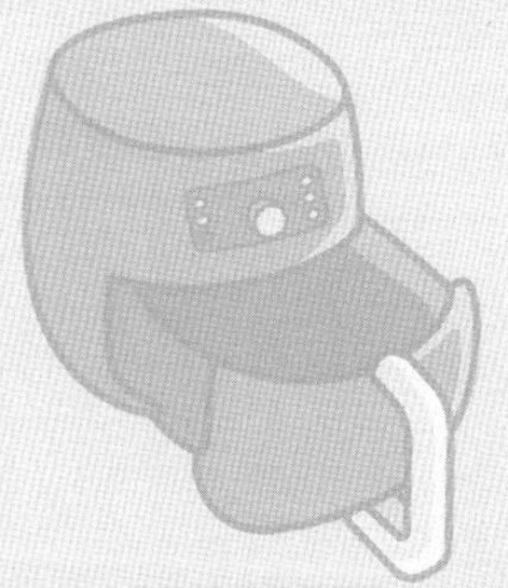

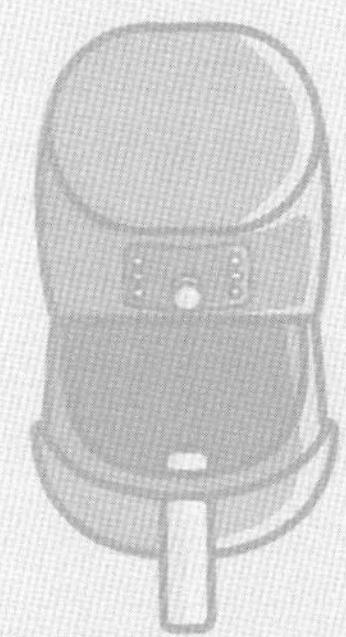

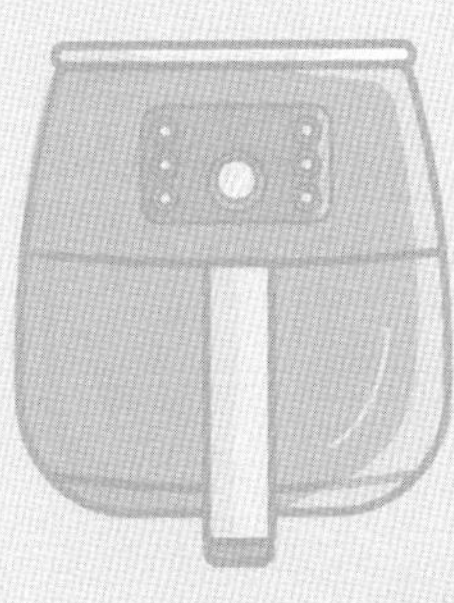

FETA IN BLÄTTERTEIG

 4 Port.

 15 Min.

 Leicht

Zutaten

1 Pck. Blätterteig
400 g Feta
1 EL Olivenöl
2 EL Honig

Nährwerte p. P.

155 kcal
9 g Kohlenhydrate
11 g Fett
5 g Eiweiß

1 Schneiden Sie den Feta in Streifen.

2 Breiten Sie den Blätterteig aus und teilen Sie ihn in so viele Teile, wie Sie Feta-Streifen haben.

3 Wickeln Sie den Feta ein.

4 Bestreichen Sie den Blätterteig mit einer Olivenöl-Honig-Mischung.

5 Backen Sie den Feta bei 200 °C etwa 10 Minuten lang.

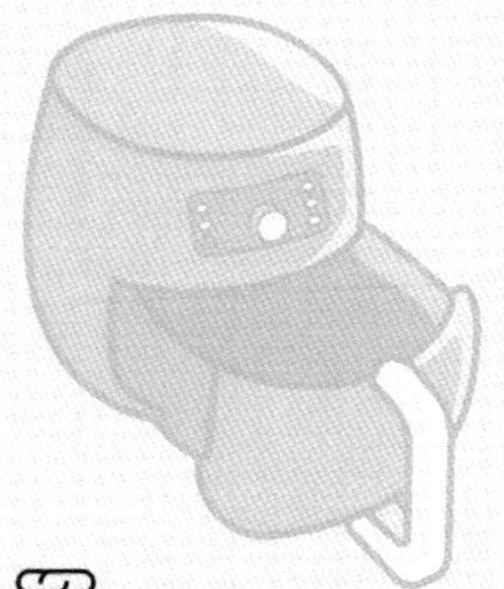

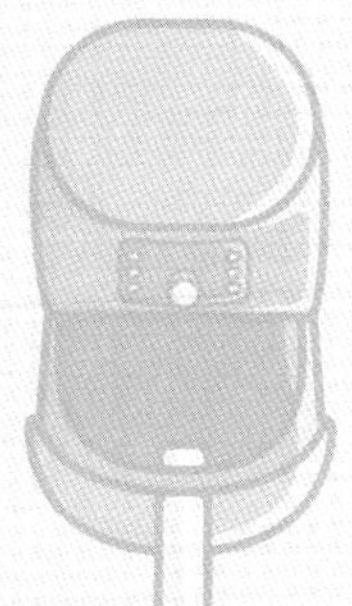

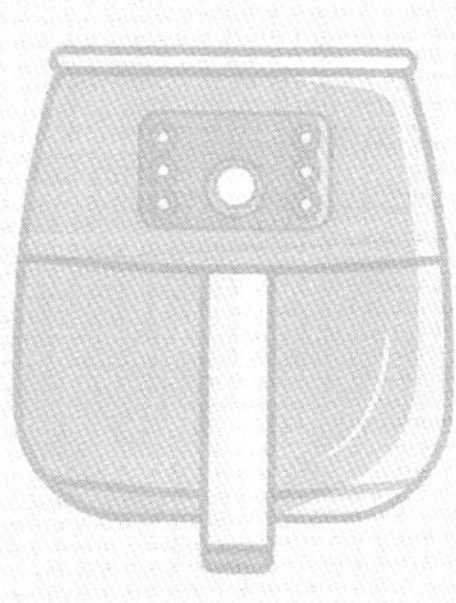

RICOTTA-BÄLLCHEN

4 Port.

20 Min.

Leicht

Zutaten

250 g Ricotta
1 Ei
50 g Semmelbrösel
15 g Basilikum
2 EL Mehl
1 EL Schnittlauch
1 EL Olivenöl
1 TL Salz

Nährwerte p. P.

194 kcal
11 g Kohlenhydrate
13 g Fett
7 g Eiweiß

1 Trennen Sie das Ei.

2 Vermengen Sie den Ricotta mit dem Salz, dem Eigelb und dem Mehl.

3 Zerhacken Sie das Basilikum und den Schnittlauch und vermengen Sie beides mit der Ricottamasse.

4 Formen Sie die Masse zu Bällchen.

5 Verrühren Sie die Semmelbrösel mit dem Öl und schlagen Sie das Eiweiß kurz auf.

6 Wenden Sie die Bällchen erst in dem Eiweiß, dann in den Semmelbröseln.

7 Backen Sie die Bällchen bei 200 °C, bis sie goldbraun sind. Das sollte etwa 8 Minuten dauern.

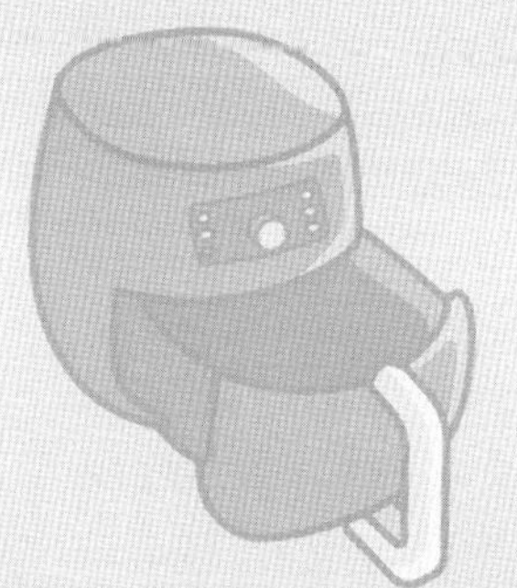

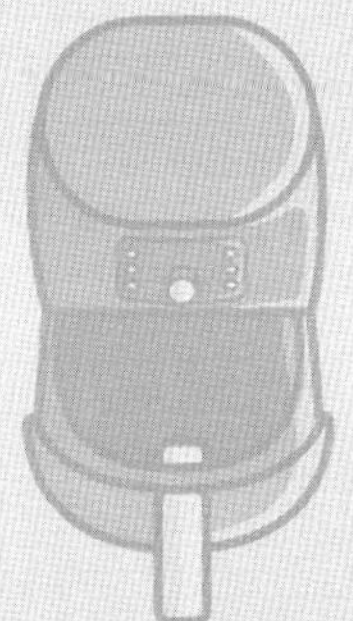

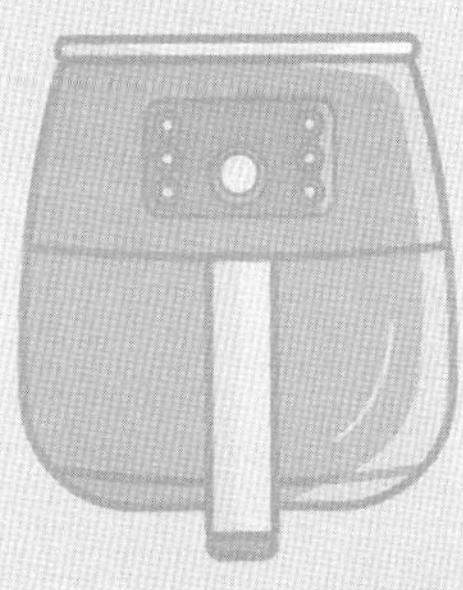

PIZZABRÖTCHEN

6 Port. 15 Min. Leicht

Zutaten

6 Aufbackbrötchen
250 g Hackfleisch
100 g geriebener Käse
50 ml Wasser
4 EL Tomatenmark
1 EL Kräutermischung
Salz
Pfeffer

Nährwerte p. P.

210 kcal
7 g Kohlenhydrate
12 g Fett
18 g Eiweiß

1 Braten Sie das Hackfleisch in einer Pfanne mit etwas Öl an, bis es braun ist. Geben Sie dann die Kräutermischung sowie etwas Pfeffer und Salz hinzu.

2 Rühren Sie das Tomatenmark unter das Hackfleisch und löschen Sie mit dem Wasser ab.

3 Schneiden Sie die Brötchen auf und bestreichen Sie sie mit der Hackfleischmischung.

4 Geben Sie die Brötchen für ca. 10 Minuten bei 175 °C in die Heißluftfritteuse.

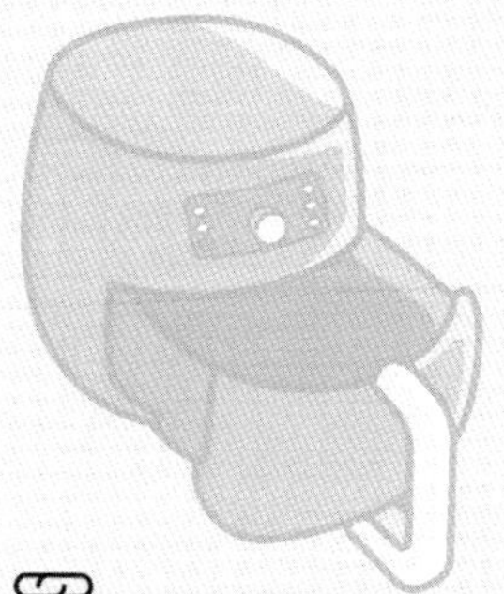
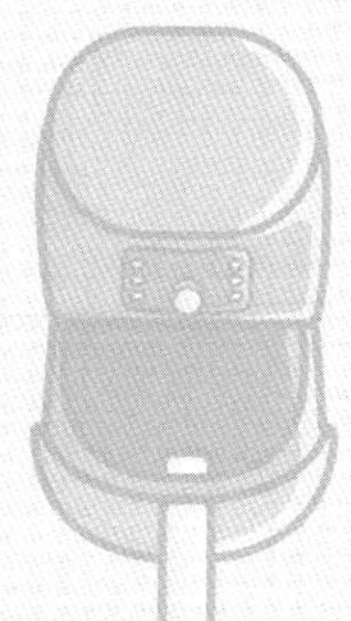
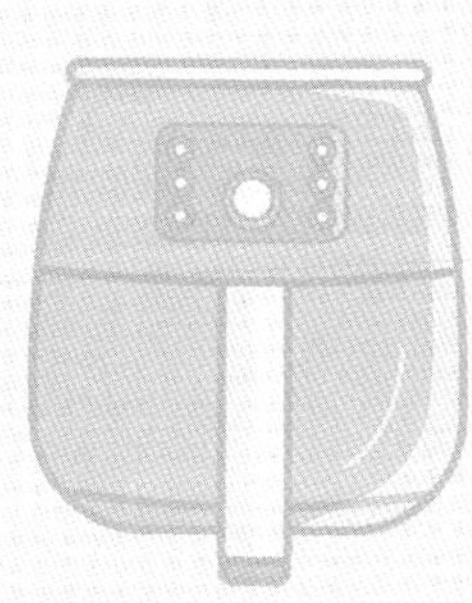

WEDGES

4 Port. 15 Min. Leicht

Zutaten

500 g Kartoffeln
1 EL Olivenöl
1 TL Knoblauchpulver
1 TL Paprikapulver
1 TL Kreuzkümmel
1 TL Salz

Nährwerte p. P.

210 kcal
7 g Kohlenhydrate
12 g Fett
18 g Eiweiß

1 Schälen Sie die Kartoffeln und schneiden Sie sie in Spalten.

2 Vermischen Sie die Kartoffeln mit den Gewürzen und dem Olivenöl.

3 Backen Sie die Wedges bei 180 °C für etwa 15 - 20 Minuten.

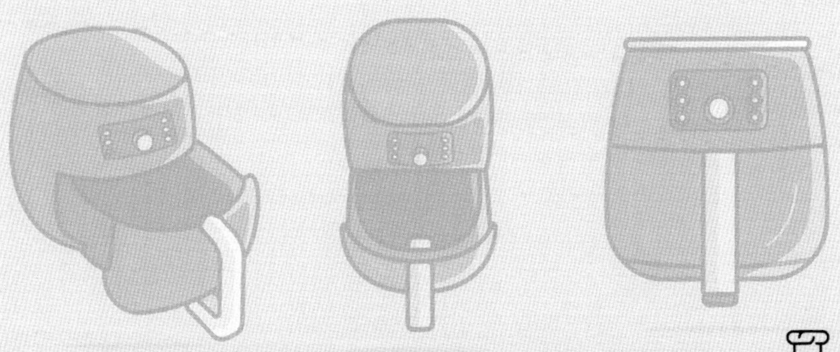

GERÖSTETE MARONEN

6 Port.

55 Min.

Leicht

Zutaten

600 g Maronen
1 L Wasser

Nährwerte p. P.

182 kcal
35 g Kohlenhydrate
2 g Fett
2 g Eiweiß

1 Schneiden Sie die Maronen kreuzförmig ein und legen Sie sie für mindestens 30 Minuten in das Wasser. Alle Maronen sollten dabei vollständig bedeckt sein.

2 Nehmen Sie die Maronen aus dem Wasser und geben Sie sie bei 180 °C etwa 25 Minuten lang in die Heißluftfritteuse.

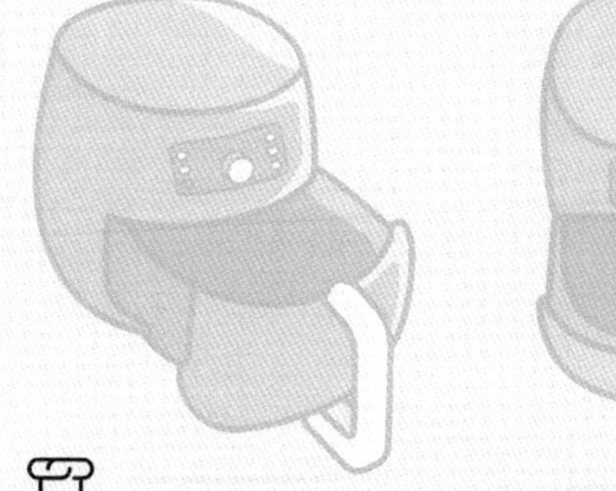

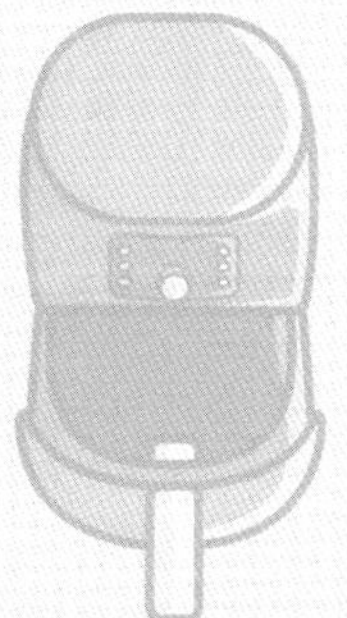

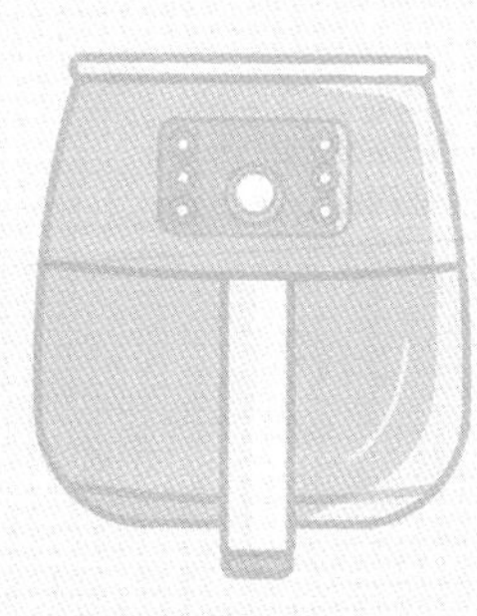

FETA-DREIECKE

4 Port. 15 Min. Leicht

Zutaten

1 Pck. Blätterteig
1 Eigelb
200 g Feta
100 g gehackte Petersilie
2 EL Olivenöl

Nährwerte p. P.

407 kcal
20 g Kohlenhydrate
30 g Fett
12 g Eiweiß

1 Zerbröseln Sie den Feta und verrühren Sie ihn mit dem Ei und der Petersilie.

2 Breiten Sie den Blätterteig aus und schneiden Sie ihn in gleich große Dreiecke.

3 Geben Sie auf jedes Dreieck etwas Füllung und klappen Sie es dann zusammen.

4 Bestreichen Sie die Dreiecke mit Olivenöl und backen Sie sie bei 200 °C etwa 5 Minuten lang.

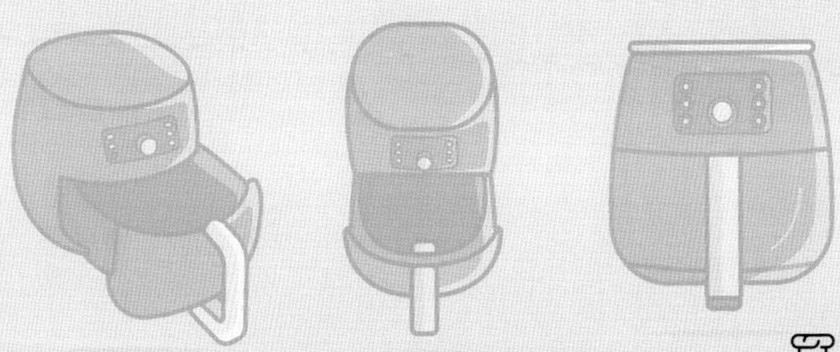

ZWETSCHGEN IM SPECKMANTEL

4 Port. 15 Min. Leicht

Zutaten

30 Zwetschgen
200 g Schinkenspeck

Nährwerte p. P.

178 kcal
14 g Kohlenhydrate
6 g Fett
15 g Eiweiß

1 Breiten Sie den Speck aus und rollen Sie die Zwetschgen darin ein.

2 Backen Sie die Zwetschgen bei 180 °C etwa 8 Minuten lang.

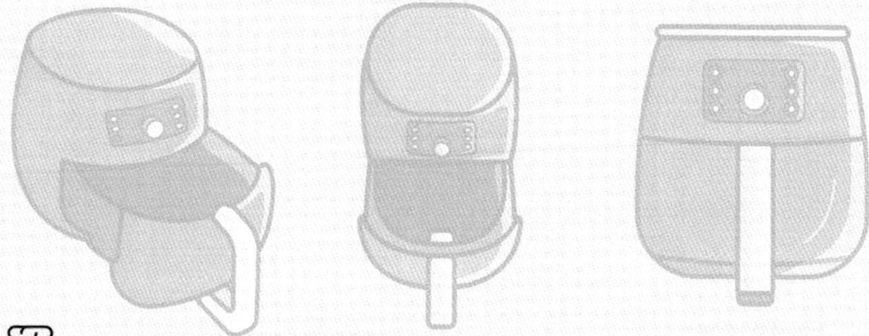

PEPERONI-SPIEẞE

4 Port.

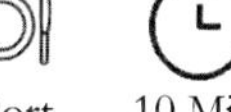
10 Min.

Leicht

Zutaten

8 Peperoni
½ Aubergine
8 Cherrytomaten
4 EL Olivenöl
Pfeffer
Knoblauchpulver
Salz

Nährwerte p. P.

41 kcal
3 g Kohlenhydrate
2 g Fett
1 g Eiweiß

1 Waschen Sie alle Zutaten ab und schneiden Sie sie in mundgerechte Stücke.

2 Spießen Sie die Zutaten abwechselnd auf.

3 Verrühren Sie das Olivenöl mit etwas Pfeffer, Knoblauchpulver und Salz und wälzen Sie die Spieße in der Mischung.

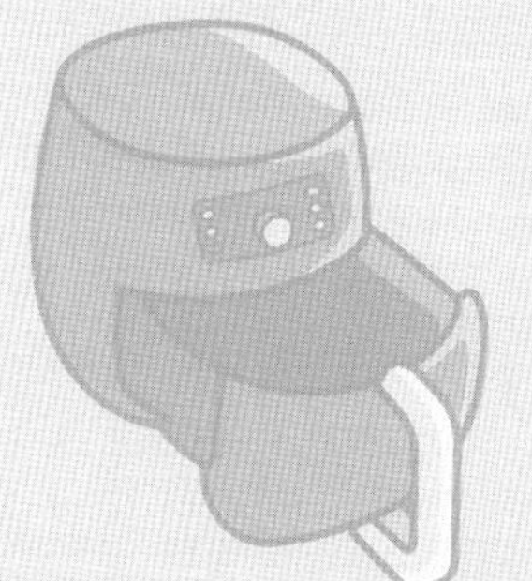

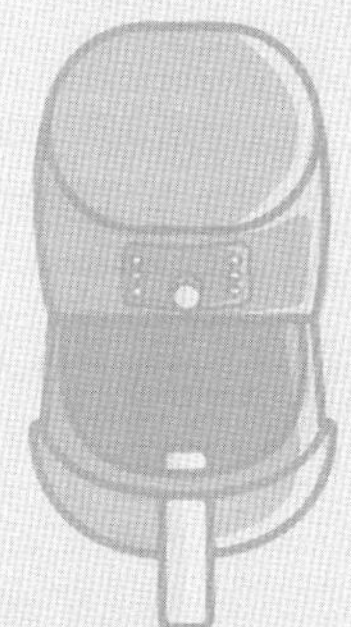

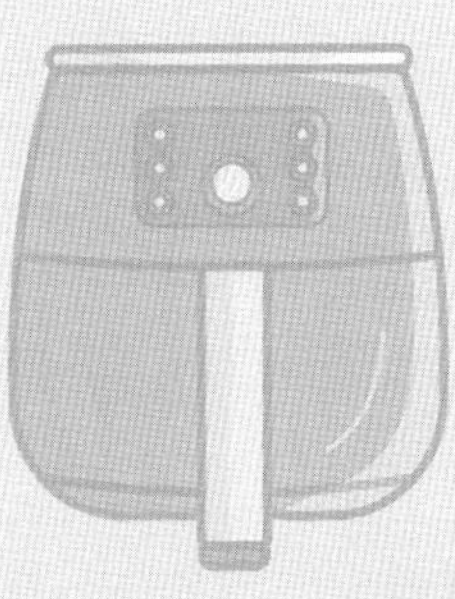

LAUCH-SCHINKEN-CROSTINI

4 Port.

10 Min.

Leicht

Zutaten

1 Stange Baguette
100 g Schinkenwürfel
50 g geriebener Käse
50 g Lauch
3 EL Schmand
2 EL Quark
1 Schuss Milch
Pfeffer
Muskat
Salz

Nährwerte p. P.

479 kcal
12 g Kohlenhydrate
27 g Fett
47 g Eiweiß

1 Putzen Sie den Lauch und schneiden Sie ihn klein.

2 Verrühren Sie alle Zutaten, abgesehen von dem Baguette und dem Käse, miteinander.

3 Schneiden Sie das Baguette in Scheiben und bestreichen Sie sie mit der Creme. Geben Sie dann den Käse darüber.

4 Backen Sie die Crostini bei 200 °C ca. 5 Minuten lang.

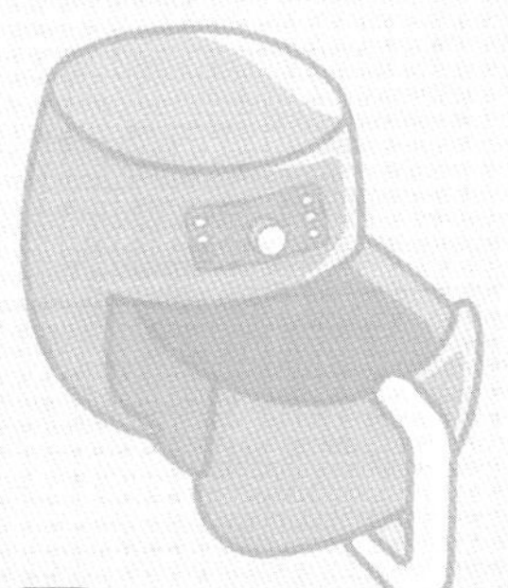

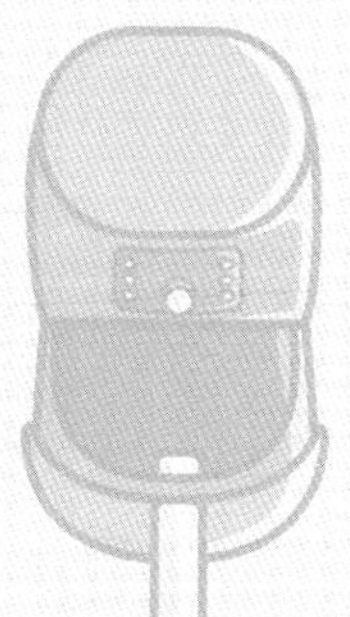

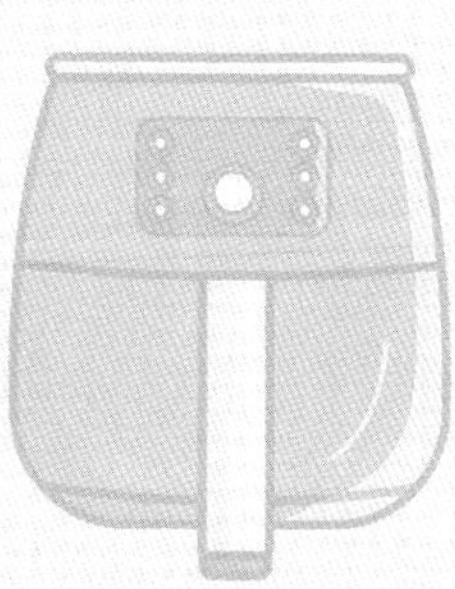

KRÄUTERKARTOFFELN

4 Port. 30 Min. Leicht

Zutaten

500 g Kartoffeln
20 g Parmesan
1 EL Kräutermischung
1 TL Salz
1 TL Knoblauchpulver
1 EL Olivenöl

Nährwerte p. P.

155 kcal
21 g Kohlenhydrate
5 g Fett
4 g Eiweiß

1 Waschen und halbieren Sie die Kartoffeln.

2 Vermischen Sie die restlichen Zutaten miteinander und würzen Sie die Kartoffeln mit dieser Mischung.

3 Backen Sie die Kartoffel bei 200 °C für etwa 20 Minuten.

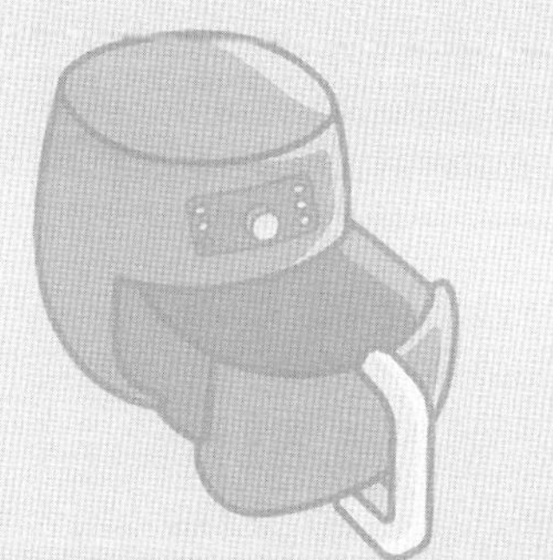 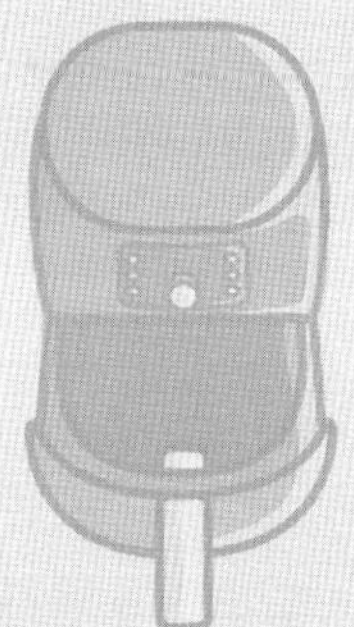 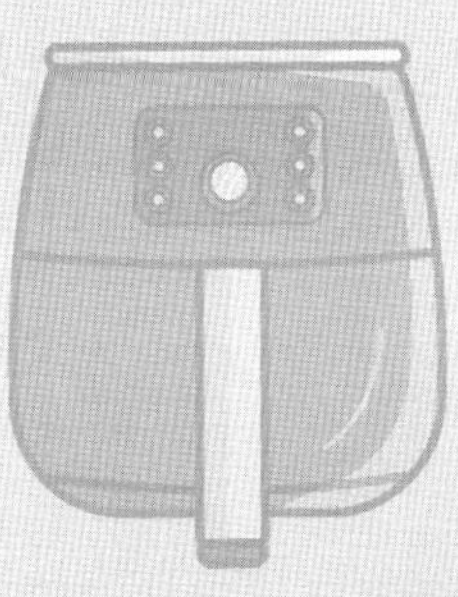

GERÖSTETE KÜRBISKERNE

4 Port.

70 Min.

Leicht

Zutaten

1 Kürbis
1 Pr. Salz

Nährwerte p. P.

621 kcal
5 g Kohlenhydrate
49 g Fett
36 g Eiweiß

1 Schaben Sie den Kürbis aus und geben Sie die Kerne in ein Sieb.

2 Waschen Sie die Kerne so lange, bis kein Fruchtfleisch mehr an ihnen hängt.

3 Lassen Sie die Kerne ca. 1 Stunde lang trocknen.

4 Vermengen Sie die Kerne mit etwas Salz. Auf Wunsch können auch andere Gewürze dazugegeben werden.

5 Geben Sie die getrockneten Kürbiskerne bei 180 °C für etwa 10 - 15 Minuten in die Heißluftfritteuse.

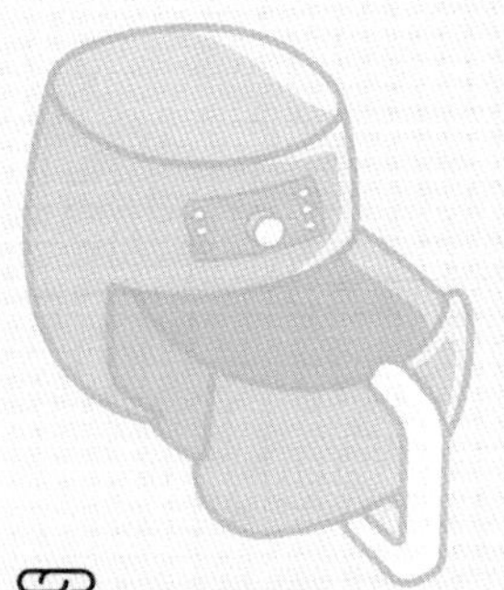

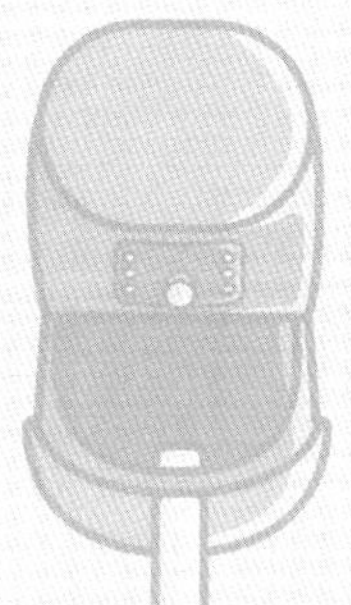

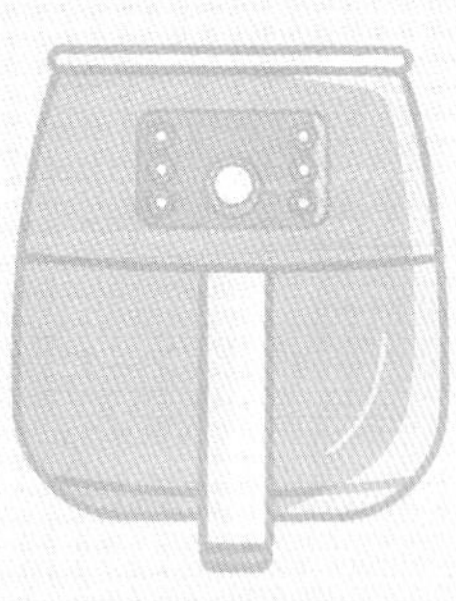

GRÜNKOHL-CHIPS

2 Port.

15 Min.

Leicht

Zutaten

350 g Grünkohl
1 TL Weißweinessig
1 EL Olivenöl

Nährwerte p. P.

80 kcal
3 g Kohlenhydrate
5 g Fett
4 g Eiweiß

1 Waschen Sie den Grünkohl und zerkleinern Sie ihn.

2 Vermischen Sie den Grünkohl mit dem Weißweinessig und dem Olivenöl.

3 Rösten Sie den Grünkohl bei 180 °C etwa 4 Minuten lang.

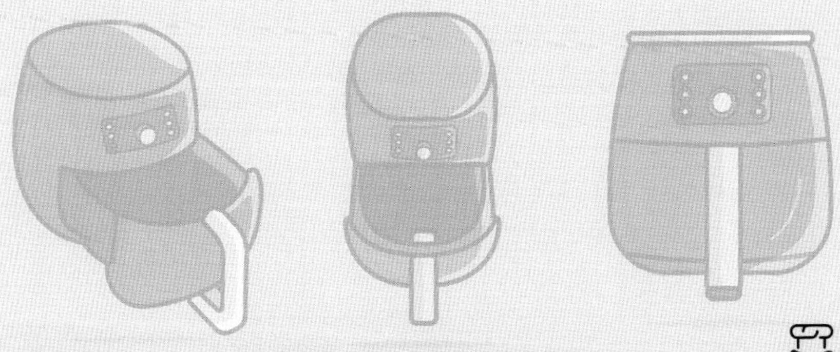

GEBACKENER KÜRBIS

3 Port.

20 Min.

Leicht

Zutaten

1 Hokkaidokürbis
2 EL Olivenöl

Nährwerte p. P.

168 kcal
7 g Kohlenhydrate
15 g Fett
1 g Eiweiß

1 Schneiden Sie den Kürbis in Würfel.

2 Wenden Sie die Würfel in dem Öl.

3 Backen Sie den Kürbis bei 190 °C etwa 20 Minuten lang.

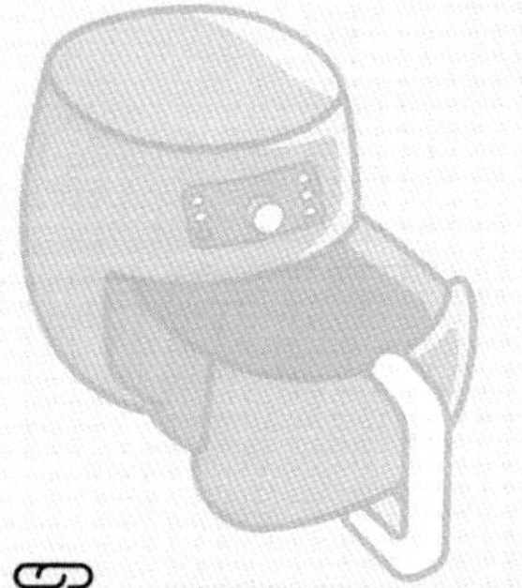

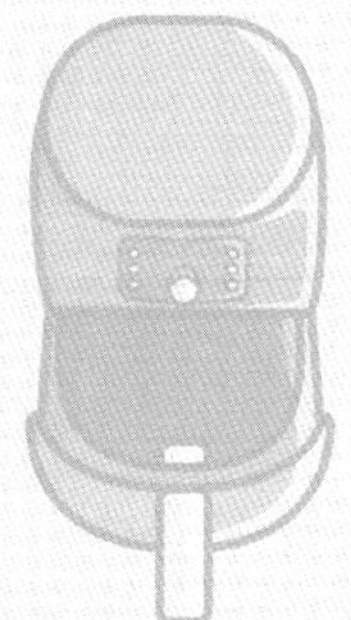

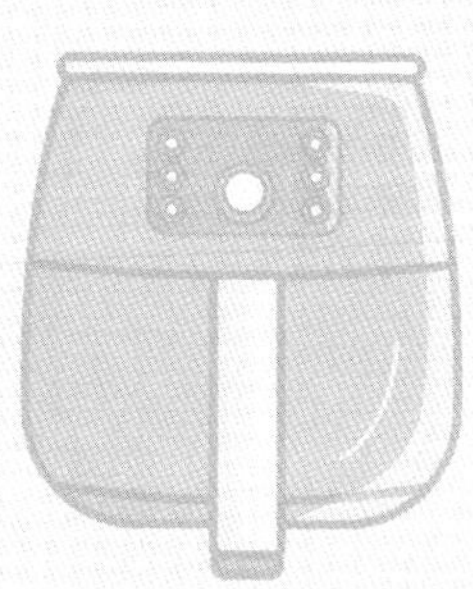

KÄSESCHNITTEN

4 Port. 10 Min. Leicht

Zutaten

8 Scheiben Brot
200 g geriebener Käse
2 Eier
2 EL Mehl
1 EL Milch

Nährwerte p. P.

504 kcal
50 g Kohlenhydrate
23 g Fett
22 g Eiweiß

1 Verquirlen Sie die Eier und vermischen Sie sie mit dem Käse, der Milch und dem Mehl.

2 Geben Sie die Käsemischung auf die Brote und überbacken Sie diese bei 180 °C etwa 6 Minuten.

PARTY-PAPRIKA

6 Port.

30 Min.

Leicht

Zutaten

200 g Frischkäse
6 Snack-Paprika
1 EL geriebener Parmesan
1 EL Minze
1 TL Paprikapulver
1 Pr Pfeffer
1 Pr Salz

Nährwerte p. P.

656 kcal
35 g Kohlenhydrate
43 g Fett
32 g Eiweiß

1 Halbieren und entkernen Sie die Paprika.

2 Verrühren Sie den Frischkäse mit den anderen Zutaten und füllen Sie damit die Paprikahälften.

3 Backen Sie die Paprika bei 150 °C für etwa 2 Minuten.

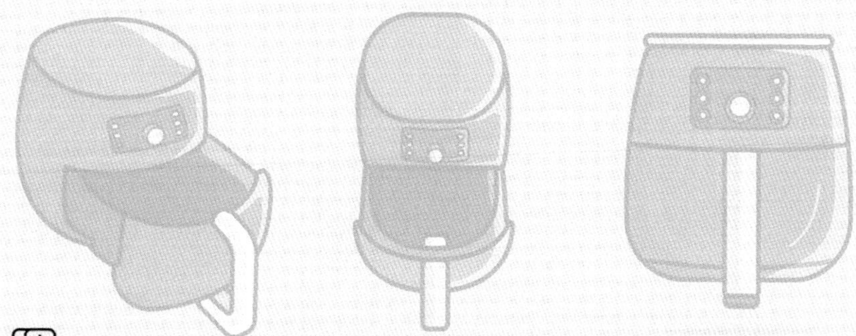

BLÄTTERTEIGTASCHEN

4 Port.

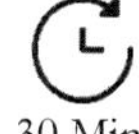
30 Min.

Leicht

Zutaten

1 Pck. Blätterteig
500 g Hackfleisch
1 Eigelb
100 g Mais
50 g geriebener Käse
Salz
Oregano
Pfeffer

Nährwerte p. P.

656 kcal
35 g Kohlenhydrate
43 g Fett
32 g Eiweiß

1 Geben Sie das Hackfleisch in die Heißluftfritteuse und backen Sie es bei 190 °C etwa 15 - 20 Minuten lang. Am Ende sollte es komplett gar sein. Schmecken Sie es dann mit Pfeffer, Oregano und Salz ab.

2 Breiten Sie den Blätterteig aus und teilen Sie ihn in mehrere kleine Rechtecke.

3 Geben Sie das Hackfleisch und den Mais auf eine Hälfte des Blätterteigs und klappen Sie diesen zu.

4 Verquirlen Sie das Eigelb und streichen Sie es auf den Blätterteig.

5 Verteilen Sie den Käse auf den Blätterteigtaschen.

6 Backen Sie die Taschen bei 190 °C für etwa 6 Minuten.

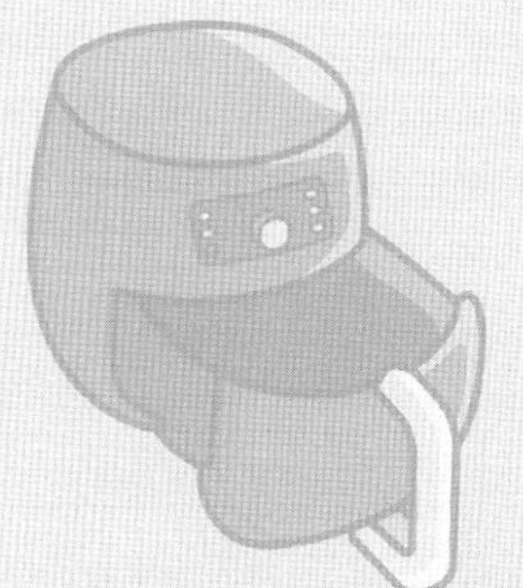
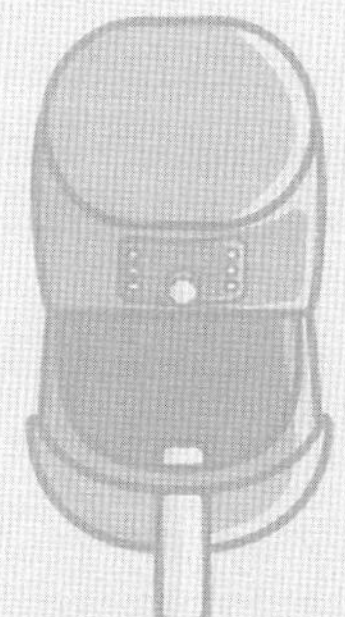
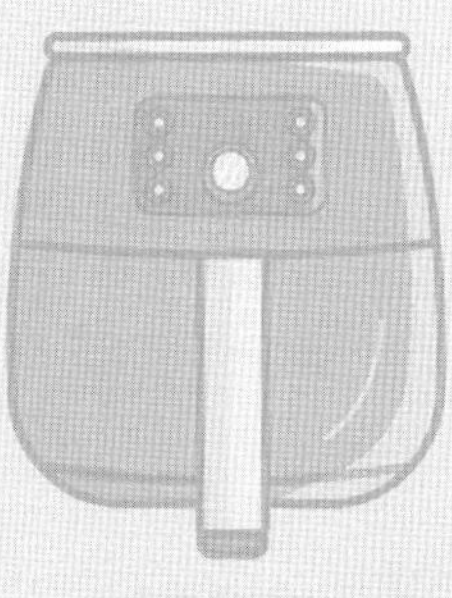

Süßspeisen und Desserts

QUARKKUCHEN

2 Port. 35 Min. Leicht

Zutaten

500 g Magerquark
70 g Zucker
1 Pck. Vanillezucker
40 g Butter
1 Pck. Vanillepudding-pulver
2 Eier

Nährwerte p. P.

181 kcal
17 g Kohlenhydrate
7 g Fett
12 g Eiweiß

1 Verrühren Sie alle Zutaten miteinander zu einem Teig.

2 Backen Sie den Kuchen erst 15 Minuten lang bei 160 °C und danach weitere 20 Minuten bei 140 °C.

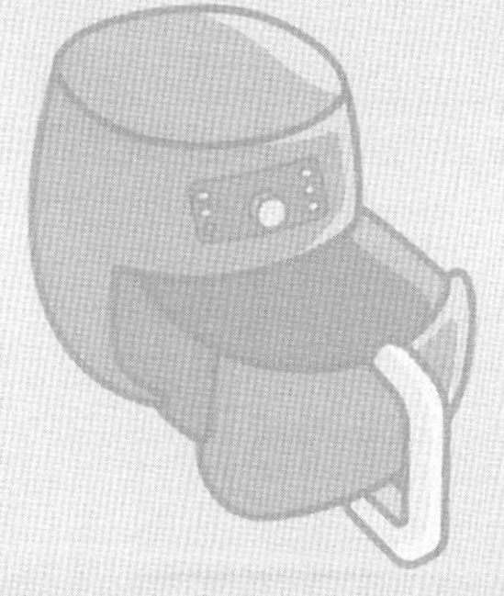 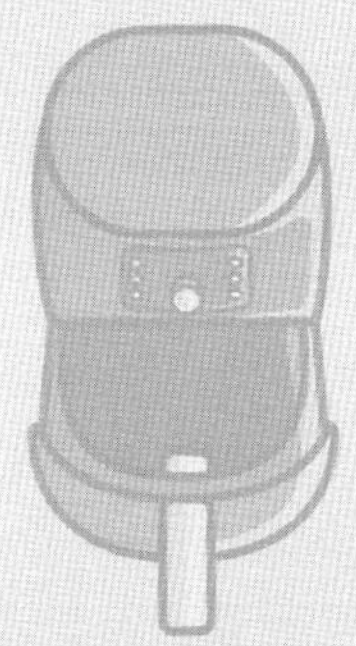 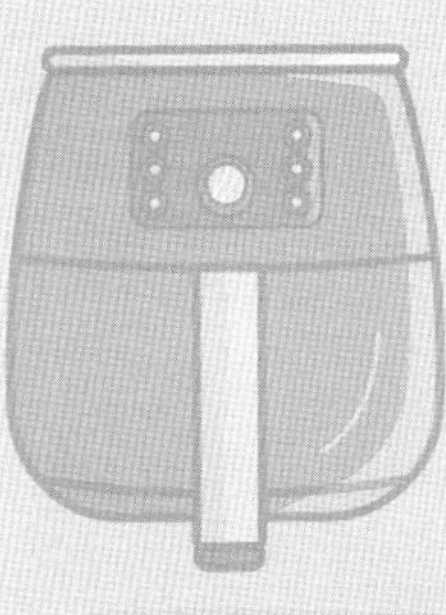

ERDBEER-JOGHURT-MUFFINS

4 Port.

35 Min.

Leicht

Zutaten

250 g Weizenmehl
200 g Erdbeeren
200 g griechischer Joghurt
100 g Zucker
2 Eier
1 Pck. Vanillepuddingpulver
2 TL Backpulver
1 TL Zitronensaft

Nährwerte p. P.

314 kcal
61 g Kohlenhydrate
3 g Fett
9 g Eiweiß

1 Verrühren Sie alle Zutaten, abgesehen von den Erdbeeren, mitcinander.

2 Waschen Sie die Erdbeeren und schneiden Sie sie klein. Heben Sie sie unter den Teig.

3 Teilen Sie den Teig auf Muffinförmchen auf und backen Sie ihn bei 160 °C etwa 20 Minuten lang.

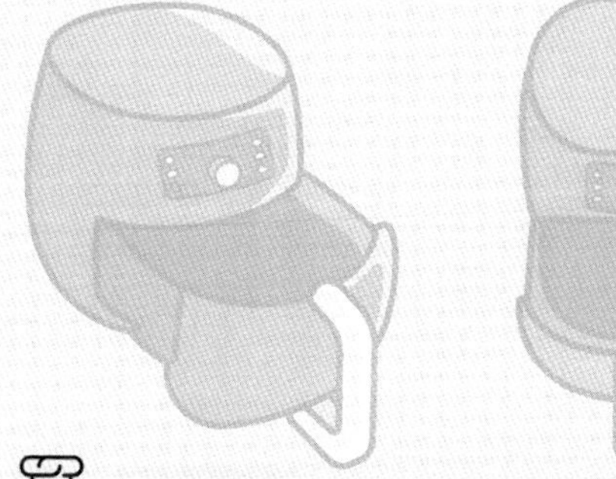

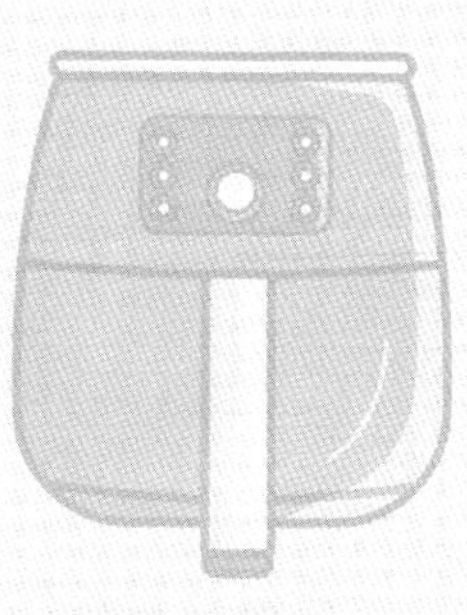

SCHOKO-PFANNKUCHEN

4 Port. | 40 Min. | Leicht

Zutaten

200 g Weizenmehl
100 g Schokolade
50 g geschmolzene Butter
250 ml Milch
3 Äpfel
2 Eier
4 EL Zucker
2 TL Backpulver
1 TL Salz
1 TL Zimt
1 TL Zitronensaft

Nährwerte p. P.

1.430 kcal
83 g Kohlenhydrate
116 g Fett
11 g Eiweiß

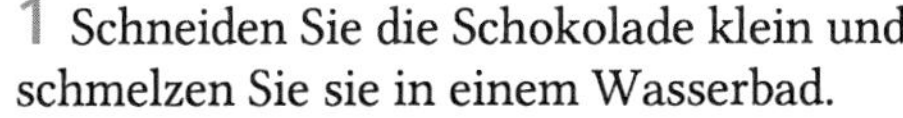

1 Schneiden Sie die Schokolade klein und schmelzen Sie sie in einem Wasserbad.

2 Verrühren Sie das Mehl mit dem Backpulver, dem Salz sowie 1 EL Zucker.

3 Vermengen Sie in einer anderen Rührschüssel die Milch mit der geschmolzenen Butter und den Eiern.

4 Vermischen Sie die Mischungen aus Schritt 2 und 3.

5 Rühren Sie die geschmolzene Schokolade unter den Teig.

6 Backen Sie den Teig nach und nach bei 180 °C für etwa 7 Minuten in der Heißluftfritteuse aus.

7 Schälen Sie die Äpfel, entfernen Sie das Kerngehäuse und schneiden Sie die Äpfel in kleine Würfel.

8 Geben Sie die Äpfel zusammen mit den verbliebenen Zutaten in die Heißluftfritteuse und garen Sie sie dort für 10 Minuten (180 °C), bis die Äpfel weich werden. Danach die Zutaten: gut vermischen.

9 Servieren Sie die Pfannkuchen gemeinsam mit dem Apfelkompott.

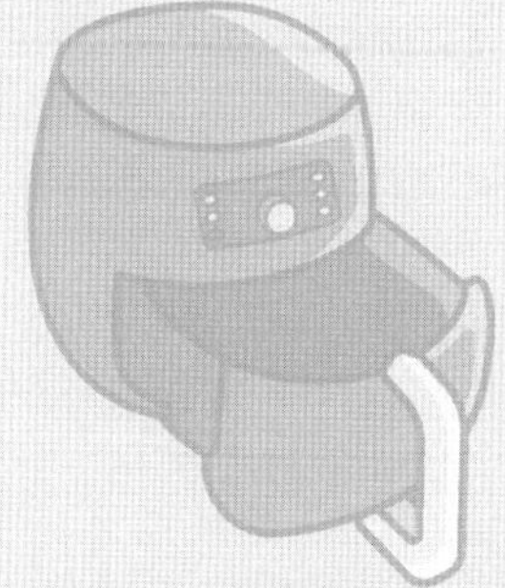

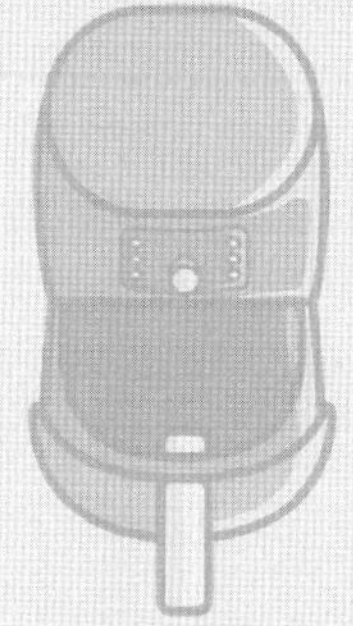

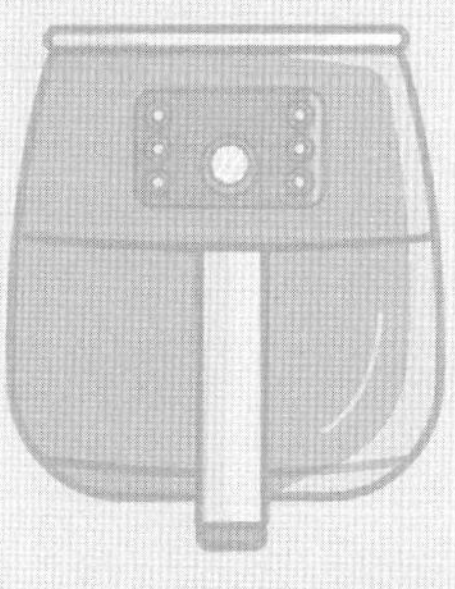

POPCORN

4 Port. 15 Min. Leicht

Zutaten

50 g Popcorn-Mais
3 EL Zucker
2 TL Butter

Nährwerte p. P.

184 kcal
33 g Kohlenhydrate
5 g Fett
2 g Eiweiß

1 Geben Sie die Maiskörner bei 200 °C für ca. 10 Minuten in die Heißluftfritteuse. Das Popcorn ist fertig, sobald kein Poppen mehr zu hören ist.

2 Erhitzen Sie die Butter in einem Topf und rühren den Zucker unter. Geben Sie unter ständigem Rühren das Popcorn hinzu.

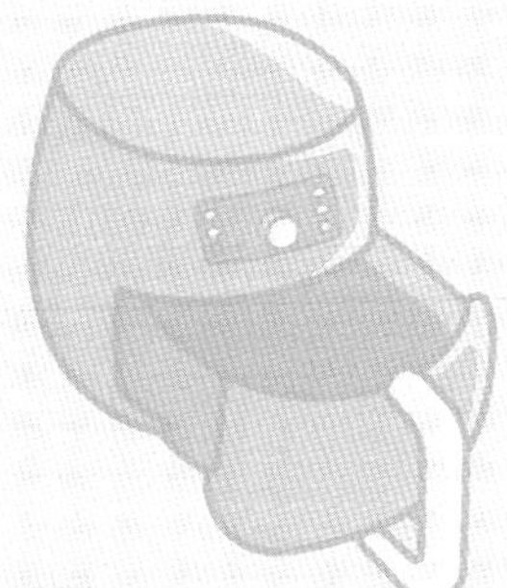
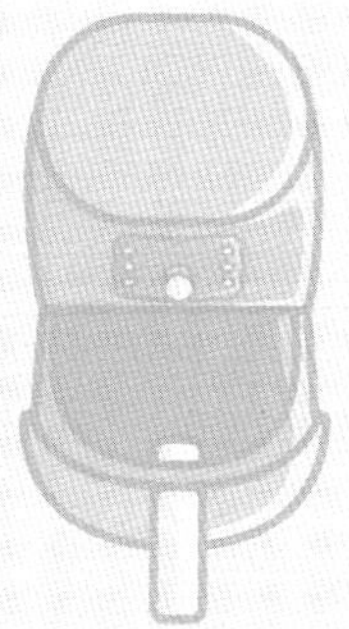
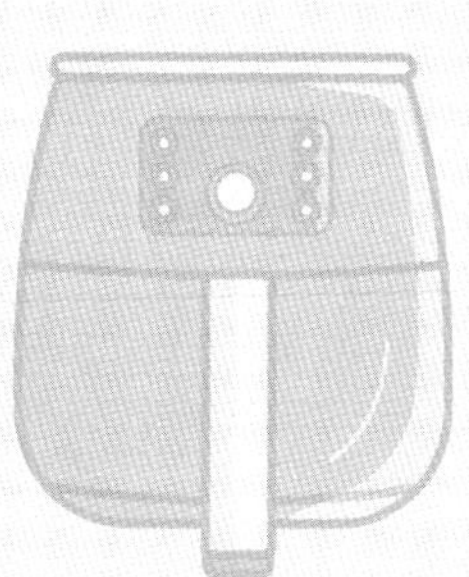

LAVA-CAKE

4 Port. 20 Min. Leicht

Zutaten

100 g Schokolade
120 g Butter
2 EL Mehl
4 EL Zucker
2 Eier

Nährwerte p. P.

938 kcal
70 g Kohlenhydrate
69 g Fett
8 g Eiweiß

1 Geben Sie die Schokolade in ein heißes Wasserbad und belassen Sie sie so lange dort, bis sie geschmolzen ist.

2 Schlagen Sie die Eier gemeinsam mit der Butter und dem Zucker auf.

3 Vermischen Sie alle Zutaten miteinander.

4 Geben Sie den Teig in Muffinförmchen und backen Sie die Lava-Cakes bei 170 °C für etwa 13 Minuten. Servieren Sie sie dann, solange sie noch warm sind.

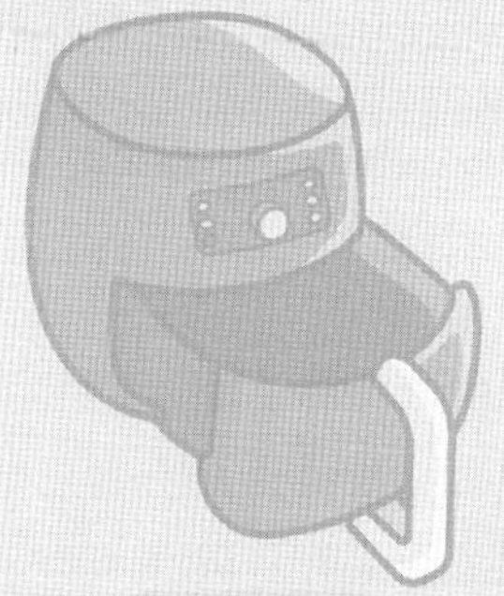
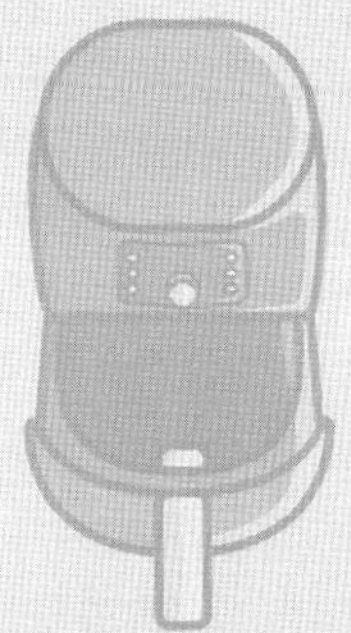
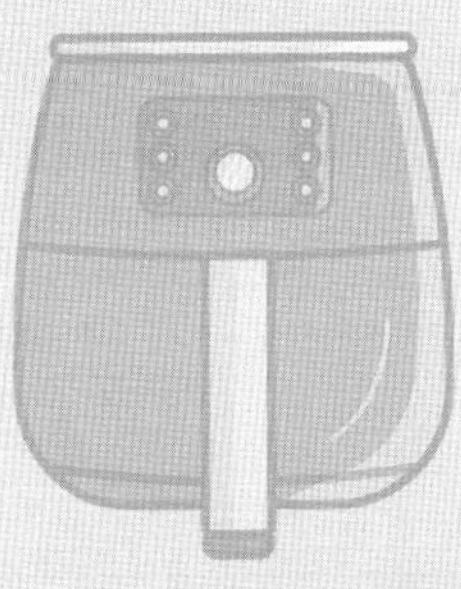

ERDNUSSBUTTER-KEKSE

6 Port.

10 Min.

Mittel

Zutaten

60 g Mehl
65 g Erdnussbutter
30 g Butter
80 g brauner Zucker
15 ml Milch

Nährwerte p. P.

98 kcal
11 g Kohlenhydrate
5 g Fett
2 g Eiweiß

1 Vermengen Sie alle Zutaten miteinander zu einem homogenen Teig.

2 Teilen Sie den Teig in 12 Kugeln und drücken Sie diese platt.

3 Backen Sie die Kekse bei 160 °C etwa 5 Minuten lang.

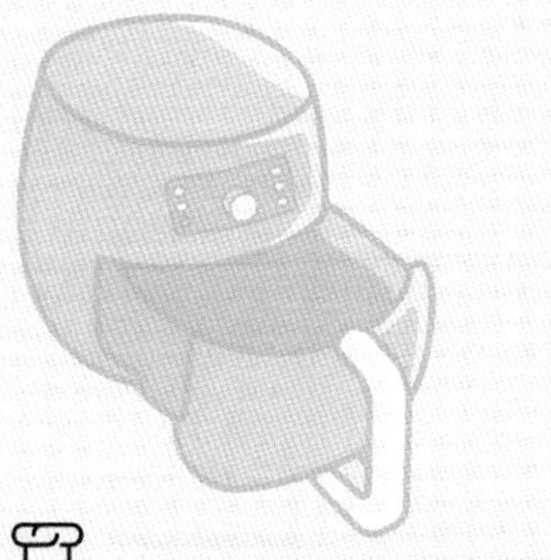

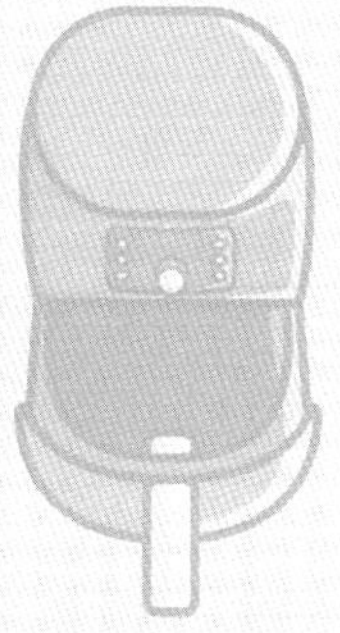

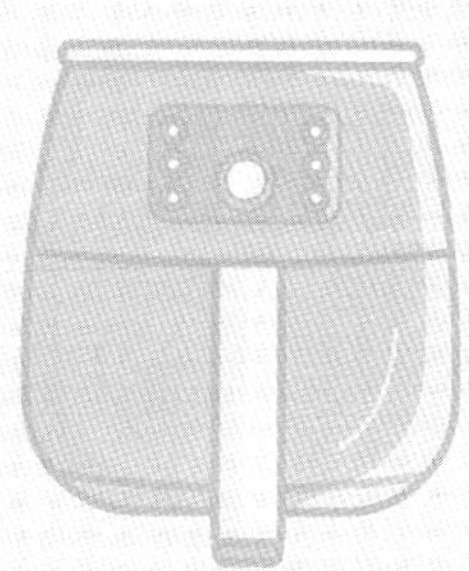

APFELKRÄPFLE

4 Port. 25 Min. Leicht

Zutaten

200 ml Milch
225 g Mehl
4 Äpfel
4 EL Zitronensaft
2 Eier
2 Pck. Vanillezucker
4 EL Zucker
1 EL Zimt
½ TL Backpulver

Nährwerte p. P.

614 kcal
75 g Kohlenhydrate
30 g Fett
11 g Eiweiß

1 Schälen Sie die Äpfel und entfernen Sie das Kerngehäuse. Schneiden Sie sie dann in Würfel und beträufeln Sie sie mit Zitronensaft.

2 Verrühren Sie das Mehl mit der Milch, den Eiern, dem Backpulver sowie dem Vanillezucker zu einem Teig.

3 Vermischen Sie den Zimt mit dem Zucker und wälzen Sie die Apfelstücke darin.

4 Heben Sie die Apfelstücke unter den Teig und geben Sie diese in eine für die Heißluftfritteuse geeignete Form.

5 Backen Sie die Kräpfle bei 200 °C für ca. 20 Minuten in der Heißluftfritteuse aus.

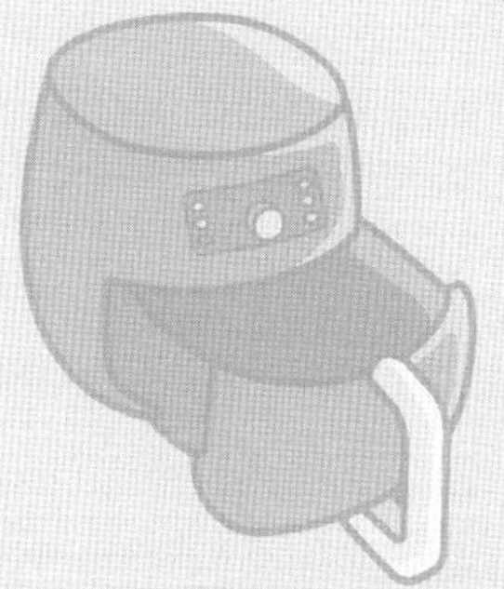

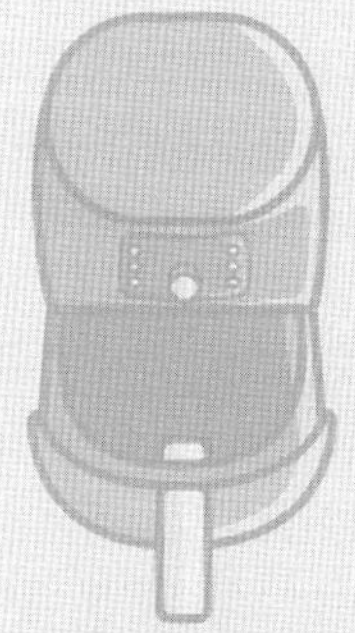

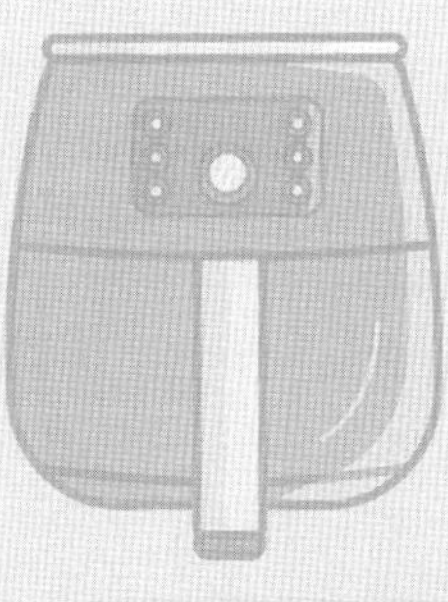

BANANEN IM TEIGMANTEL

4 Port.

20 Min.

Leicht

Zutaten

4 Bananen
50 g Reismehl
2 EL Maismehl
2 EL Weizenmehl
2 EL Kokosflocken
100 ml Wasser
½ TL Backpulver
1 Pr Salz

Nährwerte p. P.

189 kcal
35 g Kohlenhydrate
4 g Fett
2 g Eiweiß

1 Verrühren Sie alle Zutaten, abgesehen von der Banane, zu einem Teig. Geben Sic das Wasser nur nach und nach dazu, bis die gewünschte Konsistenz erreicht ist.

2 Schneiden Sie die Bananen in Scheiben und ziehen Sie sie durch den Teig.

3 Backen Sie die Bananen in der Heißluftfritteuse für etwa 15 Minuten bei 200 °C.

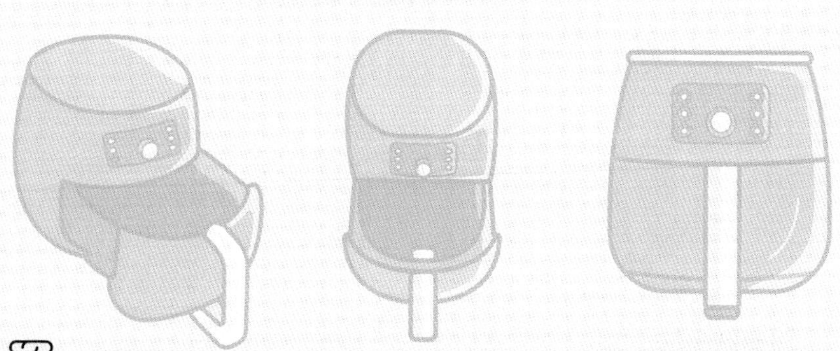

APFELAUFLAUF

4 Port.

20 Min.

Leicht

Zutaten

1 Pck. Blätterteig
4 Äpfel
100 g Aprikosenmarmelade
50 g Rosinen
4 EL Milch

Nährwerte p. P.

1.149 kcal
265 g Kohlenhydrate
7 g Fett
3 g Eiweiß

1 Waschen und entkernen Sie die Äpfel und schneiden Sie sie in Scheiben.

2 Nehmen Sie eine Auflaufform, die für die Heißluftfritteuse geeignet ist, und stapeln Sie die Zutaten. Erst kommt eine Schicht Blätterteig, dann Äpfel, Marmelade, Rosinen und dann wieder Blätterteig.

3 Bestreichen Sie die oberste Schicht Blätterteig mit Milch.

4 Backen Sie den Auflauf bei 180 °C für etwa 15 - 20 Minuten.

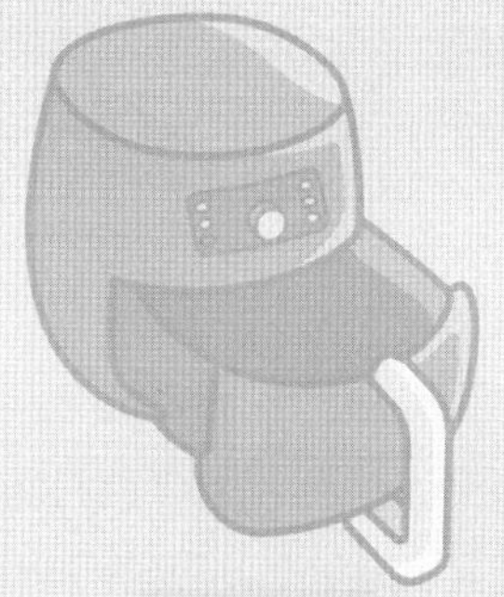

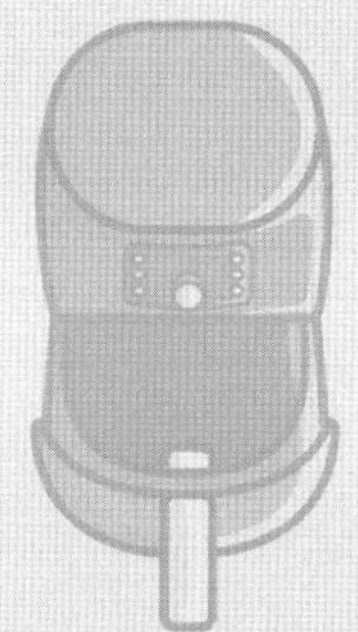

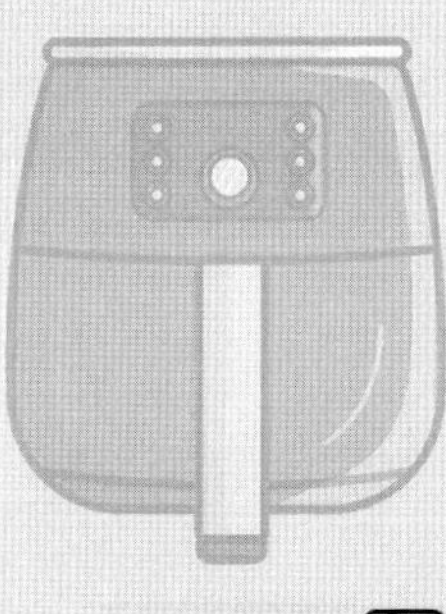

DONUTS

4 Port.

20 Min.

Leicht

Zutaten

250 g Mehl
125 g Puderzucker
50 g Zucker
100 ml Wasser
60 ml Milch
1 Ei
2 EL Butter
1 TL Hefe

Nährwerte p. P.

189 kcal
35 g Kohlenhydrate
4 g Fett
2 g Eiweiß

1 Verrühren Sie 60 ml Wasser mit der Hefe, bis die Hefe sich komplett aufgelöst hat.

2 Vermischen Sie das Mehl mit dem Zucker und geben Sie das Ei sowie die Milch, die Butter und das Hefewasser hinzu. Verkneten Sie alles zu einem Teig.

3 Lassen Sie den Teig abgedeckt für etwa 1 Stunde ruhen.

4 Rollen Sie den Teig aus und schneiden Sie ihn in Kreise. Schneiden Sie dann den mittleren Kreis aus.

5 Backen Sie die Donuts nach und nach bei 175 °C für ca. 45 Minuten.

6 Verrühren Sie das restliche Wasser mit dem Puderzucker zu einer Glasur und verteilen Sie diese auf den fertigen Donuts.

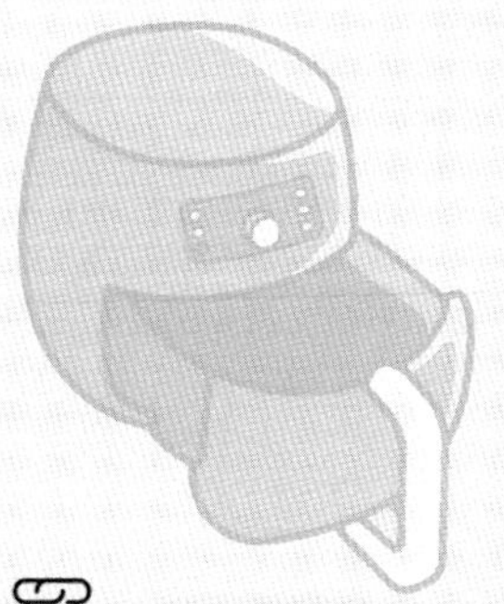

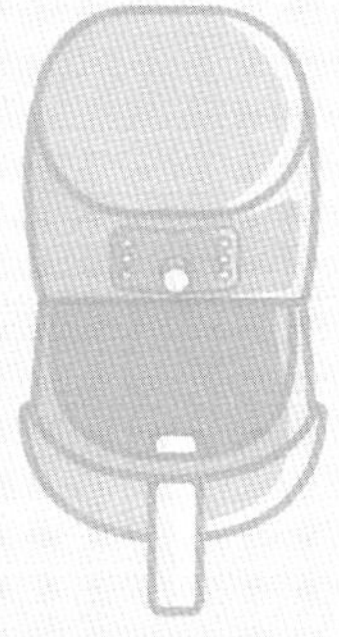

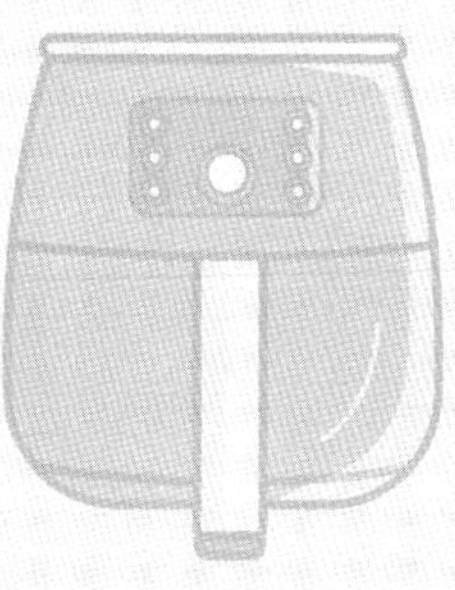

BIRNEN-MUFFINS

6 Port.

30 Min.

Leicht

Zutaten

50 g Mehl
100 g gemahlene Haselnüsse
80 g Butter
80 g Zucker
2 Eier
2 TL Backpulver
1 Pck. Vanillezucker
2 Birnen

Nährwerte p. P.

339 kcal
28 g Kohlenhydrate
22 g Fett
6 g Eiweiß

1 Vermischen Sie die trockenen Zutaten miteinander.

2 Schälen und entkernen Sie die Birnen und schneiden Sie sie in Würfel.

3 Bringen Sie die Butter zum Schmelzen und schlagen Sie die Eier auf.

4 Vermischen Sie die trockenen Zutaten mit der Butter und dem Ei und heben Sie die Birne unter.

5 Füllen Sie den Teig in Förmchen und backen Sie ihn bei 160 °C für etwa 20 Minuten.

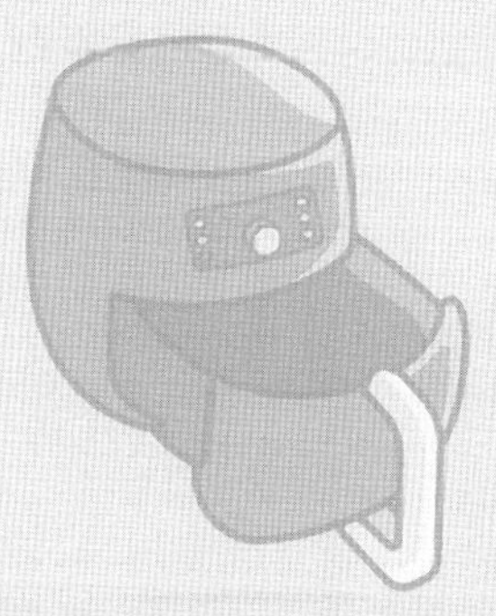

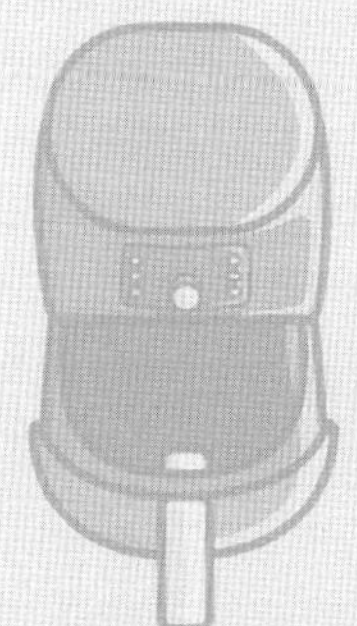

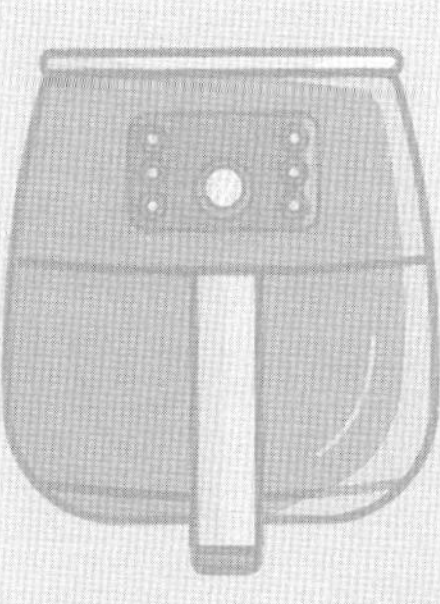

SCHOKO-HASELNUSS-KUCHEN

4 Port. 35 Min. Leicht

Zutaten

125 g Mehl
100 g Zucker
100 g Butter
50 g gehackte Haselnüsse
2 Eier
1 TL Vanillezucker
3 EL Kakaopulver
1 TL Backpulver

Nährwerte p. P.

534 kcal
54 g Kohlenhydrate
32 g Fett
7 g Eiweiß

1 Rühren Sie die Butter schaumig und vermengen Sie sie dann mit den Eiern, dem Zucker sowie dem Vanillezucker.

2 Vermischen Sie das Mehl mit dem Backpulver und dem Kakao und rühren Sie die Mischung unter die Zutaten aus Schritt 1.

3 Heben Sie die Nüsse unter.

4 Backen Sie den Kuchen für etwa 30 Minuten bei 170 °C.

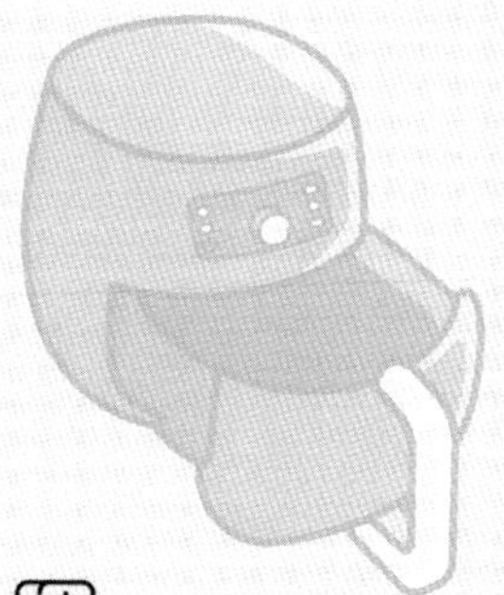
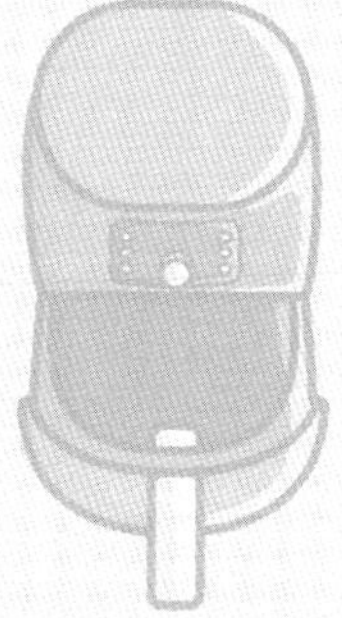
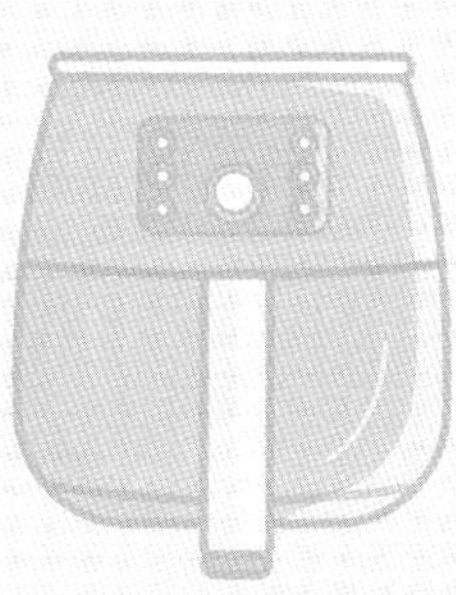

SCHOKO-BANANEN

4 Port. 10 Min. Leicht

Zutaten

4 Bananen
150 g Schokolade
5 TL Honig

Nährwerte p. P.

208 kcal
25 g Kohlenhydrate
11 g Fett
2 g Eiweiß

1 Schneiden Sie eine Kerbe in die Bananenschalen.

2 Brechen Sie die Schokolade auseinander und stecken Sie sie in die Kerben.

3 Geben Sie den Honig darüber.

4 Backen Sie die Bananen bei 200 °C etwa 8 Minuten lang.

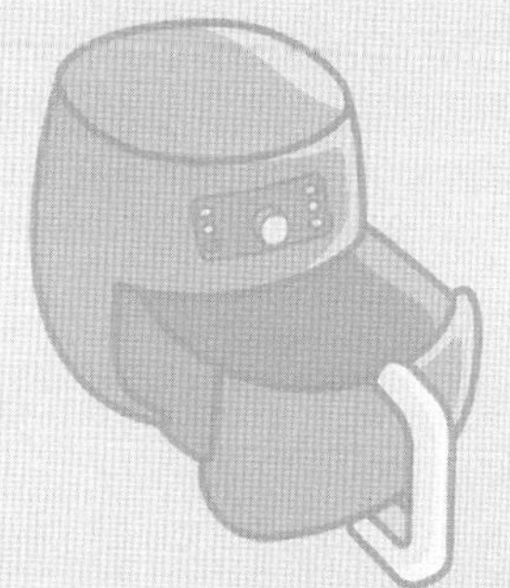
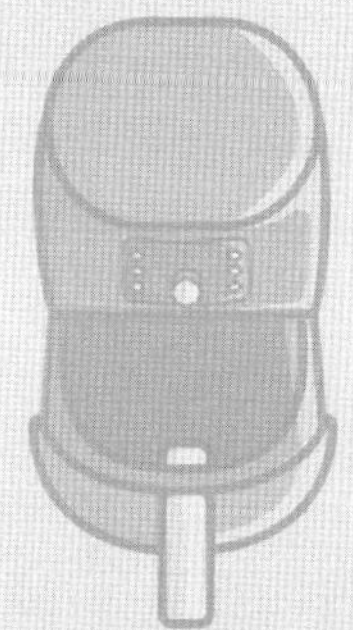
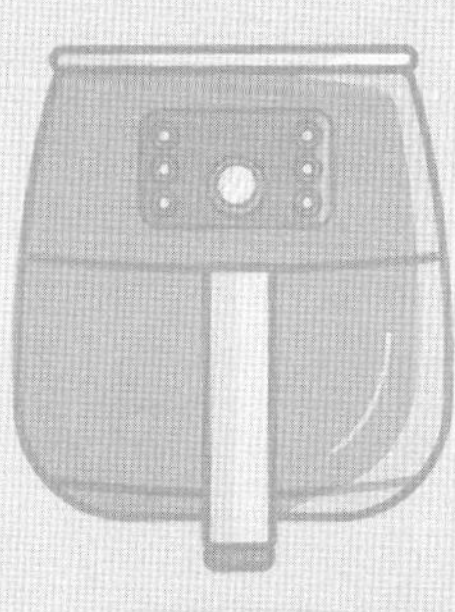

ZITRONENKUCHEN

2 Port.

55 Min.

Leicht

Zutaten

300 g Mehl
150 g Zitronenjoghurt
250 g Zucker
100 ml Sonnenblumenöl
1 Pck. Backpulver
3 Eier
1 EL Zitronensaft
100 g Puderzucker

Nährwerte p. P.

890 kcal
147 g Kohlenhydrate
29 g Fett
9 g Eiweiß

1 Verrühren Sie das Mehl mit dem Joghurt, dem Zucker, den Eiern, dem Öl sowie dem Backpulver zu einem glatten Teig.

2 Geben Sie den Teig in eine für die Heißluftfritteuse geeignete Form und backen Sie den Kuchen bei 140 °C für etwa 45 Minuten.

3 Kurz bevor der Kuchen fertig ist, verrühren Sie den Zitronensaft mit dem Puderzucker. Es soll eine Glasur entstehen.

4 Geben Sie die Glasur über den fertigen Kuchen.

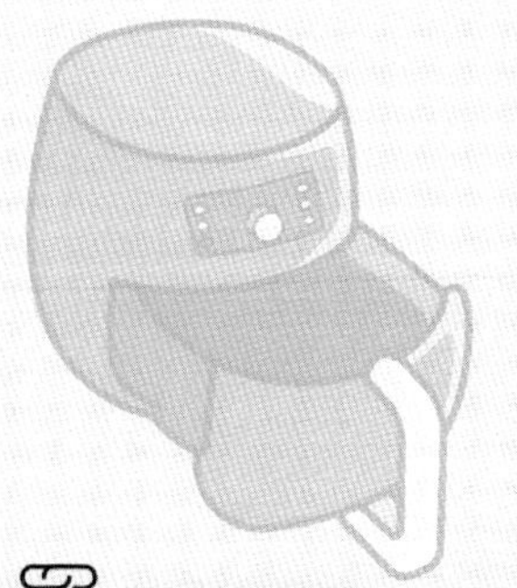

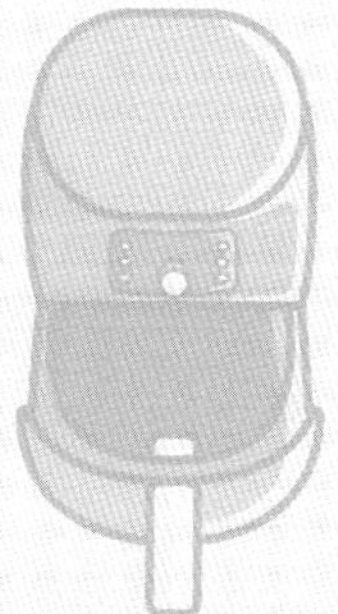

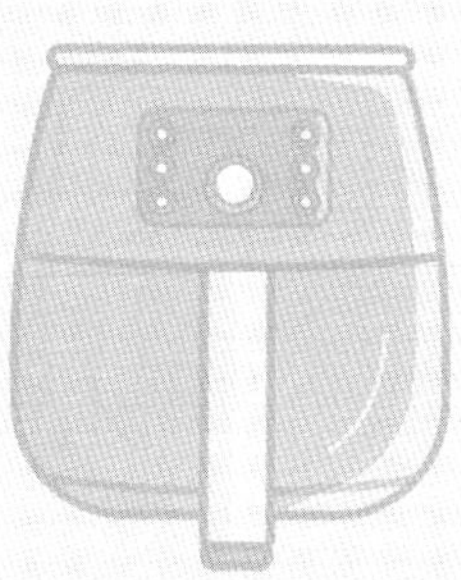

VEGANE MUFFINS

6 Port.

25 Min.

Leicht

Zutaten

125 g Weizenmehl
75 g Zucker
60 ml Pflanzendrink
60 ml Pflanzenöl
1 Pck. Vanillezucker
½ TL Backpulver
1 Ei
½ TL Natron
Puderzucker

Nährwerte p. P.

225 kcal
30 g Kohlenhydrate
10 g Fett
3 g Eiweiß

1 Verrühren Sie alle Zutaten, abgesehen von dem Puderzucker, zu einem glatten Teig.

2 Teilen Sie den Teig auf etwa 12 Muffinförmchen auf und stellen Sie diese in die Heißluftfritteuse.

3 Backen Sie die Muffins bei 180 °C für etwa 15 Minuten.

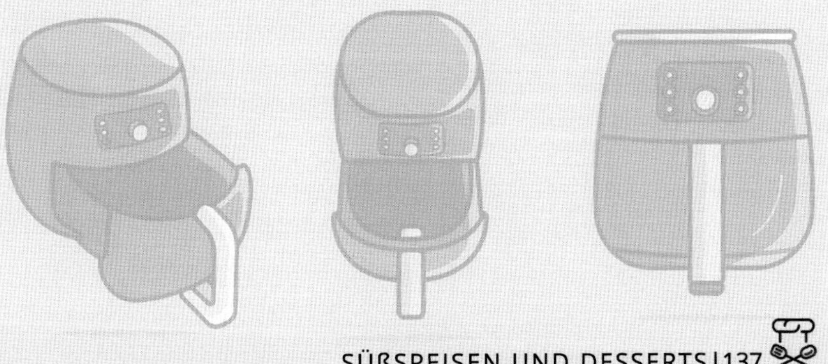

HAFERKEKSE

10 Port. 15 Min. Leicht

Zutaten

100 g Butter
125 g Mehl
150 g Haferflocken
40 g Zucker
20 g brauner Zucker
3 EL Wasser
½ TL Backnatron

Nährwerte p. P.

111 kcal
15 g Kohlenhydrate
5 g Fett
2 g Eiweiß

1 Verrühren Sie alle Zutaten zu einem Teig.

2 Teilen Sie den Teig in mehrere gleich große Teile. Drücken Sie sie platt.

3 Backen Sie die Kekse bei 160 °C etwa 12 Minuten lang.

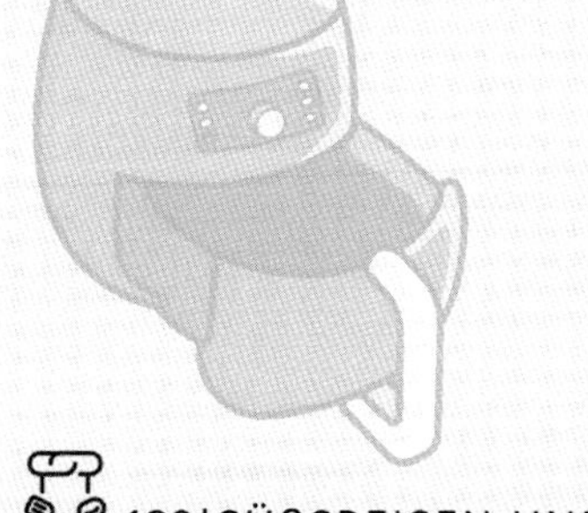
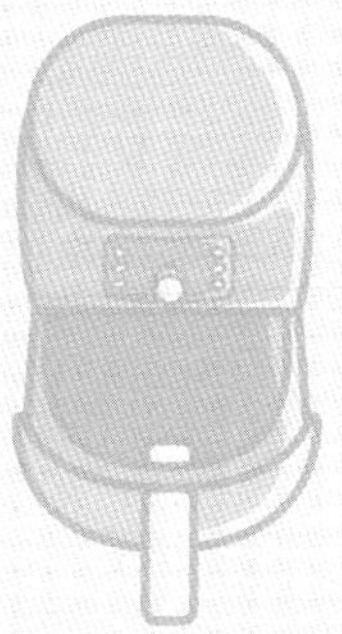
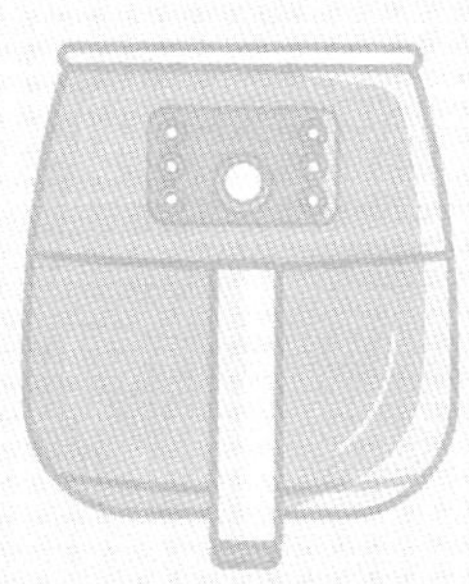

QUARKBÄLLCHEN

4 Port. 50 Min. Leicht

Zutaten

250 g Mehl
250 g Magerquark
80 g Zucker
50 g geschmolzene Butter
3 Eier
1 Pck. Vanillezucker
2 TL Backpulver
1 Pr Salz

Nährwerte p. P.

493 kcal
73 g Kohlenhydrate
16 g Fett
15 g Eiweiß

1 Verrühren Sie den Quark mit den Eiern, dem Zucker, dem Salz und dem Vanillezucker.

2 Geben Sie das Mehl und das Backpulver dazu.

3 Rühren Sie zum Schluss die Butter unter. Vermischen Sie alles zu einem glatten Teig.

4 Stellen Sie den Teig mindestens 30 Minuten lang in den Kühlschrank.

5 Formen Sie den Teig zu Kugeln und geben Sie diese bei 180 °C für etwa 12 Minuten in die Heißluftfritteuse.

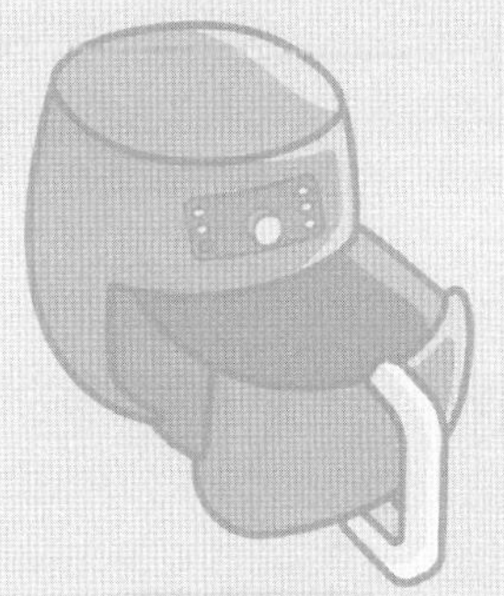
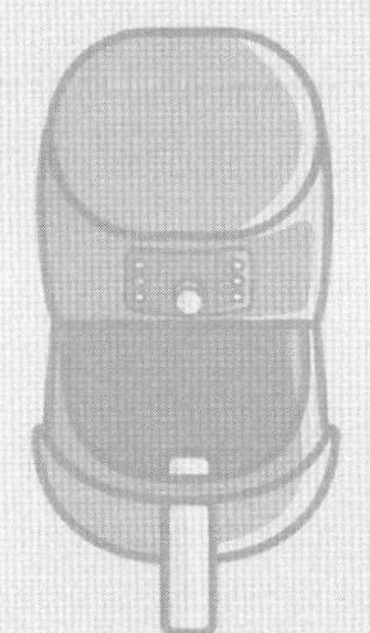
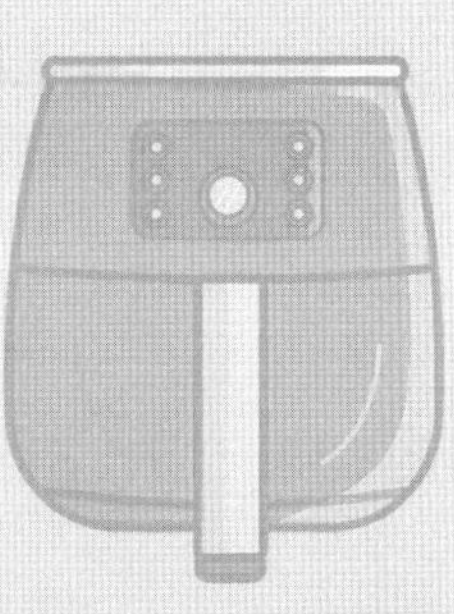

BANANENMUS

2 Port.

10 Min.

Leicht

Zutaten

2 Bananen
2 EL Zucker
1 TL Zitronensaft

Nährwerte p. P.

141 kcal
33 g Kohlenhydrate
0 g Fett
1 g Eiweiß

1 Legen Sie die Bananen ungeschält bei 200 °C für etwa 6 Minuten in die Heißluftfritteuse.

2 Höhlen Sie die gebackene Banane aus der Schale und zerdrücken Sie sie.

3 Geben Sie den Zucker und den Zitronensaft dazu und vermischen Sie alles gut miteinander.

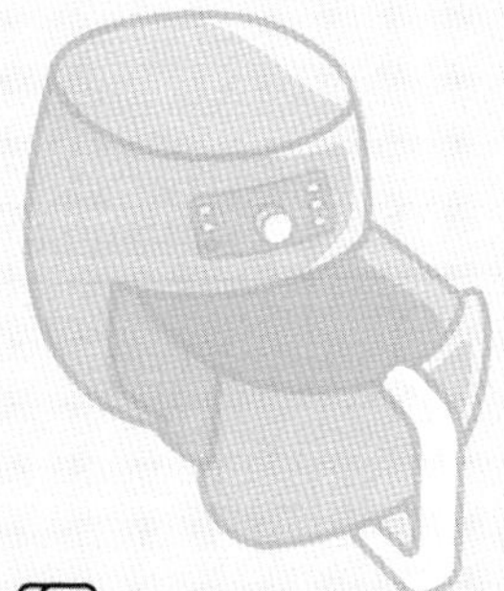
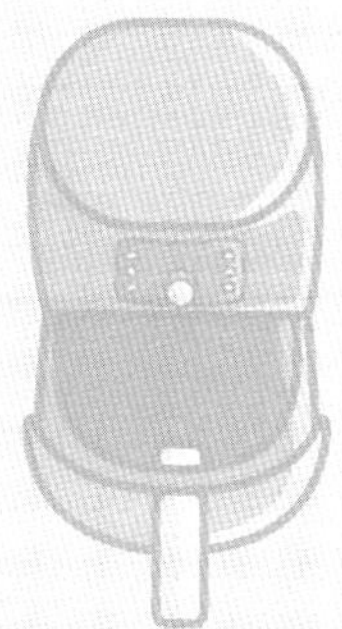
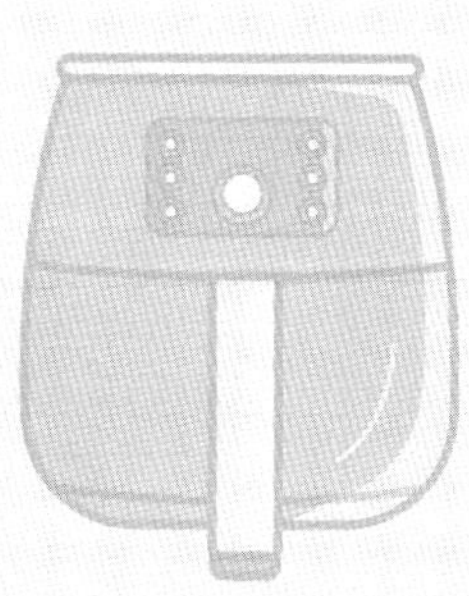

ZIMTSCHNECKEN

8 Port.

50 Min.

Leicht

Zutaten

500 g Mehl
300 ml Milch
50 g Zucker
1 Ei
2 TL Trockenhefe
1 TL Salz
50 g Butter
1 EL Zimt
4 EL brauner Zucker

Nährwerte p. P.

320 kcal
55 g Kohlenhydrate
8 g Fett
7 g Eiweiß

1 Erhitzen Sie vorsichtig die Milch und rühren Sie dann die Hefe sowie den weißen Zucker unter.

2 Mischen Sie das Mehl, das Salz und das Ei unter und kneten Sie alles zu einem glatten Teig.

3 Lassen Sie den Teig für etwa 30 Minuten gehen.

4 Verrühren Sie die Butter mit dem Zimt und dem braunen Zucker.

5 Rollen Sie den Teig aus und bestreichen Sie ihn mit der Buttermischung. Rollen Sie den Teig danach auf und teilen Sie ihn in gleich große Stücke.

6 Backen Sie die Zimtschnecken bei 180 °C für etwa 10 Minuten.

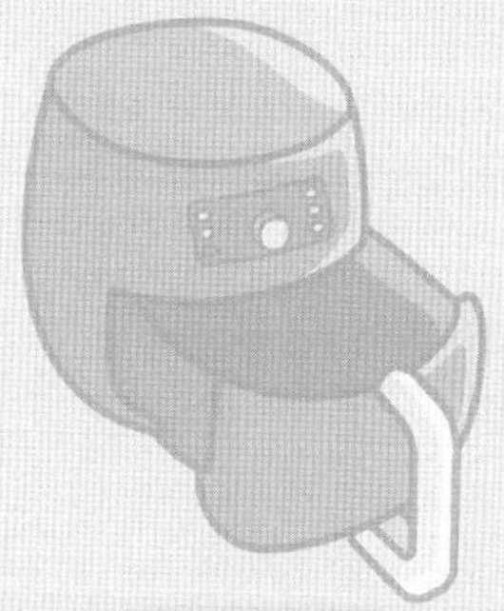

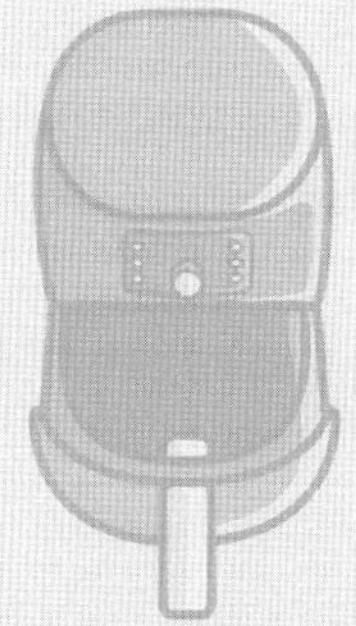

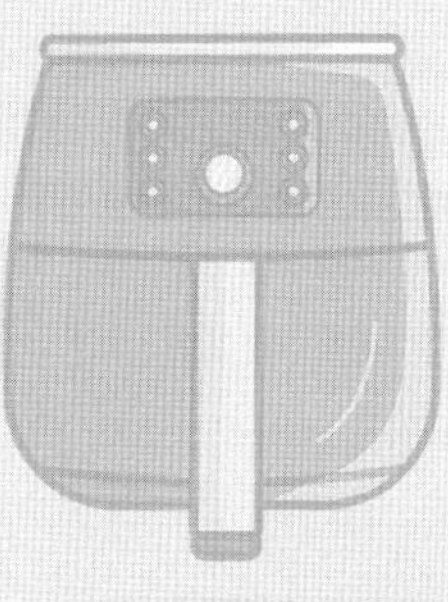